Josef M. Häußling (Hg.)

# Auf dem Weg nach Santiago de Compostela

28/03/2009

Für Stefan
zur Weihe als Diakon

Christian

# Wissenschaftspilger Europas

herausgegeben von

Prof. Dr. Josef M. Häußling
Universität Witten/Herdecke
Europas Kultur e. V.

Band 1

LIT

Josef M. Häußling (Hg.)

# Auf dem Weg nach Santiago de Compostela

## Der Jakobsweg – Kulturstraße Europas

LIT

**Die Wissenschaftspilger Europas danken**

Dr. Margarete Eckner, Pirmasens; Traudl Herrhausen, Bad Homburg; Werner Hoffmeier, Beckum; Claas Kleyboldt, Köln; Hilmar Kopper, Frankfurt am Main; Dr. Jörg Mittelsten-Scheid, Wuppertal; Dr. Friedrich Ossendot, Meerbusch; Dr. Ralf Ossendot, Meerbusch; Dr. Michael Otto, Hamburg; Maria Schmidt und Prof. Dr. Reiner Schmidt, Gessertshausen; Dr. Hans Winkler, Brissago; Stadtsparkasse Wuppertal, Wuppertal, ohne deren Unterstützung das Projekt Europas Kultur nicht möglich gewesen wäre.

**Impressum**

| | |
|---|---|
| Herausgeber | Prof. Dr. Josef M. Häußling<br>Ehrenvorsitzender des Senates<br>der Universität Witten/Herdecke |
| Kontakt | Private Universität Witten/Herdecke<br>Fakultät für das Studium Fundamentale<br>Alfred-Herrhausen-Straße 50<br>58448 Witten<br>E-Mail: josef.haeussling@uni-wh.de<br>www.europas-kultur.de oder www.uni-wh.de |
| Redaktion | Regina Jaekel, Christoph Niehus, Kirstin Ratajczak<br>und Sven Schröder |
| Redaktion 2. Auflage | Christian Brei |
| Umschlagbild | Christoph Niehus |

**Bibliografische Information Der Deutschen Bibliothek**
Die Deutsche Bibliothek verzeichnet diese Publikation in der Deutschen Nationalbibliografie; detaillierte bibliografische Daten sind im Internet über http://dnb.ddb.de abrufbar.

2. Auflage 2005

ISBN 3-8258-8956-4



Grevener Str./Fresnostr. 2 48159 Münster
Tel. 0251–62 03 20 Fax 0251–23 19 72
e-Mail: lit@lit-verlag.de http://www.lit-verlag.de

# Vorwort zur 2. Auflage

Aus dem zunächst singulären Lehr- und Forschungsprojekt „Wissenschaftspilgerfahrt nach Santiago de Compostela“ sind im Laufe der letzten Jahre im Rahmen des Forschungsprojektes „Europas Kultur“ inzwischen sieben Wissenschaftswallfahrten realisiert worden. Jeweils führten sie in Regionen und Länder, die mit ihrer Geschichte und ihrer vor Ort erfahrbaren historischen Landschaft für die Entwicklung und besondere Ausprägung der Kultur Europas Bedeutung tragen.

Dem großen Erfolg des Lehr- und Forschungsprojektes Europas Kultur an der Universität Witten/Herdecke und der Wissenschaftswallfahrten, deren Ergebnisse in einer jeweils eigenen Publikation dokumentiert werden, trägt inzwischen die Einrichtung einer eigenen Publikationsreihe „Wissenschaftspilger Europas“ Rechnung. Ohne größere Korrekturen gegenüber der Erstauflage integrieren wir nun die Ergebnisse der ersten Wissenschaftswallfahrt nach Santiago de Compostela als ersten Band in diese Reihe.

Die Publikationsreihe „Wissenschaftspilger Europas“ und das Projekt „Europas Kultur“ leben von der Kreativität und der Initiative der Studierenden und Forschenden des Studium Fundamentale der Universität Witten/Herdecke im Erfahren der Quellen und der Genese der Kultur Europas.

Josef M. Häußling
im Juli 2005

# Inhaltsverzeichnis

## *Teil 2*

*Anhang*

# Hinweise zum Unternehmen der Wissenschaftspilger Europas

Josef M. Häußling

Nur wer Pilger und Pilgerschaft ausschließlich im religiösen Bereich oder in der historischen Welt des Heilsgeschehens sieht, wird über die hier zustande gekommene enge Verbindung von Wissenschaft und Pilgerschaft erstaunt sein. Kann es doch im Gegenteil niemanden wundern, wenn sich die forschende Neugierde des Wissenschaftlers auf das Bild und die Realität des steten Wanderers verwiesen sieht, der auf einem nie endenden Weg zur Wahrheit ist. Der forschende Wissenschaftler, der unsere Neuzeit prägt und der sich stets auf dem Weg zur Erkenntnis der Wirkkräfte der Gegenwart sieht, lebt gar nicht weitab der Pilgerschaften der mittelalterlichen Heilsgeschichte, die unsere abendländische Kultur vielfach geformt haben und ohne deren Zeugnisse viele Kulturlandschaften Europas gar nicht vorstellbar sind.

Doch unser Unternehmen einer Europa-orientierten Wissenschaftspilgerfahrt hat neben diesem politischen und wissenschaftsgeschichtlichen Anlass, dem der auf dem Weg lebende Forscher verpflichtet ist, auch einen konkreten, zeitgeschichtlichen Hintergrund. Das kulturpolitische Zusammenspiel in der Europäischen Wirtschaftsgemeinschaft wollte es, dass mit dem Eintritt Spaniens in die Europäische Wirtschaftsgemeinschaft (am 01. Januar 1986 zusammen mit Portugal) das besondere Interesse dieses europäischen Landes der iberischen Halbinsel formuliert wurde: über die Teilnahme am Wirtschaftsgeschehen hinaus ein gemeinsames Kulturerbe Europas anzusprechen und erstmals in einer eigenständigen Form in die Aktivitäten der Europäischen Gemeinschaft einzubringen. In einer denkwürdigen Feier am 23. Oktober 1987 in Santiago de Compostela erklärte der Europarat den gesamten Pilgerweg nach Santiago de Compostela zur „Ersten Europäischen Kulturstraße“ und empfahl dieses „historische, literarische, musikalische und künstlerische Erbe“, das seine Entstehung der Jakobspilgerfahrt verdankt, dem Schutz der Europäer.

Diese Entwicklung wurde nach dem II. Weltkrieg ebenso ausgelöst wie diejenige der Selbstfindung Europas durch Gründung der Europäischen Wirtschaftsgemeinschaft, deren kulturelle Inhalte allerdings immer sehr zaghaft angesprochen waren. Demgegenüber wurde aus Anlass des Heiligen Jahres Material zusammengestellt und verbreitet, das die Bedeutung dieser Wallfahrt für die werdende Kultur (Nord-)Europas von der Zeit Karls des Großen an unterstrich. Besondere Bedeutung erhielt in diesem Zusammenhang, nach dem großen internationalen Kongress 1983 in Perugia (Italien), die anlässlich des Beitritts Spaniens zur EU 1985 in Gent organisierte „Europalia“ mit dem Titel „Santiago de Compostela, mille ans de pèlerinage européen“. Die Ausstellung verband überzeugend Santiago und das Pilgerwesen mit der Kultur Europas. Wer dann noch den Standardreiseführer dieser Jahrhunderte für den europaweiten Wallfahrtsweg nach Santiago kennen lernte, das berühmte „Liber Sancti Jacobi“ (bekannt auch unter „Codex Calixtinus“ nach einem apokryphen Brief des Papstes Calixtinus II [gest. 1124]), der konnte von diesen Jahrhunderten europäischer Kultur ein Bild gewinnen. Dieser Pilgerreiseführer aus dem XII. Jahrhundert, eine frühe Reisehilfe für die Pilger, verbindet genaue Wegbeschreibungen mit vielfältigen Angaben zu verehrungswürdigen Reliquien und Kapellen wie Kirchen an dieser Wallfahrtsstraße; er ist der letzte Abschnitt bzw. das letzte Buch des fünfbändigen Gesamtwerkes „Liber Sancti Jacobi“ und endet mit detaillierten Hinweisen auf das Ziel dieser „europaweiten“ Wanderung: Die Kathedrale, die zu Ehren des heiligen Jakobus in Santiago de Compostela im XII. Jahrhundert errichtet wurde.

Eine kaum abschätzbare, in die Hunderttausende gehende Zahl von Pilgern der nördlichen und westlichen Länder des damaligen christlichen Europas trafen sich dort zu einem für uns heute schwer vorstellbaren Dialog über alle Grenzen hinweg – und bestimmten damit auch einen Großteil der Reconquista Spaniens der arabisch-moslemischen Welt auf der iberischen Halbinsel friedlich mit (man denke nur an die freundschaftliche Überführung der Gebeine des berühmten christlichen Theologen und Gelehrten Isidor von Sevilla im 7. Jahrhundert durch den moslemischen Kalifen von Sevilla nach León in Asturien/Nordspanien). Als ein weiterer Anlass für unsere „pèlerinage scientifique" findet sich in dem am 7. Februar 1992 unterzeichneten Vertrag über die Europäische Union (Maastricht) ein eigener Titel IX zur „Kultur" (Art. 128; übernommen in den Vertrag von Amsterdam 1997 unter Titel XII, Art. 151). Diese neue, an der Kultur Europas orientierte gemeinschaftsrelevante Regelung spricht den Beitrag der Gemeinschaft zur „Entfaltung der Kulturen der Mitgliedsstaaten" an, um das „gemeinsame kulturelle Erbe", das identitätsstiftend für Europas Kultur ist, hervorzuheben. Unter die hier genannten Förderungsmaßnahmen fallen auch alle Aktivitäten, insbesondere Investitionen, die unseren „Camino de Compostela" betreffen, gewissermaßen eine sichtbare Inkarnation europäischer Kultur entlang der Wallfahrtswege bis hin zur Ankunft an der großartigen Kathedrale in Santiago de Compostela.

Doch unser Wissenschaftsunternehmen einer „Pilgerfahrt" wäre sehr äußerlich beschrieben, wenn wir in einer Mischung von Kulturtourismus und Ablaufen historischer Zeugnisse einer früheren religiösen Welt nachgelebt hätten. Dieser mögliche Aspekt der „Wallfahrt" bleibt jedem unbenommen. Unser eigentliches Anliegen war ein anderes und hängt mit der wissenschaftlichen Neugierde insbesondere der forschenden und studierenden Generation zusammen: Wir wollen die kulturellen Wirkkräfte verstehen lernen, von denen wir in unser forschendes Fragen hinein in der jeweiligen Wissenschaft, die wir betreiben, geprägt sind. Diese Intention hat unsere Wissenschaftspilgerfahrt, ihre täglich neue Themenstellung, die unseren Weg begleitende Diskussion der vorgelegten Thesen, die abschließende Redaktion der Referate und der Vergleich der Beschreibungen unseres persönlichen Erlebens ausgelöst. Dies versuchen wir hier in einer Zusammenschau wiederzugeben, um der Kultur Europas, die für Wissenschaftler immer mit Fragen nach Gründen und Wirkkräften zu tun hat, nachzuspüren; denn diese Kultur, von der die Wissenschaft ein integraler Teil ist, bestimmt unser Leben im Alltag und hat auch die Lebenswelt der europäischen Jahrhunderte geprägt, auf deren Straßen wir laufen.

# Die Pilgerroute

Wanderetappen und Diskussionsorte der I. Wissenschaftswallfahrt
vom 21.05.1998 – 07.06.1998

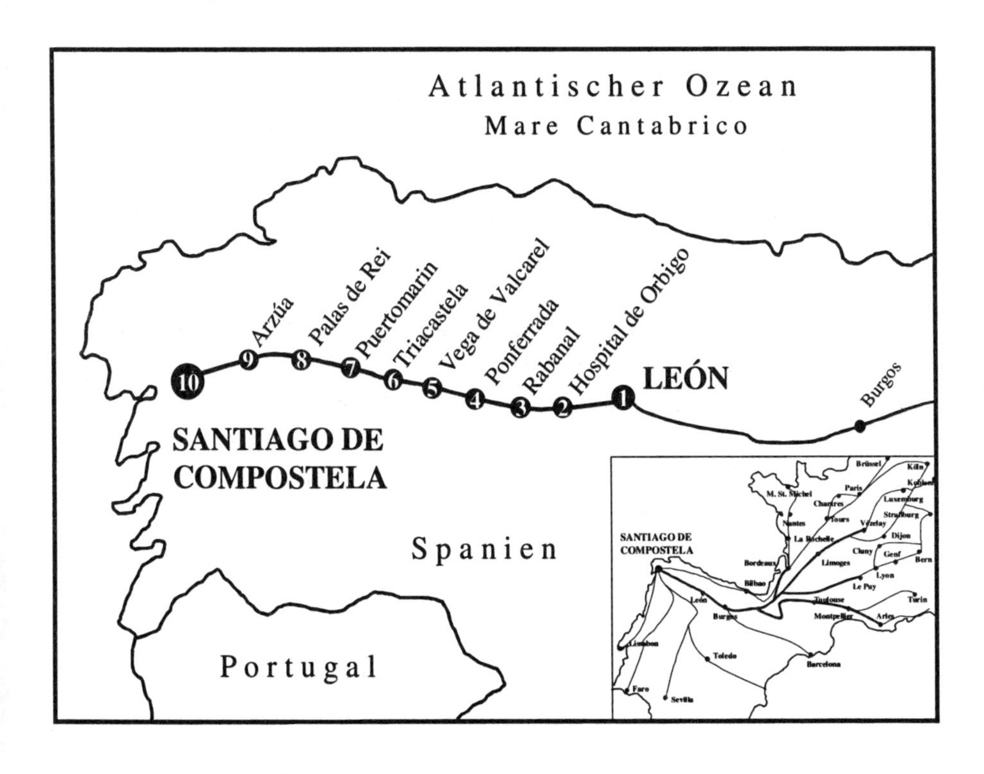


Abbildung: Der Reiseverlauf mit den Wallfahrtsstationen von León bis Santiago de Compostela.[1] Unten rechts eine Darstellung der Europa überziehenden Jakobswege, die auf Santiago de Compostela zulaufen (hier ein unvollständiger Ausschnitt für Südwest-Europa).

[1] Darstellung: Christian Brei.

## Wanderetappen und Diskussionsthemen

| | | |
|---|---|---|
| 21.05.-22.05 | **(1)** | Anreise nach *Léon* |
| 23.05. | **(2)** | *Léon – Hospital de Orbigo*<br>Pilgerhandbücher. Verhaltensweise für Wallfahrer |
| 24.05. | **(3)** | *Hospital de Orbigo – Rabanal*<br>Identität der Wallfahrer |
| 25.05. | **(4)** | *Rabanal – Ponferrada*<br>Europäische Völker und die Santiago-Wallfahrt |
| 26.05. | **(5)** | *Ponferrada – Vega de Valcarel*<br>Die Santiago-Wallfahrt und Theologie |
| 27.05. | **(6)** | *Vega de Valcarel – Triacastela*<br>Wallfahrt, Gegenwelt der Kreuzzüge – Ambivalenzen der Heilsgeschichte |
| 28.05. | **(7)** | *Triacastela – Portomarin*<br>Wallfahrtswege als Kulturstraßen |
| 29.05. | **(8)** | *Portomarin – Palas de Rei*<br>Pilgerdasein und Gesundheit |
| 30.05. | **(9)** | *Palas de Rei – Arzúa*<br>Geographische Kenntnisse der Wallfahrer |
| 31.05. | **(10)** | *Arzúa – Santiago de Compostela*<br>Wirtschaftsaspekt der Wallfahrer |
| 01.06. | | Aufenthalt in *Santiago de Compostela*<br>Mobilität der Studenten, Wissenschaftsalltag |
| bis 07.06. | | Reflexion in *St.Pée-sur-Nivelle (F)* und Rückreise |

# Teil 1

# Identität der Wallfahrer

Christian Nolte

## I
## Einleitung

Die Beantwortung der Frage nach der Identität der Wallfahrer kann und soll nicht den Anspruch auf Vollständigkeit erheben. Vielmehr geht es um die gezielte Bearbeitung einiger Aspekte, die bei unserem Unternehmen von Bedeutung waren.

Zunächst die Begriffe: „Pilger“ und „Wallfahrer“, da diese in der Literatur nicht immer synonym verwendet werden, sondern vereinzelt erhebliche Unterschiede im Wortgebrauch auftreten. Ein weiterer Punkt versucht, sowohl die Personengruppen, als auch deren Motive im Laufe der Jahrhunderte genauer zu bestimmen. Dabei soll auch kurz die Entwicklung der Wallfahrt im historischen Kontext behandelt werden, beginnend mit der Zeit der urchristlichen Gemeinde bis zum 20. Jahrhundert.

Elementar scheint mir an dieser Stelle noch der Hinweis, dass sich die Auseinandersetzung mit dem gewählten Thema ausschließlich auf den christlich-europäischen Raum beschränkt, wobei der Wallfahrt nach Santiago de Compostela im Mittelalter besondere Bedeutung zukommt als eine der drei großen Unternehmen neben Jerusalem und Rom. Unabhängig davon noch der Vermerk, dass die Wallfahrt selbst ein verbreitetes Phänomen ist und beispielsweise im jüdischen und insbesondere im moslemischen Glauben oder bei einigen Naturreligionen eine besondere Tradition besitzt.

## II
## Bedeutung und Auslegung der Begriffe „Pilger und „Wallfahrer“

Die Rekonstruktion der Herkunft beider Wörter und deren Übersetzung bereitet keinerlei Schwierigkeiten. Das Wort pilgern kommt vom lateinischen Verb „perigere“ und bedeutet soviel wie „jenseits des eigenen Ackers in der Fremde sein“[1]; der Begriff wallfahren leitet sich ab vom deutschen Wort „wallen“ und bedeutet „wandern“ oder „reisen“.[2] Problematischer wird allerdings schon die Begriffsauslegung.

*1. Terminologische Unterscheidung.* Ein Vertreter der differenzierten Auslegung beider Wörter ist der Kirchengeschichtler Bernhard Kötting. Seiner Ansicht nach kennzeichnet den Pilger der Aufbruch zu einem heiligen Ort, beispielsweise einer Märtyrerstätte, verbunden mit der Absicht, an diesem Ort bis zum Tode zu verweilen und sich dort anschließend auch begraben zu lassen. Relativ gleichgültig ist ihm dabei die Beschäftigung der Pilger vor Ort: Wahlweise treten sie in eines der Klöster ein, die sich sehr schnell in unmittelbarer Nähe heiliger Stätten etablierten, oder sie bieten ihre beruflichen Fähigkeiten vor Ort an. Der Wallfahrer jedoch sucht seiner Ansicht nach die heilige Stätte auf, betet dort einige Tage und begibt sich danach wieder an seinen Ausgangspunkt zurück.[3] Kötting unterscheidet also deutlich zwischen dem „wandern“ bzw. „reisen“ und dem „in der Fremde sein“, zwischen der Bewegung und dem bewegungslosen Zustand. Gründe für seine getroffene Unterscheidung oder Belege für die Rechtfertigung dieser Differenzierung lassen sich allerdings nicht ausmachen. Lediglich eine weite Auslegung der Angaben in Grimms Wörterbuch ließe diese mögliche Unterscheidung zu, denn nach Grimm ist der Pilger „im geistlich-biblischen sinne der auf der lebensreise, auf der wanderung nach der ewigen

---

[1] Mielenbrink, E.: Beten mit den Füßen. Über Geschichte, Frömmigkeit und Praxis von Wallfahrten, Kevelaer 1993, S. 11.

[2] Ebenda.

[3] Kötting, B.: Christliche Wallfahrt. In: Hansen, S. (Hrsg.): Die deutschen Wallfahrtsorte, Augsburg 1990, S. 7.

heimat begriffene mensch".[4] Dann allerdings wäre jeder Mensch ein Pilger, der sich aufmacht, durch Tod und Auferstehung ewiges Leben zu erlangen, unabhängig davon, wo er lebt. Schlüssig mag das alles jedoch nicht erscheinen.

Eine andere Differenzierung macht Marie-Luise Favreau-Lilie in ihrem Aufsatz „Civis peregrinus".[5] Sie betrachtet Pilger als Einzelreisende zu meist fernen Zielen, währen Wallfahrer Teilnehmer an organisierten Gruppenreisen sind. Ihr Weg führt sie meist zu Heiligtümern in ihrer Nähe. Favreau-Lilie bezieht sich in ihrer Aussage unter anderem auf H. Dünninger, der Prozessionen und Fahnen als elementaren Bestandteil von Wallfahrten ansieht.[6]

*2. Begriffliche Similarität.* Unabhängig von den vorangestellten Abweichungen erscheinen die beiden Begriffe „Pilger" und „Wallfahrer" ansonsten fast immer mit derselben Wortbedeutung. Das Wort wallfahren findet bei Luther erstmalig schriftliche Erwähnung, obgleich es zweifelsohne schon länger existierte; im religiösen Kontext wurde es von Beginn an synonym zum Wort pilgern verwandt.[7] In meinen weiteren Ausführungen werde ich diese Ergebnisse berücksichtigen und nicht weiter zwischen beiden Ausdrücken differenzieren.

Ergiebiger für die weitergehende Betrachtung ist vielmehr der Aspekt, weshalb sich Menschen verschiedenster geographischer, geistiger und materieller Herkunft über Jahrhunderte und bis zum heutigen Tage auf den Weg gemacht haben, die heiligen Stätten des christlichen Glaubens aufzusuchen – unabhängig davon, ob sie nun als Pilger oder Wallfahrer angesehen werden. Antworten auf diese und daraus resultierende Fragen sollen im nächsten Kapitel entwickelt werden.

---

[4] Grimm Bd. 9, S. 1848.

[5] Favreau-Lilie, M.-L.: Civinus Peregrinus. In: Archiv für Kulturgeschichte Nr. 76, 1994, S. 322-323.

[6] Dünninger, H.: Was ist Wallfahrt? In: Zeitschrift für Volkskunde Nr. 59, 1963, S. 221-232.

[7] Grimm, Bd. 13, S. 1299.

## III
## Pilger und Motive

Im Laufe der Jahrhunderte unterlag das Phänomen Wallfahrt vielfältigen Veränderungen. Sowohl die Gesellschaftsstrukturen als auch die Gründe der Pilger, eine Wallfahrt zu unternehmen, wandelten sich gravierend. Ausschlaggebend waren häufig Elemente des „Zeitgeistes", die – je nach gesellschaftlichem oder politischem Umfeld – bestimmten, ob eine Wallfahrt sinnvoll war und welche Gründe dafür oder dagegen sprachen. Rückblickend kann man jedoch sagen – soviel sei bereits vorweggenommen -, dass die religiöse Ausrichtung zwar nicht immer der einzige Grund der Unternehmung, aber meistens der entscheidende Faktor war.

*1. Der Pilger im Wandel der Zeit.* Neben der Frage der nationalen Identität der Pilger ist es ebenso von Bedeutung, welcher sozialen Schicht sie angehörten. Bei dieser Unterscheidung und angesichts der teilweise beachtlichen Distanzen, die die Pilger innerhalb mehrerer Mo nate zurückzulegen hatten, ist eigentlich auch die Frage der Finanzierung einer Wallfahrt von großem Interesse, doch soll darauf im Beitrag von Ebrecht und Schwan eingegangen werden.

Die ersten Pilger christlichen Glaubens zogen etwa ab 80 n.Chr. vom europäischen Kontinent aus auf dem Seewege ins Heilige Land, um dort die Wirkungsstätten Jesus zu sehen. Aufgrund der für damalige Zeiten enormen Anstrengungen und Gefahren einer solch langen Reise folgte aber schon bald die Auswahl eines alternativen Pilgerzieles. Etwa ab 160 n.Chr. entwickelte sich neben der Jerusalemwallfahrt das Pilgern zum Grab des Apostels Petrus in Rom.[8] Erst einige Jahrhunderte später, um 813, folgte dann die Entdeckung des Grabes von Jakobus auf dem „campus stellae", dem heutigen Santiago de Compostela, und damit auch die Wallfahrt zu einem weiteren Märtyrergrab der christlichen Geschichte. Bedeutendes Charakteristikum

[8] Kötting, B.: Peregrinatio religiosa – Wallfahrten in der Antike und das Pilgerwesen in der alten Kirche. In: Forschungen zur Volkskunde, Band 32-33, 1980, S. 305.

dieser Pilger war der stark religiöse Hintergrund: Nahezu alle Wallfahrer der damaligen Zeit waren Mönche oder Geistliche. Finanziell unterstützt durch ihre Orden waren sie beinahe die einzige gesellschaftliche Gruppe, die die Möglichkeit und ebenso die nötige Unabhängigkeit besaß, eine Reise solchen Umfangs durchzuführen. Der heutigen Quellenlage nach galt diese Dominanz der Geistlichen und Mönche bis etwa ins 10. Jahrhundert. In den fünf folgenden Jahrhunderten wurde die Wallfahrt dann unter der einfacheren Landbevölkerung, den Bürgern, Adligen und Herrschern immer populärer; und sie stellten einen immer größeren Anteil der Pilger. Die Beweggründe ihrer Pilgerreise waren jedoch nicht immer christliche Motive, auf die ich im weiteren Verlauf des Textes noch eingehen werde, sondern häufig weltlicher Natur. So war es unter Rittern und Adligen bis zur Mitte des 16. Jahrhunderts eine Modeerscheinung und Frage des Zeitgeistes, eine Pilgerfahrt zu unternehmen. Für viele Bettler und Vagabunden war bis etwa 1600 die Nutzung der sozialen Systeme entlang des Jakobsweges die einzige Möglichkeit, verpflegt und beherbergt zu werden.[9] Erst mit dem Dekret über Heiligen- und Reliquienverehrung (1563) begann langsam eine Veränderung der gesamten Wallfahrtsstruktur nach Santiago, die zwar zunächst zu einer zahlenmäßigen Verringerung der Pilger führte, dafür aber eine qualitative Aufwertung der Wallfahrt brachte. Anknüpfend an das päpstliche Dekret wurden beispielsweise Auflagen entwickelt, die der an der Wallfahrt interessierte Christ erfüllen musste. Neben dem Ablegen eines Pilgergelübdes benötigten die Bürger einen von Geistlichen ausgestellten Pilgerpass sowie ein Geleitschreiben des Bürgermeisters oder des Landesherrn.[10]

Die Nationalitäten der Pilger stellten – zumindest bei der Santiago-Wallfahrt – von Beginn an einen Querschnitt durch das christliche Abendland dar. Dabei kam das Gros der nicht spanischen Santiago-Pilger aus Mitteleuropa, insbesondere aus dem deutschsprachigen Bereich und aus Frankreich. Darüber hinaus existierte über die Jahr-

---

[9] Mieck, I.: Kontinuität im Wandel. In: Geschichte und Gesellschaft Nr. 3, 1977, S. 307-308 und 311.

[10] Meyer 1872, S. 91.

hunderte hinweg ein zwar relativ kleiner, aber beständiger Pilgerstrom aus den skandinavischen Ländern, aus den Gebieten des heutigen Polen und Tschechien, sowie aus Großbritannien. Zahlenmäßig bedeutender war im Vergleich dazu die Anzahl der Pilger aus Irland und Italien, obgleich gerade die Italiener tendenziell eher nach Rom pilgerten als nach Galizien. Um so stärker kann diese „doppelte Bewegung“ in der damaligen Zeit als ein Indiz für die besondere Bedeutung der Wallfahrt für italienische Christen gewertet werden. Einen ganz besonderen Stellenwert aber hatte die Wallfahrt nach Santiago de Compostela für die spanische und portugiesische Bevölkerung. Während der gesamten Geschichte der Santiago-Wallfahrt dominierten die Iberer das Pilgern zum Grab des Heiligen Jakobus. Drei Gründe sind für die Sonderstellung des Apostels ausschlaggebend: Erstens habe er zu Lebzeiten durch seine Predigten maßgeblich die Christianisierung der iberischen Halbinsel eingeleitet, zweitens sei das Grab in Spanien und drittens verdanke man schließlich seiner persönlichen Intervention in der Schlacht von Clavijo 844 n.Chr. einen der entscheidenden Siege im Kampf gegen die maurischen Besetzer[11] (als Folge seiner Unterstützung Spaniens entstand auch sein zweiter Name: matamoros, übersetzt „Maurentöter“). An dieser Verteilung der Pilger auf die einzelnen europäischen Regionen änderte sich insgesamt bis zum heutigen Tage nicht allzuviel.

Aussagen über die Quantität der Pilger hingegen sind bedeutend schwieriger zu machen; hier ist es eher möglich, von gewissen „Pilgertrends“ zu sprechen, die nicht genau quantifizierbar sind, sondern lediglich Tendenzen darstellen. Zwar existieren noch Gästebücher einiger Herbergen entlang des Camino sowie aus Santiago selbst, doch lassen diese keine genauen Schlüsse zu, da sie jeweils nur einen kleinen Ausschnitt aus der Jahrhunderte alten Wallfahrtsgeschichte darstellen.

[11] Mieck 1977, S. 300.

Ein beachtlicher Aufschwung des Pilgerwesens konnte ab dem 11. Jahrhundert verzeichnet werden. Grund war zum einen die von Sancho d.Ä. und Alfonso VI. von León festgelegte einheitliche Streckenführung von Frankreich nach Santiago, die das Reisen entlang der alten römischen Wege nun erheblich sicherer und einfacher machte. Zum anderen stärkten Papst Kalixt III. (1168-1181) und Papst Alexander III. (1159-1181) die Bedeutung der Santiago-Wallfahrt auch unter den übrigen Christen: ersterer durch die Einführung des Heiligen Jakobäischen Jahres und letzterer durch die Gewährung des vollkommenen Ablasses für diejenigen Pilger, die an einem Sonntag, den 25.07. im Dom von Santiago ankamen. Mit diesem Anstieg der christlichen Pilger aus Europa waren auch die nicht religiös motivierten Reisenden eine nicht zu vernachlässigende Größe. Vom 11.-16. Jahrhundert setzte sich diese Gruppe hauptsächlich aus wohlhabenderen und angesehenen Bürgern, Rittern, Adligen und Landesherren zusammen. Hinzu kamen ab dem 13. Jahrhundert noch Bettler und Vagabunden, die von dem mittlerweile hervorragenden Netz von Gaststätten und Herbergen profitierten, das als Folge des ersten großen Pilgerstroms ab dem 11. Jahrhundert entstanden war.[12]

Nach diesem kontinuierlichen Aufschwung folgte ab dem 15. Jahrhundert ein ebensolcher Rückgang der Pilgerzahl. Ursachen waren zum einen die immer größeren Gefahren durch Räuber und Kidnapper, denen die Pilger entlang des Weges ausgesetzt waren[13], zum anderen die verheerenden Folgen der Pest, die in vielen Orten zu einem Verbot führte, die Stadtgrenzen zu verlassen[14]. Ein weiterer gewichtiger Grund für den Rückgang der Santiago-Pilger war darüber hinaus die Reformation. Luther und protestantische Christen lehnten die Wallfahrt ab, des weiteren verboten viele reformierte Landesfürsten ihrem Volk die Pilgerreise.[15]

[12] Mieck 1977, S. 308.
[13] Favreau-Lilie 1994, S. 346-347.
[14] Schröder, M. D.: Kurze Beschreibung der Stadt Wismar, was betrifft die weltliche Historie derselben, Wismar 1860, S. 176-179.
[15] Mielenbrink 1993, S. 34.

Ab dem 17. Jahrhundert folgte – nachdem der bereits erwähnte „qualitative Anstieg“ der Pilger eine stärkere Rückbesinnung auf christliche Motive bewirkt hatte – ein Anstieg der Pilgerzahl. Dieses Mal stand er in direktem Zusammenhang mit der politischen Entwicklung auf dem Kontinent: Die Reise nach Santiago wurde durch ein Abklingen der Kriege und Wirren, die Mittel- und Westeuropa erschüttert hatten, entscheidend sicherer.[16] Ein weiteres Argument war aber auch ein Ende der Seuchen und Epidemien, die ganze Regionen ausgelöscht hatten. Im Zuge dieser Wiederbelebung der Wallfahrt gab es auch bald wieder unzählige Arbeitslose und Bettler, die erneut die Strukturen nutzten, um ihr Überleben zu sichern. Mit dem Beginn der Französischen Revolution setzte ein abermaliger Niedergang der Wallfahrt ein. Wieder waren es Kriege sowie die daraus resultierenden politischen und gesellschaftlichen Veränderungen, die eine so weite Reise verhinderten. Viele der gerade für Pilger wichtigen Klöster im europäischen Raum wurden beispielsweise säkularisiert und Herbergen und Hospitäler geschlossen oder umgewandelt: Die Folge war eine spürbare Schwächung – mitunter auch der Zusammenbruch – des Versorgungsnetzes entlang des Jakobsweges. Einer der Befürworter und Betreiber dieser Politik war Joseph Bonaparte. Sowohl als König von Neapel (1806-1808) wie auch in der Rolle des spanischen Königs (1808-1813) verfügte er, zwei Drittel aller Klöster zu schließen. Des weiteren schaffte er in Spanien die „voto de Santiago“ ab, eine Sondersteuer zur Unterstützung der infrastrukturellen Maßnahmen in Santiago und entlang des Weges.[17] Den Quellen zufolge setzten seine Nachfolger diese Politik fort, denn in Spanien wurde am 1. Oktober 1820 ein Gesetz verabschiedet, das die Auflösung fast aller Klöster, Ordenshäuser und sozialer Einrichtungen vorsah. Tatsächlich existierten im Jahre 1822 nur noch 45% der spanischen Klöster. Diese Entwicklung erklärt, weshalb zumindest die europäische Komponente der Santiago-Wallfahrt im 19. Jahrhundert nicht länger existent war. Aber auch der Pilgerstrom der Iberer ging infolge dieser Veränderungen massiv zurück. Darüber hinaus tobte innerhalb Spaniens ein politischer Streit zwischen Traditionalisten und

[16] Mieck 1977, S. 310.
[17] Mieck 1977, S. 324.

Liberalen, der mitunter bürgerkriegsähnliche Auswirkungen hatte. Das Land befand sich laut de Madariaga in einem Spannungszustand, der den Gedanken an eine Pilgerreise nicht eben förderte. Das Ausmaß dieser Spannungen spiegelt sich vermutlich am besten in der Zahl der Pilger wieder, die am 25.07.1867, dem Tag des Heiligen Jakobus, in die Kathedrale von Santiago kamen: Gerade einmal 40 Pilger weist die Statistik von damals aus.

Zahlenmäßige Bedeutung und europäischen Rang erhielt Santiago erst wieder unter dem Regime Francos. Knapp ein Jahr nach seiner Machtübernahme verabschiedete Franco das Dekret Nr. 325, in dem Jakobus erneut zum Patron Spaniens und der 25. Juli wieder zum nationalen Feiertag erklärt wurden; weiter bedeutete das Dekret die Wiedereinführung einer Abgabe zugunsten Santiagos. Gleichzeitig bemühte sich Fran co recht erfolgreich, die Geschichte der Santiago-Wallfahrt als europäisches Phänomen darzustellen, das die Menschen aller Kulturen Europas, ungeachtet der politischen Entwicklungen, miteinander verbindet. Medienwirksam arrangierte Besuche des Caudillo in Santiago de Compostela – gemeinsam mit anderen Persönlichkeiten der europäischen Szene – erzielten die erhoffte Wirkung. Ungeachtet der politischen Isolation des Landes präsentierte sich Spanien gegenüber dem Ausland als kulturell aufgeschlossen und der europäischen Tradition verpflichtet. Mittels dieser Politik schaffte man es auch, wieder der bedeutendste Wallfahrtsort nach Rom zu werden. Ausdruck dessen sind die Statistiken, die in den 70er bis 90er Jahren dieses Jahrhunderts bis zu eine Million Pilger jährlich ausweisen.[18]

*2. Motive im Wandel der Zeit.* In der Geschichte der Santiago-Wallfahrt tauchen als Grund für die unternommenen Pilgerreisen die vielfältigsten Motive auf. Trotz der Vielfalt sei hier der Versuch unternommen, zumindest eine grobe Klassifizierung vorzunehmen. Zentrale Motive der pilgernden Menschen waren, unabhängig vom

[18] Kanz, H.: Die Jakobswege als erste europäische Kulturstraße. Wanderpädagogische Reflexionen, Frankfurt am Main, Berlin, Bern u.a. 1995, S. 126.

zeitlichen Kontext, die Verehrungswallfahrt, die Religionswallfahrt sowie die Bußwallfahrt.

Diese drei Elemente sind Ausdruck der christlichen Überzeugung der Pilger. Zur Klärung ihrer charakteristischen Eigenheiten seien sie kurz erläutert: Die Verehrungswallfahrt „hat das Ziel, einen heiligen Ort aufzusuchen und dort die numinöse Macht um ihrer selbst willen zu akzeptieren und zu verehren (devotio)“[19], während die Religionswallfahrt die subjektive Heilssuche in den Mittelpunkt der Unternehmung stellt. Dabei ist die Sorge um das eigene und familiäre Seelenheil für den Pilger entscheidend, seine Frömmigkeit möchte er vor Gott unter Beweis stellen.[20] Die Bußwallfahrt als das dritte zentrale Motiv knüpft an die subjektive Heilssuche der Menschen an; während des gesamten Mittelalters waren die Leute von einer enormen Heilsangst geprägt und glaubten, durch die Wallfahrt ein beachtliches Zeichen der Buße zu leisten. Früher wie heute soll dadurch eine Versöhnung mit Gott erbeten werden, die nach dem irdischen Tod zum Ewigen Leben führt.[21] Dennoch war man sich schon im Mittelalter bewusst, dass auch die Erteilung der Absolution nach der Ankunft in Santiago nur zur Vergebung der Schuld führte, die Strafe für die begangene Sünde hingegen bestehen blieb. Die Pilger erhofften sich allerdings von dieser aufwendigen und zutiefst devoten Form der Buße, verglichen mit der gewöhnlichen Beichte und den von Geistlichen auferlegten Bußgebeten, eine größere Chance der Versöhnung mit Gott.[22] Die genannten Motive stehen trotz teilweise veränderter Grundannahmen bis zum heutigen Tage im Zentrum der Wallfahrt, ergänzt wurden sie allerdings stets durch einige temporäre Motiv-Phänomene. Dazu zählt u.a. die Strafwallfahrt nach Santiago, die im 11.-15. Jahrhundert in Mitteleuropa zahlreiche Kriminelle und Gewaltverbrecher vor der Haft bewahrte. Anstatt die Strafe in sicherlich nicht angenehmer Gefängnis- oder Kerkeratmosphäre abzusit-

[19] Kanz 1995, S. 127.

[20] Ganz-Blättler, U.: Andacht und Abenteuer – Bericht europäischer Jerusalem- und Santiago-Pilger, Tübingen 1990, S. 221-247.

[21] Mielenbrink 1993, S. 28.

[22] Rapp, F.: Neue Formen der Spiritualität im Spätmittelalter. In: Plötz, R. (Hrsg.): Spiritualität des Pilgerns, Tübingen 1993, S. 42.

zen, mussten sie, teilweise unter amtlicher oder geistlicher Begleitung, die Mühen der Pilgerreise auf sich nehmen. Ebenfalls im 11. Jahrhundert entwickelten sich aber auch einige weltliche Motive, die – meist neben den religiösen Gründen – Auslöser für Pilgerfahrten waren. Der Gedanke an eine lange, für die damalige Zeit ungewöhnliche Reise, die sich mitunter über ein Jahr erstrecken konnte, erweckte in vielen ein Gefühl der Neugier. Aber auch Abenteuer- und Reiselust, Wissensdurst und Abwechslung vom geregelten Leben innerhalb der Dorf- oder Stadtgemeinde waren entscheidende Motive, die zur enormen Popularitätssteigerung der Wallfahrt beitrugen.[23] Begünstigt wurden diese Entwicklungen durch die infrastrukturellen Verbesserungen entlang des Camino, durch die bereits erwähnte Festlegung einer einheitlichen Wegstrecke von der französisch-spanischen Grenze aus und die Erhöhung der generellen Mobilität der Menschen.

Das letzte bedeutende Wallfahrtsmotiv dieser Zeit war die Steigerung des persönlichen Ansehens. Nicht ohne Grund verzeichnete die Santiago-Wallfahrt gerade damals einen enormen Zuwachs an Herrschern, seien es Könige oder Fürsten, die meist in sehr unbescheidener und Aufmerksamkeit erregender Art ihre Reise samt Anhang absolvierten. Gegenüber dem eigenen Volk demonstrierte man so wirkungsvoll den christlichen Lebenswandel und die notwendige Gottesfurcht. Aber auch unbedeutendere Adlige und gewöhnliche Bürger vergrößerten mittels einer Wallfahrt ihr lokales Ansehen. Die Aktivitäten der Gemeinden bei Rückkehr der Pilger zeigen deutlich, welche besondere Bedeutung diese Bürger innerhalb des sozialen Gefüges nun hatten.[24]

Die Gründe für ein Ende der Wallfahrt oder zumindest für einen dramatischen Rückgang der Pilgerzahl ab dem 16. Jahrhundert sind recht naheliegend: Einerseits führte die gestiegene Popularität der Wallfahrt zu immer größerer Gewalt und Kriminalität entlang der

[23] Favreau-Lilie 1994, S. 324.
[24] Chroniken deutscher Städte: Chroniken der fränkischen Städte (Band 11), Leipzig 1874, S. 472-473.

Wege, andererseits schreckten die weit verbreiteten Epidemien immer mehr Leute vom Verlassen der Heimat ab. Das Verhältnis zwischen Aufwand und Ertrag, Risiko der Reise und prägender Erfahrung bzw. Steigerung des sozialen Status war zu einseitig verschoben. Des weiteren ließen die Folgen der Reformation das Motiv der Erhöhung des Ansehens in weiten Teilen Europas nahezu überflüssig werden. Luthers deutliche Ablehnung des Pilgerns wurde von vielen Menschen fortan geteilt, und auch die Landesherren versprachen sich von einer Wallfahrt keinen Nutzen mehr. Vielmehr erließen sie für ihr Volk oft auch Verbote zur Wallfahrt, deren Missachtung unter Strafe gestellt wurde.

Dieser Zustand änderte sich auch in den folgenden Jahrhunderten nicht wesentlich; zum einen waren Kriege und politische Wirren bedeutende Hindernisse (sowohl kleinere Kriege als auch die Französische Revolution und ihre Auswirkungen auf den gesamten Kontinent), zum anderen erwies sich die geistige Entwicklung in Europa als nicht besonders förderlich für das Durchführen von Pilgerfahrten. Schließlich waren die Aufklärer große und argumentativ starke Gegner und Meinungsbildner der damaligen Zeit, deren Einfluss auch das Bewusstsein und die gesellschaftliche Offenheit gegenüber der Wallfahrt maßgeblich mitbestimmte. Die Folge war die Verengung der Wallfahrtsgründe auf religiöse Motive, eventuell gepaart mit Neugier, Wissensdurst und Abenteuergeist. Dieser von Mieck als „bescheidenere“ bezeichnete, „doch im ganzen ehrlichere Charakter“ prägte die Pilgerfahrt vom Ende des 16. bis zur Mitte des 19. Jahrhunderts[25], als der „Neo-Geist“ zu einem Aufblühen vieler Traditionen und Gedanken aus der Zeit des Mittelalters führte.

Zusammenfassend lassen sich die Motive des Pilgerns der damaligen Zeit also in drei Gruppen unterteilen: Die streng religiösen Motive umfassen die Verehrungs-, die Religions- und die Bußwallfahrt und waren ohne Unterbrechung die elementaren Faktoren, die die Wallfahrtsgeschichte prägten. Zur Gruppe der „Erlebnismotive“ zähle ich den Wissensdurst, die Reise- und Abenteuerlust, die reine Neugier

---

[25] Mieck 1977, S. 311 und S. 316ff.

und das Suchen nach Abwechslung. Dies sind alles Gründe, die zwar neben den religiösen Motiven existierten, doch einer Bindung zu diesen stets bedurften, schließlich fanden und finden sich in Europa genügend alternative Reiseziele, die statt der Heiligen Stätten hätten aufgesucht werden können. Die dritte Gruppe besteht aus den politischen und gesellschaftlichen Motiven: Hierzu zählen Pilger, die durch ihre Pilgerreisen ihr Ansehen und ihre Stellung erhöhen wollten. Da jene Klientel der Pilger am stärksten den quantitativen Schwankungen in Abhängigkeit von politischen und sozialen Veränderungen ausgesetzt war, liegt der Schluss nahe, dass diese Wallfahrten meist losgelöst von religiösen Motiven waren. Schwierig einzuordnen ist meiner Ansicht nach jedoch die Strafwallfahrt, da hier nicht von einem Motiv der Verurteilten, sondern von einer durch staatliche Instanzen getroffenen Entscheidung gesprochen werden muss. Die Hoffnung auf Bekehrung während der Wallfahrt legt zwar die Einordnung unter das Religionsmotiv nahe, doch fehlt nach meinem Verständnis die dafür notwendige Freiwilligkeit und innere Bereitschaft, diese Mühe aus religiösen Gründen aufzunehmen. Stimmten meine Vermutungen nicht, weshalb wäre dann die Strafwallfahrt das einzige religiöse Motiv, das abgeschafft wurde?

Die zeitgenössischen Motive der christlichen Pilger fasst Kanz zutreffend unter vier Oberbegriffen zusammen (Selbstfindungs-, Geschichts-, Religions- und Sportmotiv)[26]. Diese Unterteilung bedarf nach meinem Verständnis keiner weiteren Erläuterung, da die Begriffe selbsterklärend sind. Vielmehr möchte ich einen Vergleich zwischen den vier Motiven und den von uns während der Reise gemachten Erfahrungen vornehmen. Dabei ist zu berücksichtigen, dass letztere nur ein Abbild unserer zweiwöchigen Pilgerreise sind.

Bei der Betrachtung der wandernden und radfahrenden Pilger treffen alle Motive zu, jedoch mit unterschiedlicher Gewichtung. Bei den deutschen Pilgern, die uns begegneten, war das Sportmotiv immer ein sehr zentrales: Fast alle wollten ihre eigenen Leistungsgrenzen einmal erfahren, sich selbst beweisen, dass sie die Wanderung schaf-

[26] Kanz 1995, S. 115-127.

fen. Viele gaben sogar an, in Nordspanien neue Strecken erwandern zu wollen, da sie in Mitteleuropa schon fast alle Gegenden kannten – unter anderem waren die gut erschlossenen Wege und der Bekanntheitsgrad des Jakobsweges ein wichtiges Argument. Darüber hinaus wollten sie entlang des Weges ihr eigenes Leben reflektieren, die Frage nach dem Sinn des Lebens behandeln – sei es aus der atheistischen, der christlichen oder einer anderen religiösen Perspektive – und neue Energie für den Alltag entwickeln. Dieses Selbstfindungsmotiv war auch bei vielen ausländischen Pilgern in zahlreichen Gesprächen herauszuhören, meist aber nicht mit dem Sport-, sondern mit dem Religionsmotiv gepaart. Nicht wenige von ihnen waren unmittelbar nach der Pensionierung aufgebrochen und wollten während der Wallfahrt Gott für ihr bisheriges Leben danken und ihren Lebenswandel überprüfen. Andere ausländische Pilger erhofften sich von dieser Reise eine engere Verbundenheit mit Gott und dem Glauben an sich. Diese religiöse Wallfahrtskomponente, das zeigte sich in einigen Gesprächen und im Sozialverhalten, war nur bei wenigen deutschen Wanderpilgern vorhanden. Größere Übereinstimmung gab es schon bei der Auseinandersetzung mit dem Geschichtsmotiv: So wie wir erfahren wollten, wie der Jakobsweg im Laufe der Jahrhunderte seine Bedeutung erlangte, wie die Menschen unterschiedlichster Kulturen und sozialer Herkunft diese Wallfahrt im Wandel der Zeit erlebt, gedacht und gestaltet haben und weshalb gerade dieser Weg vom Europarat zur Ersten Europäischen Kulturstraße erklärt wurde, interessierte es ebenfalls einen Großteil der übrigen Pilger, was diesen Weg bis heute ausmacht.

Die Betrachtung der Motive jener Pilger, die per Bus, Zug, Auto oder Flugzeug nach Santiago kamen, gestaltet sich für uns nicht so einfach, da wir selbst nur eineinhalb Tage in Santiago verbrachten. Der Zuspruch, den die täglichen Pilgermessen sowie die normalen Heiligen Messen erfahren, legt die Annahme nahe, dass die Mehrheit der Reisenden dem Ort besondere religiöse Bedeutung beimisst, folglich christliche Motive Auslöser für die Wallfahrt sind. Des weiteren sei aber auch die Vermutung geäußert, dass neben diesen religiösen Pilgern ein weiteres Motiv auftritt, dass bei Kanz in dieser Form unerwähnt bleibt: Der touristische Reiz Santiagos. Dieser Aspekt kann zwar einerseits die geschichtliche Auseinandersetzung mit dem Apostel Jakobus, der Kathedrale und der Stadt Santiago beinhalten (was dem Geschichtsmotiv Kanz' entspräche), darüber hinaus impliziert er aber meiner Ansicht nach auch die Geringschätzung oder Auslassung des Religionsmotivs, sichtbar im Verhalten jener Leute gegenüber anderen Pilgern. Die Rücksichts- oder Gedankenlosigkeit, mit der sich diese Menschen während der Messen und Gottesdienste in der Kathedrale bewegen, legt diesen Schluss nahe. In Ermangelung eines Verständnisses für die anderen Wallfahrer scheint eine bedeutende Zahl von Menschen die Befriedigung ihrer eigenen Interessen zu verfolgen, nämlich die Besichtigung von Kirche und Grab des Apostels.

Resümierend bedeutet dies eine Erweiterung der von Kanz entwickelten zeitgenössischen Motive um das touristische Element, das jedoch ein geschichtliches Motiv stets voraussetzt.

## Literatur

Chroniken deutscher Städte (1874): Chroniken der fränkischen Städte (Band 11), Leipzig, S. 472-473.

Dünninger, H. (1963): Was ist Wallfahrt? In: Zeitschrift für Volkskunde Nr. 59, S. 221-232.

Favreau-Lilie, M.-L. (1994): Civinus Peregrinus. In: Archiv für Kulturgeschichte Nr. 76, S. 321-350.

Ganz-Blättler, U. (1990): Andacht und Abenteuer – Bericht europäischer Jerusalem- und Santiago-Pilger, Tübingen.

Kanz, H. (1995): Die Jakobswege als erste europäische Kulturstraße. Wanderpädagogische Reflexionen, Frankfurt am Main, Berlin, Bern u.a.

Kötting, B. (1980): Peregrinatio religiosa – Wallfahrten in der Antike und das Pilgerwesen in der alten Kirche. In: Forschungen zur Volkskunde, Band 32-33, S. 302-307.

Kötting, B. (1990): Christliche Wallfahrt. In: Hansen, S. (Hrsg.): Die deutschen Wallfahrtsorte, Augsburg.

Meyer, Ch. (Hrsg., 1872): Das Stadtbuch von Augsburg, Augsburg, S. 91.

Mieck, I. (1977): Kontinuität im Wandel. In: Geschichte und Gesellschaft Nr. 3, S. 299-328.

Mielenbrink, E. (1993): Beten mit den Füßen. Über Geschichte, Frömmigkeit und Praxis von Wallfahrten, Kevelaer.

Rapp, F. (1993): Neue Formen der Spiritualität im Spätmittelalter. In: Plötz, R. (Hrsg.): Spiritualität des Pilgerns, Tübingen, S. 39-58.

Schröder, M. D. (1860): Kurze Beschreibung der Stadt Wismar, was betrifft die weltliche Historie derselben, Wismar.

# Europäische Völker und die Santiago-Wallfahrt

Barbara Kruse, Christoph Niehus,
Kirstin Ratajczak und Sven Schröder

Der vorliegende Text ist der Versuch, das heute vorherrschende Verständnis von Europa unter anderem auf die mittelalterliche Santiago-Wallfahrt zurückzuführen. Das Phänomen der damaligen Pilgerbewegung wird als Beginn der Idee für ein gemeinsames Europa, wie wir es heute kennen, identifiziert. Welcher Herkunft die Pilger waren und welche Motivation sie in sich getragen haben könnten, um die erheblichen Gefahren für Leib und Leben einer solchen Reise auf sich zu nehmen, ist deshalb eine wesentliche Frage, der im Text nachgegangen wird. Das skizzierte Vorhaben führt unwillkürlich zum Begriff der Identität. Sie half dem mittelalterlichen Pilger, sich von dem neu Erfahrenen zu differenzieren, obwohl eine mehrmonatige Reise in die Ferne gleichzeitig eine Irritation dieser Identität bewirken musste.

## I
## Vorbemerkung

Die Interpretation des Mittelalters[1] als „dark ages", wie es vor einigen Dekaden geäußert wurde und das Denken ganzer Generationen prägte, ist nach heutigem Verständnis nicht haltbar. Natürlich waren die Denkstrukturen und das Weltbild des mittelalterlichen Wallfahrers im Vergleich zu dem eines aufgeklärt-scientistischen Menschen

[1] Hier besteht nicht die Absicht, wesentliche Fragen der Mediävistik zu erörtern. Es sei deshalb auf folgende Texte verwiesen, die sich vor allem mit Problemen der Periodisierung des Mittelalters beschäftigen: Boockmann, H.: Zeitgliederung und Geschichtsverständnis des Mittelalters. In: Boockmann, H. (Hrsg.): Einführung in die Geschichte des Mittelalters, 1998, S. 19-23; sowie Boshof, E.: Das Mittelalter als Epoche. In: Boshof, E./Düwell, K./Kloft, H. (Hrsg.): Geschichte. Eine Einführung, 1994, S. 111-115.

am Ende des 20. Jahrhunderts deutlich verschieden. Diese Tatsache zu berücksichtigen, ist für Autoren des 20. Jahrhunderts sicherlich eine große Herausforderung. Sich ihr zu stellen, ist nichtsdestoweniger erforderlich.

Kontemplative Entrückung, das ernsthafte Streben zu Gott und nach Seelenheil im Jenseits waren wesentliche Werte. Erst in späteren Jahrhunderten entwickelten sich der Rationalitätsgedanke und der aufgeklärte Humanismus zu durchgreifenden Denkrichtungen. Es müssen also andere Strukturen menschlicher Entscheidungsfindung in Rechnung gestellt werden, als jene, mit denen wir heute umzugehen gewohnt sind.

## II
## Die Herkunft mittelalterlicher Pilger, ihre Motivationen und Ziele

Die geographische Herkunft der Pilger, die nach Santiago kamen, lässt sich anhand überlieferter Pilgerbücher und Registern von Herbergen nachvollziehen.[2] Aus praktisch allen Teilen Europas kamen Menschen nach Santiago, so aus Skandinavien[3], dem Baltikum, Weißrussland, von den britischen Inseln und natürlich aus dem gesamten westeuropäisch-kontinentalen Raum.[4] Den größten Anteil machten aufgrund geringerer Distanzen und vermutlich besserer Kenntnisse sowohl des Weges als auch des geographischen Ziels Bewohner der Regionen des heutigen Frankreichs, Spaniens und

[2] Heute lässt sich nicht mehr sagen, ob darüber hinaus Menschen aus anderen als den überlieferten Regionen nach Santiago kamen. Hinzu kommt die generelle Vorsicht, mit der die Authentizität und damit der historische Wert von Texten über das Mittelalter zu beurteilen ist.

[3] Anhand der Pilger aus Skandinavien arbeitet Krötzl das Empfinden von Ferne als Fremdheit heraus. Vgl. Krötzl, C.: Wallfahrt und „Ferne". In: Wallfahrt und Alltag in Mittelalter und früher Neuzeit, Wien 1992, S. 219-235.

[4] Zur Herkunft der Pilger sei verwiesen auf: Herbers, K./Plötz, R.: Nach Santiago zogen sie. Berichte von Pilgerfahrten ans „Ende der Welt", München 1996, S. 210-297.

Portugals aus. Besonders aus dieser letzten Region sind viele Pilgerhandbücher überliefert.[5]

Die Pilger kamen auf unterschiedliche Weise nach Santiago und legten die Wegstrecken zum Teil mit verschiedenen Verkehrsmitteln zurück. Neben der Reise zu Lande, die je nach sozialem Stand per Pferd oder zu Fuß erfolgte, nutzten sie Schiffe, da der Seeweg wesentlich bequemer weite Entfernungen zu bezwingen half.[6] Dem größten Teil der Pilger werden allerdings die kostenträchtigen Reisemöglichkeiten per Schiff oder Pferd verschlossen geblieben sein, so dass er zu Fuß gen Santiago strebte.

Oftmals war es unerlässlich, sich zu Gruppen, sogenannten Genossenschaften, zusammenzuschließen, um an Kooperationsgewinnen, wie etwa einem höheren Maß an Sicherheit auf der Wanderung, teilzuhaben. In Genossenschaften trafen Menschen aufeinander, die häufig sehr unterschiedliche Vorkenntnisse über die bevorstehende Reise hatten. Nicht selten waren völlig Unerfahrene darunter. Bestenfalls trat an die Spitze der Pilger ein Pilgerführer, der bezüglich der Wege auf Erfahrungen zurückgreifen konnte.[7]

Der Vorgang, sich im Mittelalter trotz erheblicher körperlicher Strapazen und ungewissen „Erfolgs“ aus der angestammten geographischen und sozialen Umgebung auf den Weg in die Ferne zu machen, ist gerade aus kultur- und mentalitätsgeschichtlicher Sicht für uns heute von großem Interesse, zumal diese Art von Verzicht und Hingabe für den abendländisch-christlichen Kulturkreis im 20. Jahrhundert praktisch verebbt bzw. durch andere Motivationen verdrängt worden ist. Die Pilger gingen aus allen Teilen des heutigen Europa nach Santiago, um am Grab des Heiligen Jakobus eine Handlung zu vollführen, an die sie ihre persönlichen (Heils-) Erwartungen und

[5] Beispielhaft stellt Ohler einen solchen Pilgerführer mit kritischen Anmerkungen vor. Vgl. Ohler, N.: Reisen im Mittelalter, München 1991, S. 282-298.
[6] Vgl. in diesem Zusammenhang die detaillierte Darstellung der verschiedenen Reisemöglichkeiten von Ohler 1991, insbesondere S. 35-106.
[7] Details zu den Reisegesellschaften finden sich bei Herbers/Plötz, die dafür auf historische Quellen zurückgreifen. Vgl. Herbers/Plötz 1996, S. 23-33.

Hoffnungen knüpften. Menschen unterschiedlichen Alters, Männer und Frauen verschiedener sozialer und geographischer Herkunft pilgerten über lange Zeiträume und oft ohne genaue Vorstellungen davon, was sie unterwegs und am Ziel erwarten würde, um an ihrem Ziel Santiago de Compostela ein Gelübde zu erfüllen, um Leiden zu mildern, um Schaden abzuwenden oder um Heilung zu erfahren.

## III
## Die Santiago-Wallfahrt: Die Dimensionen Raum und Zeit

Der Horizont der Santiago-Wallfahrer weitete sich durch die Reise in und durch unbekannte Länder nicht nur aufgrund des spirituellen Erlebens oder der unterschiedlichen Kontakte zu Menschen anderer Herkunft, anderen Aussehens sowie anderen sozialen Standes, sondern auch in Folge einer neuen Erfahrung des Raumes und der Zeit.

Das Verlassen der Familie und der Heimat bedeutete einen Ausbruch aus festgefügten Tagesabläufen. Diese wurden weitestgehend sowohl von den Jahreszeiten und den sich daraus ergebenden Agrarzyklen als auch von den kirchlichen Diensten bestimmt. Tägliche Gebetstunden sowie die jährlich stattfindenden Kirchenfeste gaben den Menschen im frühen und im hohen Mittelalter einen festen Zeitrahmen vor, wobei es auf die exakte Zeitmessung nur wenig ankam. Auch wenn davon auszugehen ist, dass sich der Pilger auf dem Weg nach Santiago durch einen geschlossenen Raum christlicher Weltanschauung bewegte, so musste er sich doch anderer zeitlicher Orientierungshilfen bedienen als in seiner kirchlichen Gemeinschaft, in der allein das Läuten der Kirchenglocke als eine solche genügte.[8]

Neben der individuellen Zeitgestaltung spielte die Fähigkeit des Pilgers eine wichtige Rolle, sich und gegebenenfalls sein Begleittier auch bei widrigsten Witterungsverhältnissen zu versorgen. „Wollte man überleben, musste man das jeweils durchreiste Land aufmerk-

[8] Vgl. Götz, H.-W.: Zeit/Geschichte. Mittelalter. In: Dinzelbacher, P. (Hrsg.): Europäische Mentalitätsgeschichte, Stuttgart 1993, S. 640-642.

sam beobachten."[9] Es ist anzunehmen, dass der Pilger sehr sensibel auf Veränderungen in seinem unmittelbaren Umfeld, insbesondere der Vegetation, zu reagieren hatte. Betrachtet man allein den Camino zwischen Léon und Santiago de Compostela, bieten sich dem Pilger sehr abwechslungsreiche Landstriche: Unter anderem atlantisches Hügelland, bis zu 2100 m hohe, sowohl grüne als auch baumlose Bergketten (teils aus Granit, Schiefer und Gneis), die Meseta und die rotsandigen Las Médulas[10], die ihn vor Schwierigkeiten unterschiedlichster Art stellten.

Von besonderer Bedeutung für das Empfinden von Zeit und Raum ist in bezug auf die Santiago-Wallfahrt die geographische Lage des Ortes. Der Westen, die Himmelsrichtung des Sonnenuntergangs, galt als Region der Finsternis und des Teufels.[11] Dementsprechend ist auch die Vorstellung zu verstehen, dass der Pilger mit der Wanderung an das Cabo Finisterre, an das Ende der Welt, „die größte aller möglichen Bußübungen"[12] vornahm. Die Bezeichnung des Wallfahrtsortes als Sternenfeld lässt letztendlich zu, der Raum- und Zeiterfahrung des Pilgers eine spirituelle Dimension zu verleihen: Die Begegnung mit Gott.[13]

## IV
## Auf dem Weg nach Santiago – Auf dem Weg nach Europa?

Die Tatsache, dass vor allem während des Hochmittelalters jährlich Hunderttausende von Menschen zum Grabe des Heiligen Jakobus pilgerten, ist an sich zwar schon bemerkenswert, allerdings ist es ebenso interessant zu betrachten, in wieweit sich Pilger verschiedener Herkunft gegenseitig kulturell beeinflussten.

---

[9] Ohler, N.: Pilgerleben im Mittelalter. Zwischen Andacht und Abenteuer, Freiburg, Basel, Wien 1994, S. 15-16.
[10] Vgl. Wegner, U.: Der Spanische Jakobsweg, Köln.1997, S. 166-226.
[11] Vgl. Dinzelbacher 1993, S. 613.
[12] Wegner 1997, S. 242-243.
[13] Vgl. Sudbrack, J.: Unterwegs zu Gott, obgleich schon stehend vor ihm. In: Herbers, K./Plötz, R. (Hrsg.): Spiritualität des Pilgerns, Tübingen.1993, S. 110-111.

Der Umgang mit anderen und der Vorgang des Erwerbs kultureller Erfahrungen ist heute nur noch schwer zu ermitteln, da die Quellenlage zu alltagsgeschichtlichen Themen sowohl qualitativ wie quantitativ ungenügend ist.

Das ambivalente Erlebnis der Wallfahrt, das den Menschen sowohl neue Perspektiven auf das Andere und den Anderen als auch auf sich selbst eröffnete, ist offenbar ein durchgängiges Muster der Bewusstseinserweiterung im Mittelalter. Wie in der fachwissenschaftlichen Literatur um die Bedeutung der Kreuzzüge für das Mittelalter umfänglich diskutiert, haben diese als erstes europäisches Phänomen in einer bisher nie aufgetretenen Weise Einfluss auf Menschen ausgeübt. Gleiches kann u. E. von den Pilgerfahrten gesagt werden, die hier als Gegenwelt der Kreuzzüge verstanden werden.[14] Die Übernahme architektonischer Elemente aus anderen Kulturkreisen könnte in diesem Zusammenhang als ein Beleg für eine Öffnung gegenüber dem Fremdartigen und Neuen gewertet werden. Während Fremde und Andersartigkeit durchaus als befruchtend verstanden werden konnten und sich so der Horizont vieler erweiterte, konnte auf der anderen Seite auch die Angst vor genau denselben Aspekten Oberhand gewinnen.

Wallfahrer konnten nun erfahren, dass mehr existiert als das unmittelbar subjektiv Erfahrene. Ohler berichtet von zum Teil chauvinistischen Aussagen, die sogar von „Menschen mit weitem Horizont“[15] stammten. So finden sich in einem Pilgerbericht beispielsweise abwertende Aussagen über Lebensweise und angebliche Eigenarten der Navarresen und Basken.

Beschritten bereits die mittelalterlichen Pilger den Weg nach einer gemeinsamen europäischen Identität? Diese Frage zu stellen ist nicht abwegig, denn Hand in Hand mit der neuen Erfahrung kultureller Verschiedenheit ging auch die Entwicklung einer Vorstellung von

---

[14] vgl. den Beitrag von Josef Häußling in diesem Band: Wallfahrt, Gegenwelt der Kreuzzüge. Ambivalenzen der Heilsgeschichte, ab S. 67ff.
[15] Ohler 1994, S. 154.

europäischer Identität einher, die heute für die Bürger Europas überwiegend selbstverständlich ist. Was heute als „Europa" bezeichnet wird und mehr als eine kontinentale geographische Formation meint, beginnt sich im Verständnis des mittelalterlichen Menschen langsam herauszubilden, ohne mit einem konkreten Begriff belegt zu werden. Die Verwendung des „Europa"-Begriffs kann bereits in Karten aus dem 8. bis 12. Jahrhundert nachgewiesen werden.[16] Parallel zum Prozess der Bildung von relativ stabilen Herrschaftsräumen wird die Vorstellung einer größeren Einheit greifbar, die mehrere Teile durch charakteristische Gemeinsamkeiten zu einem Ganzen formiert.[17]

Generell kann gesagt werden, dass die Erfahrung der Wallfahrt, die unter christlichen Prinzipien wie Nächstenliebe, Toleranz und Gastfreundschaft stattfand, der Schlüssel für eine friedliche Annäherung unterschiedlicher Kulturkreise war.

## V
## Das Erleben einer christlich-abendländischen Dimension

Laut Zimbardo beinhaltet das Erleben der Identität, „..., daß das eigene Selbst als unterschiedlich von anderen Menschen wahrgenommen wird und daß andere Dinge als dem Selbst zugehörig oder ihm fremd bewertet werden. Es ist Kernstück des Gefühls, eine einzigartige Persönlichkeit zu sein."[18] Es sei in diesem Zusammenhang darauf hingewiesen, dass Identität in ihrer soziologischen und philosophischen Fassung ein Konzept der Neuzeit ist, dessen Existenz aller-

---

[16] vgl. hierzu den Beitrag von Otto/Pika/Sander in diesem Band: Geographische Kenntnisse der Wallfahrer, ab S. 117ff.

[17] Auch christlicher Glaube und die Bindekraft der (west-)römischen Kirche gehörten hier sicherlich zu den Faktoren, die die stärksten integrativen Kräfte entfalteten.

[18] Zimbardo, P. G.: Psychologie, New York 1995, S. 93; siehe auch Oerter, H. (Hrsg.): Entwicklungspsychologie – Ein Lehrbuch, Weinheim 1995, S. 346: „Der Begriff Identität bezieht sich zunächst in einem allgemeinen Sinn auf die einzigartige Kombination von persönlichen, unverwechselbaren Daten des Individuums..., durch welche das Individuum gekennzeichnet ist und von allen anderen Personen unterschieden werden kann. In diesem generellen Sinn lässt sich Identität allerdings auch auf Gruppen oder Kategorien von Personen anwenden."

dings auch im Mittelalter eine Bedeutung gehabt haben wird.[19] Vielleicht böte sich in bezug auf das Mittelalter der Begriff „Gemeinsamkeit" an, der von Pfetsch wie folgt definiert wird: „Verbundenheit des Individuums mit dem Kollektiv, d.h. die Stellung des einzelnen in einer größeren gesellschaftlichen und politischen Bezugseinheit und die Abgrenzung dieser von anderen Bezugseinheiten."[20] Offensichtlich ist jedoch, dass die Existenz mündlich tradierten Kulturguts eine Basis für Gemeinsamkeit bildete. Heute ist nachweisbar, dass durch das Pilgern entlang der Jakobswege die Legenden der Heiligen, später auch Literatur wie z.B. das Rolandslied oder das Heldengedicht des „El Cid" und die mit dem Pilgern recht verwandte Gralssage, in Europa verbreitet wurden. Daneben wurden auch Lieder, Sagen und Erlebnisberichte mit in die Heimat gebracht, so dass auch die Daheimgebliebenen nach der Rückkehr eines Pilgers die Möglichkeit bekamen, ihren Horizont zu erweitern.[21] Es darf angenommen werden, dass solche gemeinsamen Geschichten und Erfahrungsberichte ein wichtiger Aspekt für das Entstehen eines gemeinsamen Verständnisses waren.

Wie Plötz zeigt[22], kann die Santiago-Pilgerfahrt ihre europäische Dimension erst im 11. Jahrhundert verwirklichen, als die spätantike und die germanisch-keltische Kultur verschmelzen und die persönliche Verantwortung im Ablauf der Historie als Heilsgeschichte elementarer Bestandteil wird. Zuvor waren Heidentum und magisches Denken noch weit im Volk verbreitet, zumal die religiöse Bildung vieler Geistlicher nur ungenügend war. Auch Kaldewey/Niehl stellen fest, dass sich in dieser Zeit die Ordnung des christlichen Abendlandes als politische und religiöse Einheit (heraus) bildet. Papst und Kaiser verkörpern diese neue Einheit. Eine gemeinsame Wertebasis, die als ein festeres Fundament für eine europäische Identität hätte

[19] Vgl. Pfetsch, F. R.: Die Problematik der europäischen Identität. In: Aus Politik und Zeitgeschichte, B 25-26/98, 1998, S. 7.
[20] Pfetsch 1998, S. 6.
[21] Wegner 1997, S. 36f.
[22] Plötz, R.: Pilger und Pilgerfahrt gestern und heute am Beispiel Santiago de Compostela. Ders. (Hrsg.): Europäische Wege der Santiago-Pilgerfahrt, Tübingen 1993, S. 171-213.

dienen können, scheint daher in dieser Zeit im westlichen Europa vorhanden gewesen zu sein.

Ein weiterer wichtiger Aspekt in bezug auf die Identität ist die Abgrenzung gegenüber anderen. Diese erfolgte schon zur Römerzeit das erste Mal, als nach dem Tod Theodosius des Großen das Reich in Ostrom und Westrom (Hauptstadt Ravenna) zerfiel, und sie erhielt gerade für das Christentum eine wichtige Dimension im Morgenländischen Schisma von 1054.

Das Verständnis der Wallfahrt als einendes europäisches Phänomen war – und ist – für Gläubige aus allen Teilen des machtpolitischen Flickenteppichs Europa von zentraler Bedeutung. Bei den hier als Gegenwelten zu den Kreuzzügen dargestellten Wallfahrten hatten Menschen erstmals die Möglichkeit, Europa als Idee zu begreifen und – zum Beispiel durch das Aufeinandertreffen von Glaubensbrüdern und -schwestern – auch konkret zu erleben.[23] Es bleibt jedoch festzuhalten, dass das gesamte damalige Lebensverständnis stark von religiösen, und das heißt auch von kirchlichen, Aspekten geprägt war.

## VI
## Schlussbemerkung

Die hohe Bedeutung von Gemeinsamkeiten zur Identitätsstiftung im zusammenwachsenden Europa wird heute klarer denn je. Anderson weist in diesem Zusammenhang auch auf mittelalterliche Mythen und Sagen hin, auf die bei der Genese moderner Nationalstaaten erstaunlich konstant zurückgegriffen wurde.[24] Artikel 151 (Satz 2) des Vertrages von Amsterdam greift diesen Gedanken auf und verschreibt sich, die „Verbesserung der Kenntnis und Verbreitung der

[23] Es sei hier an die Rhetorik des früheren Bundeskanzlers Helmut Kohl erinnert, der im Zusammenhang mit einem möglichen EU-Beitritt der Türkei das Argument einer „christlichen Wertegemeinschaft" einbrachte, zu der die Türkei nicht passe.
[24] Anderson, B.: Imagined Communities, London, New York 1991.

Kultur und Geschichte der europäischen Völker"[25] zu fördern. Dies ist einmal mehr ein Beweis für die tiefgreifende Wandlung der EU von einer reinen Wirtschaftsgemeinschaft zu einer politischen Union, die eine gemeinsame Kultur und Geschichte sowie deren materielle Förderung für notwendig erachtet. Auch wird der Gedanke vom „Europa der Bürger" und einer besseren Identifikationsmöglichkeit mit dem Wesen der Union zum Ausdruck gebracht.

Auch im Mittelmeerraum, aus dessen verschiedensten Regionen die Menschen seit dem Mittelalter nach Santiago de Compostela pilgern, greift das Verständnis eines gemeinsamen kulturellen Erbes mehr und mehr Raum. Ein „clash of civilizations"[26], wie er auch für diese Region vorhergesagt wurde, ist bisher nicht erfolgt – dank kultureller Gemeinsamkeiten, die kurzfristigem politischem Kalkül bisher wenig Raum gelassen haben.

Mit Ausrufung des Camino de Santiago zur Ersten Europäischen Kulturstraße nach einem rund 40 Jahren währenden europäischen Integrationsprozess legt der Europarat einen besonderen Akzent auf die gemeinsamen Wurzeln Europas.

---

[25] Weidenfeld, W. (Hrsg.): Amsterdam in der Analyse. Strategien für Europa, Gütersloh 1998.

[26] Huntington, S. P.: The Clash of Civilizations? In: Foreign Affairs, 72: 3, 1993, S. 22-49.

## Literatur


Anderson, B. (1991): Imagined Communities, London, New York.

Boockmann, H. (1988): Zeitgliederung und Geschichtsverständnis des Mittelalters. In: Boockmann, H. (Hrsg.): Einführung in die Geschichte des Mittelalters, S. 19-23.

Borst, A. (1997): Lebensformen im Mittelalter, Berlin.

Boshof, E. (1994): Das Mittelalter als Epoche. In: Boshof, E./Düwell, K./Kloft, H. (Hrsg.): Geschichte. Eine Einführung.

Carlen, L. (Hrsg., 1987): Wallfahrt und Recht im Abendland, Freiburg (Schweiz).

Dinzelbacher, P. (1993): Raum. Mittelalter. In: Ders. (Hrsg.): Europäische Mentalitätsgeschichte, Stuttgart.

Götz, H.-W. (1993): Zeit/Geschichte. Mittelalter. In: Dinzelbacher, P. (Hrsg.): Europäische Mentalitätsgeschichte, Stuttgart.

Herbers, K./Plötz, R. (1996): Nach Santiago zogen sie. Berichte von Pilgerfahrten ans „Ende der Welt“, München.

Huntington, S. P. (1993): The Clash of Civilizations? In: Foreign Affairs, 72: 3, S. 22-49.

Kanz, H. (1995): Die Jakobswege als Erste Europäische Kulturstraße. Wanderpädagogische Reflexionen, Frankfurt am Main.

Kinder, H./Hilgemann, W. (Hrsg., 1990): dtv-Atlas zur Weltgeschichte, Karten und chronologischer Abriss, München.

Krötzl, C. (1992): Wallfahrt und „Ferne“. In: Wallfahrt und Alltag in Mittelalter und früher Neuzeit, Wien, S. 219-235.

Oerter, H.(Hrsg., 1995): Entwicklungspsychologie – Ein Lehrbuch, Weinheim.

Ohler, N. (1991): Reisen im Mittelalter, München.

Ohler, N. (1994): Pilgerleben im Mittelalter. Zwischen Andacht und Abenteuer, Freiburg, Basel, Wien.

Pfetsch, F. R. (1998): Die Problematik der europäischen Identität. In: Aus Politik und Zeitgeschichte, B 25-26/98, S. 3-9.

Plötz, R. (1993): Pilger und Pilgerfahrt gestern und heute am Beispiel Santiago de Compostela. Ders. (Hrsg.): Europäische Wege der Santiago-Pilgerfahrt, Tübingen, S. 171-213.

Sudbrack, J. (1993): Unterwegs zu Gott, obgleich schon stehend vor ihm. In: Herbers, K./Plötz, R. (Hrsg.): Spiritualität des Pilgerns, Tübingen.

Weber, E. (1976): Peasants into Frenchmen. The Modernization of Rural France, 1870-1914, Stanford.

Weidenfeld, W. (Hrsg., 1998): Amsterdam in der Analyse. Strategien für Europa, Gütersloh.

Wegner, U. (1997): Der Spanische Jakobsweg, Köln.

Zimbardo, P. G. (1995): Psychologie, New York.

# Die Santiago-Wallfahrt und Theologie. Implikationen eines europäischen Phänomens

Barbara Kaminski

Santiago de Compostela – das Zentrum im äußersten Nordwesten Spaniens – ist die Stadt des spanischen Schutzpatrons, des Apostels Jakobus der Ältere. Seit dem 12. Jahrhundert gilt Santiago de Compostela als Fernwallfahrtsort und wird oft zusammen mit Jerusalem und Rom als drittes bedeutendes Pilgerziel des Mittelalters genannt. Seit dem Mittelalter kommen Pilger aus aller Herren Länder nach Santiago de Compostela, um dort das Grab des Heiligen zu verehren.[1] Besonders in Frankreich hat die Jakobusverehrung eine lange Tradition.[2] Aber auch in Deutschland gibt es zahlreiche Spuren, die auf die Jakobusverehrung zurückzuführen sind.[3] Durch die mit der Jakobusverehrung in Zusammenhang stehenden Wallfahrten erhielten Santiago de Compostela, aber auch die nordspanische Landschaft und die Pilgerwege, die ganz Europa durchziehen, ihre Prägung. Dies wirkt bis heute nach und bestimmt insbesondere die Wege durch die großartige Landschaft zwischen den Pyrenäen und der Meseta-Ebene und die Kunst der vor allem romanischen und gotischen Dome, Klöster, Grabdenkmäler und Bildwerke.

Nachfolgend wird auf die Entstehung der Wallfahrt nach Santiago de Compostela, die religiöse Dimension einer Wallfahrt im allgemeinen und auf die Entwicklung der Wallfahrt nach Santiago de Compostela im Laufe der Geschichte näher eingegangen.

[1] Herbers, K.: Pilgern nach Santiago de Compostela. Yves Bottineau und die französische Vergangenheit. In: Bottineau 1997, S. 10.
[2] Herbers 1997a, S. 11 und S. 28.
[3] Herbers 1997a, S. 28.

## I
## Die Entstehung der Wallfahrt aufgrund der Legende über den Heiligen Jakobus

Die Legende über den Heiligen Jakobus und sein Grab hat sich zwischen dem 9. und 12. Jahrhundert herausgebildet.[4] Von Yves Bottineau[5] wird die Legende so wiedergegeben, wie sie den Pilgern in dieser Zeit, in der sie feste Gestalt annahm, erzählt wurde und wenig später in der „legenda aurea" des Jacobus de Voragine zu finden ist und einen lehrhaft-erbaulichen Charakter hat. Danach hatte es der Apostel Jakobus der Ältere übernommen, die Heilsbotschaft nach Spanien zu überbringen. Trotz seiner Bemühungen blieb seine Missionstätigkeit fruchtlos und er konnte nur wenige Anhänger um sich sammeln. Daraufhin kehrte der Apostel nach Jerusalem zurück. Dort wurde er auf Veranlassung der Juden enthauptet. In ihrem Zorn warfen die Juden Kopf und Rumpf des Heiligen aufs freie Feld, damit sie von Hunden und wilden Tieren gefressen werden sollten. Doch im Schutze der Nacht bargen die Jünger die sterblichen Überreste des Heiligen und trugen sie an die Meeresküste. Dort kam, von hoher See her, ein Schiff gefahren, das zwar mit Segeln ausgerüstet, aber unbemannt war. Darauf legten die Jünger den kostbaren Leichnam. Über den weiteren Fortgang gibt es nach Yves Bottineau unterschiedliche Versionen: Nach manchen Berichten empfahlen sie das Schiff der göttlichen Vorsehung, die es gesandt hatte, und ein Engel geleitete es über das ruhige Meer. Anderen Berichten zufolge gingen die Jünger mit an Bord, und das Schiff bewegte sich fort, ohne dass sie zu steuern brauchten. Nach sieben Tagen oder vielleicht sogar nach einer einzigen außergewöhnlichen Nacht soll dann die Wunderbarke in Galicien in Irla Flavia angelandet sein.

Über die Auffindung des Grabes des Heiligen Jakobus schweigt die Legenda aurea[6]. Hierzu verbreitete sich zur Zeit Karls des Großen im

[4] Herbers 1997a, S. 11.
[5] Bottineau, Y.: Der Weg der Jakobspilger. Geschichte, Kunst und Kultur der Wallfahrt nach Santiago de Compostela, Bergisch Gladbach 1997, S. 53-58.
[6] Bottineau 1997, S. 58.

ersten Drittel des 9. Jahrhunderts[7] die Kunde, dass am „äußersten Rand des im Nordwesten der Iberischen Halbinsel gelegenen kleinen Reiches Asturien, das gegen den Mohammedanersturm ankämpfte, in Galicien an der Küste des Ozeans, dort, wo sich der letzte Zipfel christlichen Bodens ins Meer vorschiebt und zwischen den Wogen verliert, die Gebeine des Heiligen Jakobus des Älteren aufgefunden worden"[8] seien. Zur Zeit Karls des Großen und Alfons II. lebte dort – in der Nähe der vorgeschichtlichen Siedlung Amaea – der Einsiedler Pelagius. Die Engel verkündeten ihm, dass hier der Leichnam des Heiligen Jakobus ruhe; gleichzeitig nahmen die Gläubigen von San Felix übernatürliche Lichterscheinungen wahr. Auch der Bischof von Iria Flavia, Theodomir, den man benachrichtigt hatte, sah den hellen Schein. Er ordnete drei Fastentage an. Danach zog er an der Spitze der Gläubigen zu der auf wunderbare Weise bezeichneten Stelle und entdeckte dort das mit Marmor verkleidete Grabmal des Apostels. Er verständigte Alfons II. Der König ließ umgehend drei Kirchen bauen, eine zu Ehren des Apostels, eine zweite zu Ehren des Heiligen Johannes des Täufers und eine dritte mit drei Altären, die dem Erlöser, dem Heiligen Petrus und dem Heiligen Johannes geweiht waren. Eine von einem Abt geleitete Mönchsgemeinschaft, die nach der Regel des Augustinus lebte und in der letztgenannten Kirche ihre Gottesdienste abhielt, war die Keimzelle des Klosters namens Antealtares, das durch den Bau der romanischen Kathedrale 1077 verlegt wurde.[9]

Die Ausbildung der Legende von der Auffindung der sterblichen Überreste des Apostels Jakobus setzte voraus, dass man glaubte, der Heilige Jakobus habe Spanien christianisiert und sei in diesem Land beigesetzt worden.[10] Vor dem siebten Jahrhundert ist eine Predigttätigkeit des Heiligen Jakobus auf der iberischen Halbinsel jedoch nirgends erwähnt.[11] Yves Bottineau weist hierzu darauf hin,[12] dass

[7] Zur Begründung dieser Zeitangabe vgl. Bottineau 1997, S. 37 f.
[8] Bottineau 1997, S. 36.
[9] Bottineau 1997, S. 40 f.
[10] Bottineau 1997, S. 41.
[11] Bottineau 1997, S. 42.
[12] Bottineau 1997, S. 42-44.

Louis Duchesne, der 1900 dem Heiligen Jakobus in Galicien einen Aufsatz widmet habe[13], dazu feststelle, dass der Glaube an das spanische Apostolat des heiligen Jakobus letztlich auf eine lateinische Überarbeitung einiger zu Beginn des siebten Jahrhunderts in griechischer Sprache abgefassten Apostelkataloge zurückgehe. Diese Kataloge seien in keiner Weise traditionelle Schriftstücke, auf die man sich stützen könne. In der ersten Hälfte des siebten Jahrhunderts habe sich in der westlichen Welt eine lateinische Übersetzung der Apostelkataloge, das Breviarium Apostolorum, verbreitet. Den kurzen Apostelviten aus dem Originaltext seien Texte hinzugefügt worden. Laut einer dieser Interpolationen habe der Heilige Jakobus in Spanien gepredigt und sei dann nach Jerusalem zurückgekehrt, wo er starb. Duchesne habe dazu bemerkt: „daß weder dieser Katalog in seinem griechischen Originaltext, noch die Interpolationen, die seine lateinische Überarbeitung charakterisieren, irgendeine Tradition wiedergeben und noch weniger eine spanische Tradition.“[14] Ergänzend führt Yves Bottineau dazu aus, dass auch die Gegenüberstellung zeitgleicher Texte von der Halbinsel und dem Ausland hochinteressant sei, denn sie zeige, dass die Spanier sich gegen eine Predigttätigkeit wehrten, weil sie sie als eine von außen aufgezwungene falsche Tradition empfanden.[15] Zur Zeit der islamischen Invasion kam die angenommene Predigttätigkeit des Heiligen Jakobus der politischen Situation jedoch sehr entgegen. 776 tauchte die Annahme von der Predigertätigkeit wieder auf[16] und Yves Bottineau weist in diesem Zusammenhang auf die erste Fassung der Kommentare zur Apokalypse des Beatus hin. Dieser, eine einflussreiche und am Hof Asturiens wohlangesehene Persönlichkeit, habe die Idee nicht nur wieder aufgegriffen, sondern sie groß herausgestellt und sie in die unversöhnlichen Gehirne eines ganzen Volkes eingepflanzt: Wie könnte der Heilige Jakobus Spanien den Ungläubigen überlassen, das er zum christlichen Glauben bekehrt hat? Unterstützt von König

[13] Duchesne, L.: Saint-Jacques en Galice. In: Annales du Midi 12, 1900, S. 145-158.
[14] Zitiert nach Bottineau 1997, S. 44.
[15] Ebenda.
[16] Ebenda.

Mauregatus habe Beatus auf diese Weise dazu beigetragen, den Heiligen zum Schutzherrn der Halbinsel zu machen.[17]

In diesem Zusammenhang steht auch, dass nach der Auffindung des Grabes des Heiligen Jakobus das Ansehen Santiagos als Wallfahrtsort insbesondere durch die Überlieferung stieg, dass bei der Schlacht von Clavijo im Jahr 844 der Heilige Jakobus in Gestalt eines Ritters erschienen sein und den Christen gegen die Mauren beigestanden haben soll. Von da an galt er als Schutzherr der Christen im Kampf gegen die Muselmanen und geistiger Führer der Reconquista, des Krieges gegen die Ungläubigen.[18] Außerdem wurde die Wallfahrt nach Santiago durch weitere Legenden gefördert, die neben der Legende über die Auffindung des Grabes des Heiligen Jakobus ebenfalls in die „legenda aurea“ aufgenommen worden sind.[19] Nachfolgend einige Beispiele:

„Bernhardus, ein Mann aus der Diözese Modena, liegt gefesselt in einem Turm und ruft den Heiligen Jakobus an. Dieser erscheint ihm und sagt: ‚Steh auf und folge mir nach Galicien.‘ Da fallen Bernhardus die Ketten ab, er klettert auf die Turmspitze und springt, ohne Schaden zu nehmen, sechzig Ellen in die Tiefe. Ebenfalls in einen Turm sperrt ein tyrannischer Herrscher einen ehrbaren Kaufmann, nachdem er ihm all seine Habe geraubt hat. Der Unglückliche fleht zu dem Apostel. Da neigt sich der Turm, neigt sich so weit, bis seine Spitze die Erde berührt und der Gefangene fliehen kann; die Wächter setzen ihm nach; aber der Heilige macht den Flüchtling für sie unsichtbar.“[20]

In einer anderen Geschichte lässt Jakobus Pilgern, die fälschlicherweise des Diebstahls bezichtigt worden sind, Hilfe angedeihen: „Um das Jahr 1020 begibt sich ein Deutscher mit seinem Sohn nach Santiago. In Toulouse macht sein Wirt ihn betrunken und versteckt einen silbernen Becher in seinem Mantelsack. Am nächsten

[17] Bottineau 1997, S.44f.
[18] Bottineau 1997, S. 37.
[19] Bottineau 1997, S. 58-61.
[20] Bottineau 1997, S. 58.

silbernen Becher in seinem Mantelsack. Am nächsten Tag, als sie bereits ein Stück des Weges zurückgelegt haben, läuft er ihnen nach, hält sie wie Räuber fest und beschuldigt sie, ihm einen silbernen Becher gestohlen zu haben. Da sie sich keiner Schuld bewusst sind, protestieren sie energisch: ‚Man kann uns gern strafen, wenn man ihn in unserem Gepäck findet.‘ Als man den Mantelsack öffnet und durchsucht, kommt tatsächlich der Becher zum Vorschein. Der Richter verurteilt die Unglücklichen dazu, dass ihre Habe dem Wirt verbleibe, und entscheidet außerdem, dass einer von ihnen gehenkt werden solle, wobei er ihnen die Wahl lässt: entweder Vater oder Sohn. Es kommt zwischen ihnen zu einem ergreifenden Streitgespräch. Schließlich wird der Sohn gehenkt, und der Vater zieht mit großer Trauer im Herzen weiter gen Galicien. Auf dem Rückweg von Compostela 36 Tage später geht er weinend zum Richtplatz seines Kindes. Der Sohn aber, der noch am Galgen hängt, spricht zu ihm: ‚Vater, lieber Vater, weine nicht, denn mir war nie so wohl. St. Jakobus hält mich und labt mich mit himmlischer Süßigkeit.‘ Der Sohn wird vom Galgen genommen, und der arglistige, lügnerische Wirt an seiner Statt gehenkt.“[21]

Eine andere Geschichte erzählt „von einem jungen ‚Einfältigen‘ aus Pistoia, der aus Rache, dass sein Vormund ihn um sein Erbteil hatte bringen wollen, Feuer an dessen Korn legte. Er wurde verurteilt, mit einem einfachen Hemd angetan einem wilden Pferd an den Schweif gebunden zu werden, aber als er über den felsigen Untergrund geschleift wurde, blieb sein Hemd unversehrt. Auf dem Scheiterhaufen, zu dem man ihn danach führte, tat das Feuer ihm keinen Schaden. Da merkte das Volk, dass der Heilige Jakobus eingegriffen hatte, und begnadigte ihn.“[22]

Yves Bottineau stellt fest, dass es für die Menschen des Mittelalters vor dem Hintergrund dieser Legende unmöglich war, Jakobus zu übersehen: „Der Heilige Jakobus war glänzender Bestandteil ihres Kosmos. [...] Welcher Apostel könnte größer sein als Jakobus? den-

[21] Bottineau 1997, S. 58 f.
[22] Bottineau 1997, S. 61.

ken die Menschen des Mittelalters. Er reiste zu seinen Lebzeiten nach Spanien, und Gott vollbrachte nach seinem Tod ein Wunder, indem er seinen Leichnam dorthin zurücksandte. Er bekehrte Hermogenes und Philetos, die von ihren Geistern gefesselt waren, tötete den Drachen, zähmte die Stiere, bekehrte die Königin Lupa. Vor ihm beugen sich die Türme, taugen die Galgen nicht mehr zum Hängen, die Scheiterhaufen nicht mehr zum Verbrennen. Er verlängerte die Dauer eines Nahrungsmittels, ähnlich wie Christus die Brote und Fische vermehrte oder Wasser in Wein verwandelte [...]. Als Ritter kämpft er gegen die Mauren [...].“[23]

Dies ist der Hintergrund für die Entstehung der Wallfahrt nach Santiago de Compostela. Damit stellt sich die Frage, ob sich die religiöse Bedeutung einer Wallfahrt allein darin erschöpft, an einem bestimmten Ort – hier Santiago – einen Heiligen zu verehren. Auf die damit angesprochene religiöse Dimension einer Wallfahrt wird nachfolgend näher eingegangen.

## II
## Die religiöse Dimension einer Wallfahrt

Die Wallfahrt wird einerseits bestimmt durch den Wallfahrtsort und andererseits durch das Zurücklegen des Weges. Im folgenden wird gezeigt, dass die spirituellen Wurzeln der Wallfahrt im Mönchtum liegen, und wie dadurch die religiöse Bedeutung des Zurücklegens des Weges in Verbindung mit der Aufsuchung des Wallfahrtsortes verstehbar wird. Auf dieser Grundlage wird erörtert, warum die Wallfahrt als Abbild des menschlichen Lebens verstanden werden kann. Abschließend wird darauf eingegangen, wie diese grundlegende religiöse Dimension der Wallfahrt im Mittelalter durch besondere Aspekte überlagert wurde.

*1. Die spirituellen Wurzeln der Wallfahrt im Mönchtum.* Die spirituellen Wurzeln der Wallfahrt liegen nach Anselm Grün im Mönchtum. Er weist darauf hin, dass es im frühen Mittelalter auch Mönche

---

[23] Ebenda.

gab, die nicht ihr Leben lang in einer Zelle blieben, sondern das ständige Umherwandern als ihr Ideal ansahen. Sie verstanden sich als „peregrini“, als Pilger, als Fremde in dieser Welt.[24] Unter Bezug auf Angenendt[25] zitiert Anselm Grün die Bibelstellen, die immer wieder herangezogen werden, um den Begriff „peregrinatio“ zu erklären. Es handelt sich um den Auszug Abrahams aus seinem Vaterhaus und seiner Heimat (Gen 12,1-3) und das Verlassen von Haus, Brüdern, Schwestern, Vater, Mutter, Frau und Kindern als Bedingung der radikalen Nachfolge Jesu ebenso wie der Verkauf allen Besitzes (Mt 19,21.29). Auch werde die peregrinatio mit den Worten Jesu von der Selbstverleugnung und Kreuzesnachfolge in Verbindung gebracht (Mt 16,24; Mk 8,34; Lk 9,23). „Wer mir nachfolgen will, der verleugne sich selbst, nehme sein Kreuz auf sich und folge mir nach.“ Aus den Erklärungen zu diesen Textstellen leitet Anselm Grün vier verschiedene Bedeutungen der pereginatio ab: Auszug, Unterwegssein, Leben in der Fremde und Wandern auf ein Ziel zu.[26] Beim Auszug steht das Freiwerden von den Bindungen an diese Welt im Vordergrund.[27] Das Wandern ist mit dem Verzicht auf jede Bleibe verbunden und ist damit Ausdruck des Glaubens, dass unsere eigentliche Bleibe der Himmel ist.[28] Leben in der Fremde bedeutet dem Leben fremd werden und sich auf den Weg zu Gott machen, die Welt übersteigen auf Gott hin.[29] Und Wandern auf ein Ziel zu bedeutete für die Mönche, die ein Leben lang wanderten, dass diese Welt für sie keine Heimat sein konnte, sondern dass sie auf Gott hin unterwegs waren.[30]

„Peregrinatio“ in dem so verstandenen Sinne unterscheidet sich von der Wallfahrt. Bei der Wallfahrt verlässt man seine Heimat, um eine

[24] Grün, A.: Auf dem Wege. Zu einer Theologie des Wanderns, Münsterschwarzach 1995, S. 12.
[25] Angenendt, A.: Monachi Peregrini. Studien zu Pirmin und den monastischen Vorstellungen des frühen Mittelalters, München 1972.
[26] Grün 1995, S. 14 f.
[27] Grün 1995, S. 18.
[28] Grün 1995, S. 22.
[29] Grün 1995, S. 27.
[30] Grün 1995, S. 29.

bestimmte heilige Stätte aufzusuchen und kehrt dann wieder in die Heimat zurück. Demgegenüber steht „peregrinatio“ für eine auf Dauer angelegte bestimmte Lebensweise. Wie die spirituelle Dimension der peregrinatio eingeht in die religiöse Bedeutung des Zurücklegens des Weges in Verbindung mit der Aufsuchung des Wallfahrtsortes, wird im folgenden dargestellt.

2. *Das Zurücklegen des Weges in Verbindung mit der Aufsuchung des Wallfahrtsortes.* Die Bestimmung der religiösen Dimension des Zurücklegens des Weges in Verbindung mit der Aufsuchung des Wallfahrtsortes setzt zunächst die Bestimmung der religiösen Dimension des Wallfahrtsortes voraus. Der Wallfahrtsort ist ein Ort, der die Gegenwart Gottes in der Welt in besonderer Weise symbolisiert. An diesen Orten wird das Eingreifen Gottes auf der Erde und in der menschlichen Geschichte erinnert. Wallfahrtsorte werden dadurch zu herausgehobenen Orten der Begegnung mit dem Endgültigen und damit zugleich der Begegnung mit sich selbst, wodurch die Beziehung zum Leben, zu den Mitmenschen, zur Geschichte und zur Natur eine andere Qualität erhält. So ist der Wallfahrtsort ein Ort, wo das Verlangen der Seele nach einem letzten Sinn mit Inhalten erfüllt wird und dabei dem tiefen Bedürfnis der Seele nach Ortsgebundenheit entgegenkommt. Auch hofft man, an diesen Orten, wo man sich dem Göttlichen näher glaubt, eher die Erfüllung von Bitten zu erlangen.[31]

Aber warum kommt der Pilger den ganzen Weg hierhin zum Beten? Ist Gott nicht überall? Die Pilger scheinen der Auffassung zu sein, dass, wenn Gott auch überall ist, man ihn doch manchmal an bestimmten Orten suchen muss. Außerdem scheint gerade das Zurücklegen des Weges die seelischen Voraussetzungen dafür zu schaffen, dass die Begegnung mit Gott möglich wird. Man kann sich insbesondere bei einer Reise zu Fuß von den Bindungen an diese Welt befreien, um sich selbst zu finden. Dies begünstigt die Begegnung mit Gott, weil er die Quelle ist, von der aus die Schöpfung ihren

[31] Mielenbrink, E.: Beten mit den Füßen. Über Geschichte, Frömmigkeit und Praxis von Wallfahrten, Kevelaer 1993, S. 15.

Anfang genommen hat. Auf dem Weg zum Selbst ist man somit zugleich auf dem Weg zu Gott.

Die Trennung von dem normalen sozialen Umfeld mit ganz bestimmten Alltagserfahrungen lassen außerdem ein neues Verhältnis zu Entfernungen und zur Zeit entstehen und führen zu einer völlig anderen Art, Fremden zu begegnen. Aus dieser Losgelöstheit vom Alltag heraus kann Solidarität mit Fremden erlebt werden: mit Pilgern, die man unterwegs trifft oder Menschen, die an der Reiseroute wohnen und Unterkunft und Verpflegung anbieten und zum Weitergehen ermutigen.

Dies zeigt, dass man nicht Pilger wird, um es dauerhaft zu bleiben, sondern um eine besondere Erfahrung zu durchleben, die ein wenig mehr von der endgültigen und unbegrenzten Existenz freigibt und uns ganz neu in unser Alltagsleben eintreten lässt. So ist die Wallfahrt eine Möglichkeit der Erneuerung in der Hinwendung zu Gott.

Damit sind Weg und Ziel für die religiöse Dimension einer Wallfahrt gleichermaßen von Bedeutung. Die sich danach ergebende religiöse Bedeutung des Zurücklegens des Weges in Verbindung mit dem Aufsuchen des Wallfahrtsortes öffnet den Weg zum Verständnis der Wallfahrt als Abbild des menschlichen Lebens.

*3. Die Wallfahrt als Abbild menschlichen Lebens.* Dem Verständnis der Wallfahrt als Abbild des menschlichen Lebens liegt folgende Überlegung zugrunde: Es ist eine urmenschliche Erfahrung, dass der Einzelne auf dem Weg ist.[32] Im Wort „Weg“ steckt „bewegen“. Ständig ist man zeitlich und räumlich, äußerlich und innerlich in Bewegung, unterwegs. Mit dem Bild vom Weg wird menschliches Dasein hilfreich umschrieben und gedeutet. „Weg“ als Bild für das Leben umfasst alles, was uns bewegt und bedrängt, wer uns begegnet und was uns geschieht, was wir erkunden und erleiden, anstreben und erreichen, festhalten und loslassen, zulassen und verändern.

---

[32] Ebenda.

Jeder ist vom ersten Augenblick seines Daseins an gerufen, einen Weg zu gehen.[33] Jeder muss seinen Weg finden und gehen, muss ihn mit Geist und Seele erspüren. Im Christentum wird dies ins Bewusstsein gerückt und damit das Problem des Findens des richtigen Weges. Jesus wird zum Wegweiser, zum Weg selbst. Er ist mit uns auf dem Weg. In den Abschiedsreden des Johannesevangeliums bezeichnet Jesus sich selbst als der Weg, die Wahrheit und das Leben (Joh 14,6). Das bedeutet: Alle, die sich auf den Weg der Nachfolge Jesu begeben, erreichen sein Ziel, den Vater, die Wohnungen im Hause des Vaters, die er uns bereitet. Das Leben des Christen wird damit zum Weg, der in der Nachfolge Christi sein Ziel in der Vollendung bei Gott hat.[34] So bekommt durch Jesus „das auf dem Weg sein" eine neue Dimension für das menschliche Leben.

Zur Tradition christlichen Lebens gehört deshalb die Auffassung, dass wir im Erdendasein zum Jenseits unterwegs sind, dass wir „Pilger und Fremdlinge" (1 Petr 2,12) sind, die hierauf Erden keine dauerhafte Bleibe haben, „denn wir haben hier keine Stadt, die bestehen bleibt, sondern wir suchen die künftige." (Hebr 13,14). Es ist das Unterwegssein jedes menschlichen Lebens, das den Heiligen Augustinus ausrufen lässt: „Unser Herz ist unruhig, bis es ruht in Dir" und das den Heiligen Thomas dazu veranlasst, die Grundverfassung des „homo viator", des wandernden Menschen, zum Zentralbegriff seiner „Summa theologiae" zu machen. „Die Nachfolge Jesu bedeutet, wie er fremd sein in dieser Welt, durch diese Welt zu wandern, ohne ein Nest zu haben, in dem man sich niederlassen kann: ‚Die Füchse haben Gruben, und die Vögel des Himmels haben Nester, der Menschensohn aber hat nichts, wo er sein Haupt hinlege.' (Lk 9,58)."[35]

Der Weg zum Vater, zur Heimat, ist kein beliebiger. Die Gefahr des Abirrens ist groß. Wir vermeinen auf dem richtigen Weg zu sein, und doch kommen wir da nicht ans Ziel. „Zeige mir, Herr, deine Wege,

[33] Ebenda.
[34] Mielenbrink 1993, S. 24 f.
[35] Grün 1995, S. 15.

lehre mich deine Pfade“ (Ps 25). In diesem Zusammenhang kann das Pilgern als Hilfe verstanden werden, den richtigen Lebensweg zu finden. Es geht darum, „das Wandern in seiner religiösen Dimension zu verstehen, als eine Weise leibhafter Meditation unserer christlichen Existenz, als Einübung unseres Glaubens, der seit Abraham wesentlich eine Wegstruktur hat: Ausziehen aus dem Vertrauten und sich aufmachen in das Land der Verheißung.“[36] „Im Glauben gehorchte Abraham, als er gerufen wurde wegzuziehen an einen Ort, den er zum Erbe erhalten sollte. Und er zog aus, ohne zu wissen, wohin er kommen werde“ (Hebr 11,8).

Für Anselm Grün bedeutet das: „Wenn der Glaube in der Bibel mit Begriffen wie ‚ausziehen, pilgern, unterwegs sein‘ ausgedrückt wird, so kann man etwas vom Wesen des Glaubens verstehen, indem man sich auf den Weg macht.“[37] „Wer versucht, sein Wandern einmal unter dem Aspekt zu sehen, dass er auf Gott zugeht, der kann erfahren, wie relativ für ihn alles wird, was er hier auf Erden tut. [...] Wir spüren, dass wir nichts mitnehmen können in den Himmel. So gehen wir uns in eine Freiheit gegenüber der Welt hinein, die uns das Gefühl vermitteln kann: alles, was wir hier arbeiten und erreichen, worum wir uns hier sorgen, wofür wir uns verantwortlich fühlen, all das vergeht, all das kann unser Wesen nicht ausmachen. Wir sind auf dem Weg auf ein größeres Ziel, auf Gott hin, vor dem all unsere Sorgen und Mühen um die Dinge dieser Welt erst ins rechte Licht gerückt werden. Im Gehen geht uns das eigentliche Ziel unseres Lebens auf. Wir sind auf dem Weg zu Gott.“[38] Dabei wird nachvollziehbar: „Im Gehen kommt der Weg zustande“ (Antonio Machado [1875-1939]) und „im Weitergehen üben wir das innere Weitergehen ein.“[39]

[36] Grün 1995, S. 8 f.
[37] Grün 1995, S. 9.
[38] Grün 1995, S. 29 f.
[39] Grün 1995, S. 24.

Körperliches Erfahren des Unterwegsseins und geistig-seelisches Empfinden sind dabei nur zwei Seiten eines ganzheitlichen Erlebens. So kann durch das tatsächliche Aufbrechen ein Gespür für das geistige Aufbrechen entwickelt werden, wodurch das Aufbrechen im Alltag leichter wird oder die Notwendigkeit des Aufbrechens überhaupt erst erkannt oder für möglich gehalten wird. Die Erfahrung des tatsächlichen Unterwegsgewesenseins macht uns mutiger, Veränderungen zu wagen, uns aus alten Gewohnheiten und Sicherheiten herauszuwagen und uns auf Unbekanntes einlassen. Der Pilger lernt, loszulassen und sich auf innere Verwandlungen einzulassen. „Letztlich führt dieser Weg uns zu Gott, vor dem wir nie stehen bleiben können, auf den hin wir immer unterwegs sind und bei dem wir erst im Tode ankommen.“[40] So lässt sich nach der Pilgerreise besser das Fremdsein in dieser Welt durchhalten, indem man sich nicht an Dinge in dieser Welt bindet, sondern auch im alltäglichen Leben auf Gott zugeht.[41]

Das Ziel wird durch den Wallfahrtsort symbolisiert. Jeder Wallfahrtsort ist auch Symbol für das himmlische Jerusalem, für das endgültige Ankommen bei Gott. Das himmlische Jerusalem trat an die Stelle des im Jahre 70 n.Chr. zerstörten Jerusalem. So konnte jeder Ort als Wallfahrtsort Symbol für das himmlische Jerusalem, das Ankommen bei Gott werden:[42] „Wenn man nach tagelangem Pilgern am heiligen Ort ankommt, [...] dann ahnt man etwas davon, was es heißt, für immer anzukommen, für immer daheim zu sein, sich auszuruhen, am heiligen Ort bei Gott zu sein, aufgenommen in die Schar der vielen Menschen, die bei Gott ihr Ziel gefunden haben. Wir brauchen die Erfahrung des Ankommens und Angekommenseins, um uns immer wieder neu auf den Weg zu machen. Das Ankommen hält unsere Sehnsucht nach der wahren Heimat wach und schickt uns immer wieder auf den Weg.“[43]

[40] Grün 1995, S. 25.
[41] Grün 1995, S. 26.
[42] Mielenbrink 1993, S. 26.
[43] Grün 1995, S. 35.

*4. Wallfahren im Mittelalter.* Der Höhepunkt der Wallfahrten lag zwischen dem 12. und 14. Jahrhundert. Gerade in dieser Zeit wurde die oben dargestellte grundlegende religiöse Dimension der Wallfahrt durch besondere Aspekte überlagert.

*4.1. Reliquienkult.* Mittelalterliche Wallfahrten waren eng mit der Entwicklung des Reliquienkultes verbunden. Seit dem vierten Jahrhundert erkannte man den Überresten oder Reliquien von Heiligen übernatürliche Kräfte zu. Bischof Gregor von Nazianz (gest. 390) lehrte, die Leichname der Märtyrer besäßen ebensolche Kraft wie ihre heiligen Seelen. Also nicht nur durch die Anrufung eines Heiligen im Gebet als Fürsprecher, sondern auch durch die Nähe zu seinen Gebeinen ließ sich danach die Verbindung zu Gott herstellen.[44] Vor diesem Hintergrund stand bei den Wallfahrten im Mittelalter im Vordergrund, sich aufzumachen, um Reliquien und insbesondere einen heiligen Leichnam zu verehren.[45]

*4.2. Heilung an Seele und Leib.* Im Mittelalter waren die Menschen häufig von einer großen Heilsangst erfasst. Die Wallfahrt wurde so zu einem großen Zeichen der Buße, die man auf sich nahm, um dadurch die Versöhnung mit Gott zu erbitten und um einmal dann auch die Herrlichkeit bei ihm zu erreichen.[46] In Santiago de Compostela hatte sich hierzu folgende Praxis herausgebildet: Inmitten der Menge verbrachte der Jakobspilger die Nacht seiner Ankunft wachend in der Kathedrale. Am nächsten Tag durfte er seine Opfergaben darbringen. Dabei wurde der Ablass verlesen.[47] In diesem Zusammenhang steht, dass Papst Bonifaz VIII. 1300 das erste Heilige Jahr ausrief, das zunächst alle 100 Jahre, dann alle 50 und schließlich alle 25 Jahre begangen wurde.[48] In den Heiligen Jahren gewährte der Papst allen Pilgern, die Rom aufsuchten, einen vollkommenen Ablass. In der Folge erbaten sich viele Wallfahrtsorte von Rom diesen Ablass für ihre Pilger. Im Mittelalter wurde eine Wallfahrt nach Jerusalem, nach

[44] Herbers 1997a, S. 13.
[45] Bottineau 1997, S. 118.
[46] Mielenbrink 1993, S. 28f.
[47] Bottineau 1997, S. 130.
[48] Mielenbrink 1993, S. 28.

Rom oder Santiago de Compostela auch als Bußwerk bei schwerer Schuld verordnet und erst nach dieser Verrichtung die Lossprechung erteilt.[49]

Für mittelalterliche Pilger, die zu den Grabstätten der Heiligen aufbrachen, stand oft der Wunsch und die Hoffnung im Vordergrund, in den verschiedensten Nöten Heilung oder Rat zu finden. Die Gewähr dafür, dass sich der mittelalterliche Pilger mit gutem Grund auf den Weg machte, boten die Wunder der Heiligen, die von Mund zu Mund weitererzählt, später auch aufgeschrieben wurden.[50]

*4.3. Armut.* Die eigentlichen Pilger im Mittelalter waren nach dem Vorbild des Heiligen, den sie verehrten, ärmlich gekleidet und durften nur das Nötigste bei sich haben (Lk 22,35-38)[51] (Vorratstasche). Es wurde im „Liber Sancti Jacobi" nachdrücklich empfohlen, die Pilgerfahrt in Armut anzutreten, damit man dem Vorbild Christi und der Apostel folge.[52]

Durch Berichte ist uns überliefert, dass die Pilgerfahrt keine romantische Reise in ein fernes Land, sondern ein Unternehmen war, bei dem man nicht nur seine Gesundheit, sondern sein Leben aufs Spiel setzte.[53] Wer als Pilger aufbrach, lieferte sich damit Gott in seiner Armut aus, begab sich ganz in seine Hand und vertraute sich seiner Führung an.[54] Der Pilger öffnete sich so für die Erfahrung von Zuwendung, Gastfreundschaft und Solidarität durch die Mitmenschen. Er konnte erleben, was die Worte Jesu bedeuten: Ich war fremd und obdachlos, und ihr habt mich aufgenommen (Mt 25,35). Man machte sich verletzbar, um so eine Ahnung von der inneren Haltung Jesu zu bekommen, der sich durch seine Menschwerdung und seine Duldungsbereitschaft bis zum Äußersten verletzbar machte. Man ver-

[49] Mielenbrink 1993, S. 72.
[50] Herbers 1997a, S. 14.
[51] Bottineau 1997, S. 119 und 145.
[52] Herbers, K.: Deutschland und der Kult des hl. Jakobus. In: Bottineau 1997, S. 325.
[53] Bottineau 1997, S. 76 f.
[54] Mielenbrink 1993, S. 51.

zichtete auf selbstgeschaffenen Schutz, um sich ganz unter den Schutz Gottes zu stellen und um so zu erfahren, was noch trägt, wenn nichts mehr trägt. So wurde die Wallfahrt in Zusammenhang mit der Armut eine Glaubenserfahrung. In dieser Situation waren die Selbsterfahrungen zugleich Gotteserfahrung.

Die Mönche und Priester des Mittelalters sorgten dafür, dass den Gläubigen die Textstellen aus der Heiligen Schrift, die sich auf die Gastfreundschaft beziehen, bekannt wurden, war diese doch als Teil der Nächstenliebe anzusehen.[55] Diesem Aufruf kommt unter dem Gesichtspunkt, dass der Pilger arm sein sollte, besondere Bedeutung zu. Gerade das Angewiesensein auf andere eröffnete eine andere Sicht des Lebens: Die Gemeinschaft und nicht die gesellschaftliche Stellung und der Wettbewerb standen im Vordergrund. So fanden die Jakobspilger im Namen der Nächstenliebe kostenlos Unterkunft bei Privatpersonen. Meistens übernachteten sie jedoch in den Hospitälern geistlicher Orden und Bruderschaften, die diese entlang der Straße errichtet hatten und die an der Jakobsmuschel zu erkennen waren. Die Neugründungen und der Ausbau der Klöster, insbesondere in Zusammenhang mit der Einführung der cluniazensischen Reform in Spanien stehen in diesem Zusammenhang.[56]

Aber auch heilige Eremiten wiesen den Pilgern den Weg und erleichterten ihnen die Reise außerhalb der Städte und Dörfer in einer oft feindlichen Natur, in der oft Räuber ihr Unwesen trieben. „Sie bauten Brücken über Flüsse und Wildbäche, unterhielten die Straßen; sie errichteten Kapellen und Pilgerhäuser, in denen sich die Jakobspilger abends ausruhen und Kraft schöpfen konnten.“[57] Bei der Aufnahme wuschen sie den Pilgern die Füße. In Erinnerung an Christus selbst und an die Apostel vor dem Abendmahl symbolisierte dieses Ritual die Vergebung der Sünden ebenso wie christliche Demut und Nächstenliebe.[58]

---

[55] Bottineau 1997, S. 132.
[56] Bottineau 1997, S. 134-137.
[57] Bottineau 1997, S. 135.
[58] Bottineau 1997, S. 138.

Das die „Wallfahrt in Armut“ sicherstellende Verköstigungs- und Nächtigungssystem geriet im 15. Jahrhundert ernsthaft in Gefahr. Eine Wallfahrt allein und dazu noch in Armut zu unternehmen, wurde immer mehr zu einem großen Wagnis. Räuber, Diebe, Banditen oder Landstreicher wurden immer mehr zu einer ständigen Bedrohung. Deshalb riet man zu dieser Zeit, ausreichend Gold in sein Gepäck zu stecken. Dies führte zu einem Strukturwandel der Wallfahrt.[59]

*4.4. Pilgerkleidung und Pilgermuschel.* Der Pilger im Mittelalter trug eine bestimmte Kleidung, die ihn sofort als Pilger erkennen ließ. Dazu gehörte der weite Pilgerumhang, der ihn vor Kälte schützte und in der Nacht als wärmende Decke diente. Der breitkrempige Pilgerhut war bei Regen und Schnee der Schirm und bewahrte ihn bei stechender Sonne vor einem Hitzschlag. Das charakteristischste Kennzeichen war jedoch der Pilgerstab. Der Wanderstab bildete das geistliche Schwert.[60] Auch eine Tasche, in der der Pilger ein wenig Proviant für die Reise hatte, gehörte zur Ausstattung. Dies hatte zur Folge, dass vom 13. Jahrhundert an der Heilige Jakobus fast nur noch mit Pilgerhut, -stab, -mantel und -tasche als reisender Pilger dargestellt wurde. Das erweckte den Eindruck, als sei der Heilige Jakobus zu seinem eigenen Grab nach Santiago de Compostela unterwegs.[61]

In Santiago de Compostela erwarben die Pilger die berühmte Pilgermuschel und brachten sie mit nach Hause. Bis zum 14. Jahrhundert hefteten sie diese zumeist an ihre Pilgertaschen, später auch an den Hut oder den Pilgermantel. Sie galt als eine Art Beweis der abgeschlossenen Pilgerfahrt.[62] Die Muschel galt als Symbol für das Offensein für den Weg.

[59] Herbers 1997b, S. 325 f.
[60] Bottineau 1997, S. 123.
[61] Herbers 1997b, S. 330.
[62] Herbers 1997b, S. 327.

## III
## Glanzzeit, Niedergang und Neubeginn der Pilgerfahrt nach Santiago

Santiago de Compostela war zunächst nur Stätte eines lokalen Kultes, ein asturischer Wallfahrtsort.[63] Pilger aus Frankreich kamen erst im 10. Jahrhundert nach Spanien.[64]

Die danach folgende Blütezeit verdankt die Wallfahrt einerseits der für das Mittelalter so typischen tiefen Frömmigkeit, andererseits einer ungeheuren geistlichen Kraft, die mit den Plänen des Papstes und der Äbte von Cluny einher ging.[65] Die Geistlichen und Mönche Frankreichs nahmen entlang der Pilgerwege die Bischofssitze ein und gründeten Abteien oder reformierten die schon bestehenden. Cluny spielt hierbei eine wesentliche Rolle.[66] Mit dem Aufblühen der Wallfahrt in dieser Zeit geht auch der Ausbau der Pilgerwege einher. Brücken werden gebaut, Straßen instandgesetzt.[67] In dieser Zeit hat Santiago de Compostela selbst einen ähnlich starken Zulauf wie Rom oder Jerusalem.[68] Zu den Pilgern zählen nicht nur Franzosen, sondern Angehörige aller Völker.[69]

Die Gründe für den Erfolg der Wallfahrtsorte Jerusalem und Rom scheinen einsichtig: Im Heiligen Land lagen die Stätten des Wirkens und Leidens Christi, in Rom war die Grabesstätte der Apostel Peter und Paul; außerdem residierte dort der Papst als Oberhaupt der Christenheit.[70] 1076 wurde aber Jerusalem von den aus der Türkei heranrückenden gefürchteten Seldschuken erstürmt. Für die abendländischen Christen war der Weg nach Jerusalem zu gefahrvoll geworden. So kam die wunderbare Entdeckung des Grabes des seit

[63] Bottineau 1997, S. 69.
[64] Ebenda.
[65] Bottineau 1997, S. 72.
[66] Bottineau 1997, S. 73.
[67] Bottineau 1997, S. 74.
[68] Ebenda.
[69] Bottineau 1997, S. 76.
[70] Herbers 1997a, S. 15.

langem verehrten Heiligen Jakobus dem Bedürfnis, Reliquien zu verehren, entgegen, da sich dadurch ein neuer Weg des Glaubens auftat. Die tiefere Ursache der Entstehung der Wallfahrt nach Santiago de Compostela ist somit nicht nur in der Bedrohung Spaniens durch die Muselmanen zu suchen,[71] sondern auch in der Leidenschaft des Mittelalters für die Reliquien.[72] Andererseits unterscheiden sich die Wallfahrtsorte Rom und Jerusalem von Santiago de Compostela dadurch, dass sie ihre Bedeutung nicht allein auf Wunder zurückführen, sondern auch auf historische Tatsachen. Ohne einen entsprechenden historischen Hintergrund konnte sich so in Bezug auf Santiago de Compostela eine reine Aura des Glaubens bilden. Santiago de Compostela wird so in besonderer Weise Stellvertreterin von jedem beliebigen Ort, der vom Geist Gottes erfüllt ist. Hinzu kommt, dass Santiago de Compostela aus der Weltsicht des Mittelalters am Ende der Welt lag, wie sich aus der Bezeichnung „terra finista“ für die der Stadt vorgelagerte Küste ergibt. Ihre Lage an der Nordwestküste Spaniens, zum Atlantik hin geöffnet, vermittelt tatsächlich den Eindruck, als sei man am Ende der Welt angekommen. Gerade diese Lage machte Santiago de Compostela besonders geeignet, zu dem Ziel einer Reise zu werden, deren eigentliches Ziel die Begegnung mit Gott ist.

Im 13. und 14. Jahrhundert hält die Beliebtheit Santiagos an.[73] Aber die Pilgerfahrten wurden innerhalb der römischen Kirche nicht nur befürwortet, sondern auch distanziert gesehen. So im 13. Jahrhundert von Berthold von Regensburg: „Was findest du in Compostela? [...] Santiagos Leichnam? [...] Es ist nur ein toter Körper und ein Schädel; das Beste von ihm selbst ist im Himmel droben. Aber sage mir, was findest du in deinem Land, wenn der Priester in der Kirche die Messe liest? Eben dort findest du den wahren Gott und den wahren Menschen, mit der Kraft und der Macht, die er im Himmel hat über alle Heiligen und alle Engel.“[74]

[71] Bottineau 1997, S. 49.
[72] Bottineau 1997, S. 45.
[73] Bottineau 1997, S. 75.
[74] Zitiert nach Bottineau 1997, S. 78.

Im 15. Jahrhundert bildet sich, ganz entsprechend der allgemeinen Entwicklung des Mittelalters, ein neuer Typus von Pilgern heraus: der Ritter, der sich auf die Reise begibt, um die Welt zu sehen, der die Höfe besucht, auf Turnieren seinen Mut beweist; für ihn ist die Pilgerfahrt nicht mehr als ein frommer Vorwand.[75] In der zweiten Hälfte des 15. Jahrhunderts versetzten, wenn auch nur vorübergehend, der Protestantismus und die Religionskriege der Pilgerfahrt nach Galicien einen schweren Schlag.[76] Es waren starke Strömungen gegen das Pilgerwesen zu finden. Das kritische Denken wendete sich gegen alles offensichtlich Erfundene und Legendenhafte: „Die Protestanten wollten das Christentum auf seine ursprüngliche Reinheit zurückbringen, und die Humanisten versuchten, es zumindest von den übelsten Schlacken zu befreien.“[77] Auch wurden aufgrund der Religionskriege in Frankreich wie im Heiligen Römischen Reich Deutscher Nation die Verbindungen schwierig und das Reisen gefährlich.[78] In dieser Zeit wurde das Pilgerwesen aber auch dadurch beeinträchtigt, dass sich unter der lange Zeit ehrwürdigen Tracht der Jakobspilger inzwischen Landstreicher, Gesetzesbrecher und Spitzbuben aller Art verbargen.[79]

Im 17. und 18. Jahrhundert fand die Jakobuswallfahrt wieder großen Anklang.[80] Im 19. Jahrhundert schien jedoch der Niedergang unaufhaltsam. 1876 sollen nicht mehr als dreißig oder vierzig Pilger beim Fest des Heiligen gesehen worden sein.[81] Die Pilgerfahrt lebte erst wieder auf, nachdem im Jahr 1884 der Heilige Stuhl die Überreste des Heiligen Jakobus, die bei jüngsten Ausgrabungen gefunden worden waren, für echt erklärte.[82] Die Reliquien des Hl. Jakobus wurden in der Krypta unter der capilla mayor, der Kathedrale von Santiago de Compostela, aufbewahrt. Diese Krypta wurde während der ersten

[75] Bottineau 1997, S. 77.
[76] Bottineau 1997, S. 78.
[77] Ebenda.
[78] Bottineau 1997, S. 79.
[79] Bottineau 1997, S. 79f.
[80] Bottineau 1997, S. 80.
[81] Bottineau 1997, S. 81.
[82] Ebenda.

zwanzig Jahre des 18. Jahrhunderts wegen der Bedrohung durch die Engländer geschlossen. So geriet die Stelle, an der die Überreste des Apostels ruhten, mit der Zeit in Vergessenheit. Im 19. Jahrhundert fasste Kardinal Paya y Rico (1874-1886) den Entschluss, die berühmten Reliquien wiederzufinden. In der Apsis, hinter dem altar mayor und der Mauer, welche die Apsis abschließt, fand man in der Nacht des 28. Januar 1879 die Gebeine. Papst Leo XIII. erklärte in der Bulle vom 1. November 1884 die Reliquien für echt. Dieser Fund hat die heutige Pilgerbewegung wieder aufleben lassen.[83]

Heute machen viele junge Leute den „camino“ zu Fuß, „nicht nur aus Glaubensgründen, sondern auch aus Nostalgie und aus Liebe zu Spanien, das von aufregender Schönheit ist, wenn man es langsam zu erkunden und mit Leidenschaft zu lieben versteht.“[84] Sie sind fasziniert, „dass sie an einem Geheimnis teilhaben, das über Jahrhunderte hinweg die Menschen in seinen Bann geschlagen hat.“[85]

[83] Bottineau 1997, S. 51f.
[84] Bottineau 1997, S. 81f.
[85] Grün 1995, S. 36.

## Literatur

Angenendt, A. (1972): Monachi Peregrini. Studien zu Pirmin und den monastischen Vorstellungen des frühen Mittelalters, München.

Bottineau, Y. (1997): Der Weg der Jakobspilger. Geschichte, Kunst und Kultur der Wallfahrt nach Santiago de Compostela, Bergisch Gladbach.

Duchesne, L. (1900): Saint-Jacques en Galice. In: Annales du Midi 12, 1900, S. 145-158.

Grün, A. (1995): Auf dem Wege. Zu einer Theologie des Wanderns, Münsterschwarzach.

Herbers, K. (1997a): Pilgern nach Santiago de Compostela. Yves Bottineau und die französische Vergangenheit. In: Bottineau 1997, S. 10-31.

Herbers, K. (1997b): Deutschland und der Kult des hl. Jakobus. In: Bottineau 1997, S. 312-343.

Mielenbrink, E. (1993): Beten mit den Füßen. Über Geschichte, Frömmigkeit und Praxis von Wallfahrten, Kevelaer.

Müller, P. (1996): Wer aufbricht, kommt auch heim. Vom Unterwegssein auf dem Jakobsweg, Eschbach.

# Wallfahrt, Gegenwelt der Kreuzzüge. Ambivalenzen der Heilsgeschichte

Josef M. Häußling

Die Wallfahrten des frühen Mittelalters sind erstaunliche Friedensmärsche" einer Epoche Europas, die damals ihre Geschichte einem eingeborenen Heilsgeschehen einschrieb. Gleich wohin man sich bei diesem Aufbruch in ungewisse Fernen wendet – Jerusalem, Rom, Santiago de Compostela, um nur die drei großen Wallfahrtsziele zu nennen –, der Heilsanlass und das Ziel dieser Pilgerfahrt war gewiss: je näher ich der von Christus, dem Sohne Gottes, geprägten Stätte oder der eines seiner engsten Jünger – Petrus in Rom oder Jakobus der Ältere in Santiago – kam, um so enger schien ich über mein irdisches Wandern hinaus dem ewigen Heil einer Erlösungsüberwelt verbunden. Dann traten alle Mühen dieser für die damaligen Jahrhunderte typischen und für uns heutige, abgesicherte Touristen nur schwer vorstellbaren Abenteuer zurück, um im unmittelbaren wie bildlichen Sinne auf dem Weg zur eigenen Erlösung zu sein. Eine Innenerfahrung des Heils verband die Pilger der frühen Jahrhunderte auf diesem am 23. Oktober 1987 vom Europarat in seiner Santiago de Compostela-Deklaration „Erste Europäische Kulturstraße" genannten Weg. An ihm entstanden im Gefolge dieser der religiösen Welt eigenen „peregrinationes" vielfältige kulturelle Zeugnisse der damaligen Gesellschaft wie z. B. Brücken, Kathedralen, Hospize und Städte, gar nicht zu reden von den schon benutzten oder auch erst ausgebauten Straßen. All diese für spätere Jahrhunderte sichtbaren Kulturzeugnisse dokumentieren: die wandernden Pilger, die Wallfahrer, haben etwa ab dem beginnenden 9. Jahrhundert am Camino de Santiago de Compostela diese Kultur mit ausgelöst.

Unsere Überlegungen gelten der inneren Einstellung dieser frühen Wallfahrer, für die das Seelenheil mit dem mühsam zu bewältigenden Weg, mit dem erreichten Ziel in Santiago de Compostela eng verbunden war. Die Wallfahrer der frühen Jahrhunderte verkörpern das „auf dem Weg sein“ des Christen, für den Christus selbst oder seine Jünger an bevorzugten Orten der Erde eine Nähe zum Heil des Einzelnen bezeichnet hatten, um dort eine innere Nachfolge erlebbar zu machen. Die großen monotheistischen Religionen Judentum, Mohammedanismus und Christentum haben solche an bestimmte Orte angebundene Heilssituationen der Erde, an denen das Wirken Gottes in besonderer Form angenommen wurde, gleichermaßen entwickelt und der Liturgie ihrer jeweils im Alltag gelebten Religion integriert. So gehört bei den Mohammedanern die Wallfahrt nach Mekka zu den fünf Grundpflichten, die jeder Gläubige erfüllen muss. Was unterscheidet aber in der christlichen Heilsgeschichte den in unserer Santiago-Wallfahrt gelebten Pilgeralltag der frühen mittelalterlichen Jahrhunderte von den Wallfahrten der anderen monotheistischen Religionen, und was wollen wir mit der Ambivalenz dieser im Christentum gelebten Heilsgeschichte zwischen Wallfahrt und den späteren Kreuzzügen analysieren und klarstellen? Nimmt diese „Zweideutigkeit“ nicht schon ihren Anfang mit dem Sendungsauftrag Christi an seine Jünger: „Gehet hin in alle Welt und verkündet aller Schöpfung die Heilsbotschaft“ (Markus 16, 14-19; vgl. Math. 8, 10-20; Lukas 24, 40-50; Joh. 20, 19-23)? Legt er damit nicht die Realisierung des „Evangeliums“ in menschliche Hände, mit allen Konsequenzen, die wir heute nach zwei Jahrtausenden gelebten Christentums zwischen seiner friedlichen und seiner gewaltbegleiteten Verkündigung vor Augen haben? Kurz, unserer These der notwendigen „Ambivalenz“ dieses „Heilsgeschehens“ gehen wir in drei historisch bezeichenbaren Einsätzen nach, um auch Fragen der bis heute reichenden Wirkungsgeschichte, in die wir Wissenschaftspilger eingebunden sind, aufzuhellen.

Im ersten Fragenbereich: Was war die religiöse Verfassung unserer Pilger angesichts der berühmten Predigt des französischstämmigen Papstes Urban II. 1095 auf dem Konzil von Clermont-Ferrand, die den ersten Kreuzzug ausgelöst hat? Im zweiten: Wie stand sie zur Endzeiterwartung – der Eschatologie bzw. der baldigen Wiederkunft des Welten- richters – der frühen Jahrhunderte, die dem Sendungsauftrag Christi an seine Jünger das Numinose gab? Im dritten: Was hat es mit „Weltgeschichte und Heilsgeschehen“ (Karl Löwith) in Form der neuzeitlichen Geschichtstheologie bzw. Geschichtsphilosophie auf sich, die unser heutiges Geschichtsbewusstsein kennzeichnet? Hebt sich mit dieser neuzeitlichen Geschichtsmächtigkeit des Menschen als dem vermeintlichen Akteur seiner eigenen Geschichte nicht die o. g. Ambivalenz einer übernommenen Heilsgeschichte auf und lässt gewissermaßen die Übergangsepoche der noch heilsgeschichtlich geprägten Menschheit hinter sich? Ist damit – und das trifft unsere eigene Unternehmung – nicht der notwendige Übergang von der religiös orientierten Wallfahrt zur wissenschaftlich geprägten Wallfahrt verbunden, eben zu einem forschenden Auf dem Weg-Sein zur Wahrheit, zu dem diese erste Kulturstraße Europas herausfordert und zu dem sie einen Kulturraum als Lebensraum bereitstellt? Scheint doch immer dort, wo die Wissenschaft Erkennen und Verhalten des Menschen der Neuzeit prägt, Kants Diktum zur „Aufklärung“ mitzuschwingen, dass wir „Wissenschaftler“ von unserer selbstverschuldeten Unmündigkeit frei werden, indem wir wagen, unseren Verstand ohne Lenkung anderer zu gebrauchen. Eine spannende Lage sowohl für unser Konzept der Wissenschaftswallfahrt wie vor allem ihrer auch physisch anstrengenden Durchführung, die jenseits des schützenden Hörsaals diese gewachsene und gelebte Kulturstraße Europas, des Camino de Santiago de Compostela, buchstäblich „unter die Füße nahm“. Bringen wir unser wissenschaftlich-forscherisches Unternehmen dann auf die Kurzformel: Der Weg ist das Ziel, könnte dies die Kennzeichnung für das unablässig wissenschaftsorientierte Forschen nach der Wahrheit sein. Ob dies diesseits oder jenseits der Heilsgeschichte stattfindet, kann dann eine Metafrage unserer Untersuchung sein.

1) Auf dem von Papst Urban II. 1095 einberufenen Konzil von Clermont-Ferrand in Frankreich sahen sich die zahlreichen Teilnehmer einer ungewohnten Lage gegenüber, die in ihren Auswirkungen für die kommenden 200 Jahre sich von einschneidender historischer Bedeutung erweisen sollte. Bisherige friedliche, vor allem waffenfreie Wallfahrtspraxis wurde gewissermaßen aus heiteren Himmel mit der von Papst Urban II. ad hoc konzipierten, gewaltintensiven Kreuzzugsidee konfrontiert. Für die meisten auf diesem Konzil von

Clermont-Ferrand anwesenden einfachen Christen aus der Landbevölkerung – die Veranstaltung wurde an diesem einen öffentlichen Konzilstag wegen des ungemein großen Zulaufs unter freiem Himmel abgehalten –, die den Papst mitten unter den prächtig gekleideten Kardinälen, Bischöfen, Äbten wie den Vertretern des hohen und mittleren Adels erleben wollten, war es ihre Demonstration des „Volkes Gottes". Diese einfachen Teilnehmer verbanden das Ereignis mit einem vom Papst erwarteten Aufruf zum gelebten Glauben im Sinne der Heilsbotschaft des Evangeliums, ähnlich wie sie Urban II. kurz zuvor auf einem Konzil in Piacenza im selben Jahr formuliert hatte. Nur so ist zu erklären, dass gerade diese einfachen Bauern Frankreichs und der angrenzenden deutschsprachigen Reichsgebiete in der Folge des Konzils sich noch im Sommer 1096, ca. 40.000 an der Zahl, mit Frauen und Kindern zu einer waffenlosen Wallfahrt aufmachten. Sie wurden angeführt von dem Bettelmönch Peter von Amiens, einem Wanderprediger, um auf dem Landweg die heiligen Stätten in Jerusalem zu erreichen. Für sie wirkte der Aufruf des Papstes in eine seit etwa drei Jahrhunderten gewachsene und von ihnen erlebte Wallfahrtswirklichkeit hinein, wie sie gerade diese einfachen Christen auf dem Weg nach Santiago de Compostela als waffenlosen und friedlichen Zug kannten. Die Erfahrung einer derart gelebten Heilsgeschichte übertrugen sie in einem einfachen Glaubensverständnis auf den Zug nach Jerusalem. Wie sollte sich das auch für einfache Gläubige, eben die Großzahl der bisherigen Wallfahrer der vergangenen Jahrhunderte, anders darstellen angesichts einer besonderen, auf ihre Gebetswallfahrt hin entwickelten Liturgie, in der Pilgergewand, Pilgerstab und Pilgertasche in einem eigenen Weihe- und Segensritus beim Aufbruch zur Wallfahrt ihnen von Seiten der Ortskirche oder des Ortsgeistlichen angelegt bzw. in die Hand gegeben wurden? Dies alles lässt sich vielfältig in den „Orationes pro iter agentibus" der Missale der letzten Jahrhunderte vor diesem Konzil für die „Signa peregrinationes" belegen (u.a. Missale von Vich ca. 1010). Doch ehe wir auf dieses so geprägte Bewusstsein der einfachen Pilger bisheriger Wallfahrtspraxis zurückkommen, versuchen wir die kirchenpolitisch wie auch machtpolitisch explosive Gegenwartssituation zu kennzeichnen, die diese inhaltlich unerwartete, öffentliche Konzilsrede Papst Urban II. ausgelöst hat. Die Ansprache markiert – um einen modernen, der naturwissenschaftlichen Forschung entlehnten Be griff zu gebrauchen – einen Paradigmenwechsel (H. Kuhn) in der historisch relevanten Betrachtung und Wertung der Heilsgeschichte. Denn während die einfachen Gläubigen sich noch auf den Weg machen, um waffenlos und friedlich in der eigenen Existenz das Heil der Erlösung in Gott (über Christus bzw. Jakobus, seinen Jünger) zu erfahren, prägt der Aufruf Papst Urban II. den mit dem Schwert, den mit Waffengewalt zu den heiligen Stätten – hier Jerusalem – ziehenden Kreuzritter, dem er, der Papst als Stellvertreter Christi auf Erden, die von Gott gewollte Sendung anvertraut, alles mit Waffengewalt zu vernichten, was dieser irdischen Version des hier verwirklichten Heilsgeschehens sich entgegenstellt. Damit wurde die Kreuzzugswirklichkeit, wie wir sie von den nun folgenden fünf Kreuzzügen her historisch zur Genüge kennen, mit all ihren irgendwie vom Heilsziel her scheinbar gerechtfertigten Greueln geboren. Mit seiner Ansprache und der Betonung der besonderen kriegerischen, kampferprobten Fähigkeiten der vor ihm stehenden Franken, die insbesondere geeignet seien, die heiligen Stätten von den sie verunstaltenden „Ungläubigen“ zu säubern, um vor allem über die Befreiung des irdischen Jerusalems, des Mittelpunktes der Welt, den Christus selbst für sein Leben und Sterben mit besonderem Heil ausgestattet habe, um das Himmlische hier schon vorzubereiten, legte Urban II. den immer mehr von seiner aufputschenden Rede erfassten Teilnehmern vor ihm den dann kollektiv von allen proklamierten, zündenden Satz in den Mund: „Dieu le veut - Gott will es“, um das Kreuz für diesen „Heilskriegszug“ zu nehmen.

Damit war der allgemeine Aufbruch zum ersten Kreuzzug auf den Weg gebracht und schien sich als Realisierung des vermeintlich sichtbar und machbar gewordenen göttlichen Willens darzustellen. Doch um das Bild des Hintergrunds der Ansprache Papst Urban II. auf dem Konzil von Clermont-Ferrand, soweit für unsere Untersuchung notwendig, zu vervollständigen, knüpft er offenbar an die gefährdete Situation der abendländischen Christenheit in Kleinasien an. Kaiser Alexios I. Komnenos von Konstantinopel hatte kurz zuvor ein Ersuchen an Urban II. um Waffenhilfe gerichtet, um die vor allem in Kleinasien das Christentum bedrohenden Gegner gemeinsam zu bekämpfen. Dies war – neben der Erörterung der allgemeinen Situation der abendländischen Christenheit – Thema der Konzilsarbeit in Piacenza im Frühjahr desselben Jahres gewesen. Urban II. hatte nun berechtigte Hoffnung, über die Ge währung der Waffenhilfe hinaus mit einem allgemeinen Kreuzzug an die von „den Ungläubigen“ besetzten heiligen Stätten auch das seit 1054 verschärfte unselige Schisma zwischen Byzanz und dem Vatikan, also Ostkirche und Westkirche, zugunsten einer Christenheit zu beenden. Dass diese Hoffnung trügerisch war, hat die Folgezeit erwiesen, insbesondere auch durch den von den Kreuzrittern wahllos auf ihren Zügen ausgelösten Waffenterror, ihre Raubzüge und Massaker, ihre Land nahme – all das kennzeichnet bis heute diese zu den Wallfahrten alternative Seite eines so verstandenen Heilsgeschehens.

II) Unser „einfacher“ Pilger konnte dagegen nicht so ohne weiteres seinen Pilgerstab mit dem Schwert vertauschen, wenn er seiner eschatologisch-endzeitlich auf Christus den Weltenrichter ausgerichteten Erwartung treu bleiben wollte. Die dem Kreuzzugsheer vorausziehenden waffenlosen Pilger – eben diese ca. 40.000 Männer und Frauen und Kinder – stehen dafür. Für sie wurde das Heilsgeschehen durch den Einsatz von Waffengewalt nicht beschleunigt, schon gar nicht wurde das eigene Heil schneller herbeigeführt. Diese Pilger wurden gerade bei Antritt ihrer Wallfahrt mit der Beleihung der „signa peregrinationes“ (Gewand, Stab, Tasche) an den umfassenden Sinn dieser „peregrinatio“ erinnert, eben einer Läuterung und Befreiung („bene castigatus et emendatus“) durch diese Pilgerschaft.

Die Mentalität der einfachen Pilger schlug sich auch in einem anderen zeitgeschichtlichen Phänomen nieder: der Gottes- oder Landfriedensbewegung. Diese „Treuga Dei“ genannte Friedensordnung, die vom Bischof von Le Puy um das Jahr 1000 ins Leben gerufen worden war, wollte in der Nachfolge des Friedensgebotes des Evangeliums aller Gewalt abschwören. Wer sich gegen dieses gewaltfreie Leben der Gemeinschaft verging – insbesondere bezeichnet im Schutz von Personen wie Frauen, Kinder oder auch Priestern wie Pilgern, von befriedeten Räumen wie Kirchen – wurde für „friedlos“ erklärt und aus der Gemeinschaft ausgeschlossen. Diese mächtige

Bewegung fand ihre Verteidiger in Kaisern und Fürsten, die, wie später Friedrich I. „Barbarossa“, auf großen Reichstagen einen Landfrieden verkündeten (z.B. Mainz 1184). Friedliche Wallfahrer waren der Inbegriff einer gewaltlosen Gesellschaft und nichts konnte ihrem „Friedensmarsch“ entgegengesetzter sein als die Idee, sie bahnten sich mit dem Schwert ihren Weg zum Ziel ihrer Wanderung zu einer der heiligen Stätten. Die mit der Verleihung und Segnung des Pilgerstabs an den ausziehenden Wallfahrer verbundene Widmung betont ausdrücklich in den zum Wallfahrerauszug in den Zeremonialen entwickelten Predigten zu diesem „veneranda dies“, dass dieser Stab gewissermaßen ein „dritter Fuß („tertius pes significat fides in sancta trinitate“) sei, um allen äußeren und inneren Anfechtungen zu begegnen (vielfach angeführt in „Zeremonialen“ – Rota, Lerida – unter „Ordo die bis his peregre proficiscuntur“ und interpretiert in der Predigt zum „veneranda dies“ des „Liber Sancti Jacobi“).

Gerade weil historische Forschungen zum Pilgeralltag und der inneren Einstellung der Pilger als sog. Alltagsforschung erst in der Entwicklung sind und wir wenig Zeugnisse für diese Wallfahrtsjahrhunderte ab 750 bis zum Konzil von Clermont-Ferrand haben, sind die liturgischen Rahmen um die „signa peregrinationes“ ein Spiegel für die vom ausziehenden Wallfahrer mitgelebte „Heilswelt“, der er sein Leben während des ungewissen, langen Weges verschrieb. Schließlich war das auf diesem Heilsweg gelebte Zeitbewusstsein täglich erfüllt von der inneren Motivation des Pilgerns, ganz im Gegensatz zu dem zielorientierten „Heilskriegszug“ des Kreuzfahrers der Zerstörungs- und Eroberungskreuzzüge. Dieser schien auf die selbst gehandhabte Funktion des Kriegsschwertes bezogen eine eigene, mit Gewalt verbundene Erlösung in die Hand genommen zu haben. Der friedliche, waffenlose Wallfahrer und der kriegerische, für seine Vision der Heilsgeschichte bewaffnete Kreuzzugsritter – zwei gelebte Realitäten des Heilsgeschehens, die beide beanspruchten, den oben angesprochenen Sendungsauftrag Christi, der Welt die Heilsbotschaft zu verkünden, zu entsprechen.

Es ist nun keine Frage, dass mit größerer zeitlicher Nähe zum Leben und Sterben von Jesus Christus auf Erden die lebendige Vision von seiner Wiederkunft unmittelbar in alle Formen der Glaubensverkündigung einwirkte und sie inspirierte. Das lässt sich ebenso im Gottesstaat („De Civitate Dei") des Augustinus, gerade in der Phase des zusammenbrechenden römischen Reiches angesichts der Vandalen vor Hippo (seinem Bischofssitz) auffinden, wie es dargestellt ist im 8. Jahrhundert in einem einmaligen Dokument an der unmittelbaren Wallfahrtsstraße nach Santiago de Compostela in Santo Toribio de Liebana bei Astorga. Eschatologisch geprägt sind beide und von einer endzeitlichen Erwartung inspiriert. Wirkte Augustinus auf erste Zusammenschlüsse von Einsiedlern und Mönchen, um für diese „Wiederkehr Christi als Weltenrichter" bereit zu sein, so der berühmte „Tractatus de Apocalipsin" des Beatus von Liebana (8. Jahrhundert) – ein gemalter und geschriebener Kommentar zur „Apocalypse" des Johannes – auf das „eschatologische Unternehmen" der Santiagopilger. Sie fanden darin ihre innere Glaubenswelt ausgedrückt, in einer bilderarmen Zeit, wo diese wenigen gemalten Visionen eine umso größere Wirkung entfalteten. Zum Beispiel die Aussendung der 12 Apostel (fol. 53) mit der Bezeichnung des jeweiligen Erdbereichs seiner Mission über seinem Kopf (u.a. Jacobus/Spania; Johannes/Asia, Thomas/India), gewissermaßen von der einen Grenze der damals bekannten Welt (Indien) zur anderen (Spanien – finis terrae). Dann insbesondere die Weltkarte mit den Weltströmen und dem Ziel der Pilgerfahrt. Hier stehen Adam und Eva unter dem Baum der Erkenntnis, ausgewiesen aus dem Paradies für die Wanderung über die unwirtliche Erde den Pilgern gleich, daneben die Grabeskirche Christi mit einem Marmorgrab, eventuell Modell für das Apostelgrab (fol. 137), dann die eindrucksvollen Wiedergaben, figürlich wie farblich, der Plagen und Leiden der Menschheit vor der Wiederkunft des Weltenrichters. Dies ist die unmittelbare Wallfahrerwelt lang vor dem Jahrtausend, vor dem Konzil von Clermont-Ferrand, das diese völlig anders interpretierte Kreuzzugswirklichkeit als Realität des Heilsgeschehens einführte.

Verliert sich damit der eschatologisch geprägte Wallfahrer? Gibt er diese eschatologisch gelebte Heilsgeschichte aus der Hand an den Kreuzzugsfahrer, der die Realisierung des Heilsgeschehens selbst in seine bewaffnete Hand nimmt und mit dem machtlosen Pilgerstab nichts mehr zu tun hat, da das Schwert wirksamer zu sein scheint? Oder geht der Pilger über in den wahrheitssuchenden Menschen der Neuzeit, der die Gründe für alles Geschehen im geschichtsmächtigen Menschen selbst sucht, aber der Waffengewalt dort misstraut, wo sie Heil verspricht?

III) Karl Löwith hat in seiner Untersuchung „Meaning in History“ (1949) unter dem Titel „Weltgeschichte als Heilsgeschehen. Die theologischen Voraussetzungen der Geschichtsphilosophie“ (1953) dieses Problem analysiert. Seine leitende Fragestellung definiert das Dilemma unserer stets im Blick gehaltenen Ambivalenz, die eine eschatologisch inspirierte Wallfahrerexistenz von der Machtvorstellung derjenigen des Kreuzritters unterscheidet. Die Frage: „Bestimmt sich das Sein und der Sinn der Geschichte überhaupt aus ihr selbst, und wenn nicht, woraus dann?“ (aus dem Vorwort von Löwiths Werk „Von Hegel zu Nietzsche“, 1950) entwirft, was wir für unsere Untersuchung herausfinden wollen. Und letztlich sind wir mitten in der Genese des historischen Bewusstseins des Menschen der Neuzeit, der die vielfältigen Wirkkräfte zu erkunden sucht, die seine geschichtliche Existenz bestimmen. Löwith sucht den historischen Weg von Denkern wie Burckhardt, Marx, Hegel, dann unter dem Titel „Fortschritt contra Vorsehung“ Proudhon, Comte, Condorcet, Turgot, Voltaire zurückzuverfolgen zur Theologie und Philosophie der Heilsgeschichte und deren eschatologischer Orientierung. Anders als wir, die an dem konkreten historischen Phänomen der „Wallfahrt“ ansetzten, sah er in rückverfolgter Denkgeschichte dann aber wie wir im Mittelalter den entscheidenden Paradigmenwechsel sich vollziehen. Und wir können über seine Analysen zu Joachim von Fiore (1131-1202), diesem Visionär der abendländisch-christlichen Geschichtsepochen, unseren Einstieg über die Gegenwelten Wallfahrer/Kreuzzugsritter im selben erlebten, aber verschieden interpretierten Heilsgeschehen zusammenführen in der einmaligen, unabgeschlossenen Wirkungsgeschichte des abendländischen wissenschaftlichen Denkens. Inspiriert wird es immer wieder neu von einer Definition der Wahrheit, die Giambatista Vico (1668-1744) in seiner „Neuen Wissenschaft“ (Scienza nueva, 1725) integriert – „verum et factum convertuntur“ – und die wir mit unserem Pilgern auf dem

Heilsweg sich dann abzeichnen sahen, als ab dem 11. Jahrhundert die Verwirklichung des Heilsgeschehens von den neu ernannten Akteuren der Geschichte in die eigene Hand genommen wurde. Wir enden unsere Überlegungen mit der Frage: Sind wir stets Herr unseres eigenen Geschehens? Sind wir zwar Herr unseres eigenen Denkens und Forschens, aber sind wir es auch von deren Voraussetzungen?

Letztlich: Durchschauen wir die Wirkungsgeschichte, die unsere gesamte Kultur prägt und zu unserer Lebenswelt macht – sogar in der Form eines Heilsgeschehens im Glauben?

# Wallfahrtswege als Kulturstraßen

Andrei V. Serikov

## I
## Entstehungsgeschichte der Ersten Europäischen Kulturstraße

*1. Historischer Hintergrund.* In der ersten Hälfte des IX. Jahrhunderts entdeckte Bischof Theodor den Leichnam des Apostels Jakobus. Der kleine bis dahin unbekannte Ort bekam den Namen Compostela und wurde allmählich zum heiligen Zielort aller Pilger aus dem zerstrittenen römisch-katholischen Ost- und Westbereich des christlichen Europas. Dieses Ereignis bewirkte ein intensives Wachsen der Stadt. Es wurden neue Kirchen, Kapellen, Hospize und andere Bauten entlang des Pilgerweges errichtet; es entstanden neue Straßen, Brücken und Städte. Diese jahrhundertelange Entwicklung am Pilgerweg ließ eine neue, verbesserte Infrastruktur entstehen, ohne die das gegenwärtige Europa nicht denkbar wäre.

Durch die Pilger, die sich auf einen langwierigen Weg begaben, wurde der christliche Glaube Europas symbolhaft zum Ausdruck gebracht. Die alten und jungen Menschen unterschiedlicher Herkunft und teilweise verfeindeter Nationen zog es in eine Richtung, zu einem Ziel: nach Compostela. Das Ziel und der Glaube an die Heilkraft des heiligen Jakobus vereinte diese Pilgermassen und verlieh ihnen ein Wir-Gefühl, das über die Grenzen einzelner Länder hinausging und die Vorurteile gegenüber anderen Völkern auflöste. Es entstand eine einmalige Synthese von Glauben und Liebe, von Zivilisation und Humanismus, von Kunst und Kultur. Diese Synthese schlug sich dann unter anderem in der Belebung und Entfaltung lokaler Traditionen europaweit nieder.

Ausgehend von diesem kurz skizzierten historischen und geistigen Hintergrund der Wallfahrtswege wird klar, was den Europarat 1987 dazu bewegte, die Jakobswege zur Ersten Europäischen Kulturstraße zu erklären. Bereits 1982 appellierte die spanische Vereinigung „Amigos de Los Pazos“ an den Europarat, „die Wallfahrtswege zum gemeinsamen europäischen Kulturbesitz zu erklären“.[1] Dieser Appell fand alsbald eine rege Unterstützung bei den Mitgliedern des spanischen Parlaments, bei den kommunalen Behörden sowie Abgeordneten, dem spanischen Minister für Kultur, dem Erzbischof von Santiago sowie weiteren religiösen und zivilen Gemeinschaften unter Einschluss von Hispania Nostra.[2] In der Folge begann ein Prozess, der die mühevolle Entwicklung eines neuen Verständnisses und Empfindens der westeuropäischen kulturellen Dimension begleiten sollte.[3] Es wurden in relativ kurzer Zeit mehrere private und öffentliche Initiativen in vielen westeuropäischen Ländern gegründet, die sich mit der Thematik auseinander setzten und die Begeisterung für diese Idee in der Bevölkerung verbreiteten.

Im Amtsblatt der Europäischen Gemeinschaft vom 06. Juli 1987 findet sich eine schriftliche Anfrage vom 30. Oktober 1986 von Juan-Pierre Abelin an die Kommission der Europäischen Gemeinschaft, in der die Bedeutung der Pilgerwege nach Santiago bzw. deren Erklärung zur Ersten Europäischen Kulturstraße exemplarisch zum Ausdruck gebracht wird: „Wird sie [die Kommission] ferner die Straße von Santiago de Compostela zur Wegstrecke von gemeinsamem historischen und kulturellen Interesse erklären und im Rahmen des Haushaltsplans der Gemeinschaft Mittel vorsehen, um das Straßennetz und die Hotelinfrastruktur in den benachteiligten Gebieten der Gemeinschaft, die von dieser Straße durchquert werden, zu verbessern?“[4]

Am 13. März 1987 erfolgt die Antwort von Ripa di Meana im Namen der Kommission unter Bezugnahme auf die „Entschließung der

[1] Kanz, H.: Die Jakobswege als erste europäische Kulturstraße. Wanderpädagogische Reflexionen, Frankfurt am Main/Berlin/Bern u.a. 1995, S. 25.
[2] Ebenda.
[3] vgl. Frankfurter Allgemeine Zeitung: Was verstehen wir eigentlich unter Europa?, Ausgabe vom 11.11.1997.
[4] Europäische Gemeinschaft (Hrsg.): Amtsblatt der Europäischen Gemeinschaft Nr. C 177/46, 06.07.1987, Schriftliche Anfrage Nr. 1761/86.

im Rat vereinigten, für Kulturfragen zuständigen Minister“[5]. Es wird dabei explizit darauf hingewiesen, dass die Minister „festgestellt [haben], daß solche Aktivitäten (Einführung von Kulturreiserouten) für Zuschüsse der verschiedenen bestehenden Gemeinschaftsinstrumente unter Beachtung ihrer jeweiligen Ziele und Regeln in Frage kommen [...] Die Kommission wird mit großer Aufmerksamkeit jeden konkreten Vorschlag prüfen, der ihr von Mitgliedstaaten im Zusammenhang mit der Ausarbeitung und Veröffentlichung eines Reiseführers unterbreitet wird, in dem die verschiedenen Wallfahrtswege von ihren unterschiedlichen Ausgangspunkten bis zum gemeinsamen Ziel, auf das sie zustreben, nachgezeichnet werden“.[6] Damit wird deutlich zum Ausdruck gebracht, dass die über Jahrhunderte bestehende latein-europäische Identität und Kultur sukzessive aufgearbeitet und zeitgemäß definiert werden soll. Die gesamteuropäische Infrastruktur soll ferner zukunftsgerichtet, aber auf Tradition beruhend, weiterentwickelt werden. Diese Aspekte der Ersten Europäischen Kulturstraße, die unter anderem in „The Declaration on Santiago de Compostela“ von 1987 aufgeführt sind, stehen im Mittelpunkt dieser Arbeit.

*2. Versuch einer Definition der „Kulturstraße“.* Nach einer kurzen Beschreibung des historischen Hintergrundes der Ersten Europäischen Kulturstraße stellt sich nun die Frage, was eigentlich eine Kulturstraße definitionsgemäß bedeutet. Vergebens sind sämtliche Versuche, diesen Begriff in einem Lexikon aufzuspüren. Daher soll ein Versuch unternommen werden, für diesen „Unbegriff“ eine mögliche begriffliche Definition zu erarbeiten.

Das Wort Kulturstraße besteht aus zwei Teilen: „Kultur“ und „Straße“, deren genauere Betrachtung für eine begriffliche Definition der Kulturstraße unentbehrlich ist. Das Wort Kultur kommt aus dem Lateinischen (colere, 2. Partizip: cultum) und bedeutet bebauen, be-

---

[5] Europäische Kommission (Hrsg.): Amtsblatt der Europäischen Kommission Nr. C 044, 26.02.1986.
[6] Europäische Gemeinschaft 1987.

wohnen, pflegen, ehren.[7] Vielleicht wäre es auch bei dieser einfachen Definition geblieben, wenn im Laufe mehrerer Jahrhunderte einige Philosophen sich nicht Gedanken darüber gemacht hätten, mit welchen Inhalten Kultur zu besetzen sei.[8] Ohne die Ansichten einzelner Philosophen hinsichtlich des Kulturbegriffs zu berücksichtigen, liefert zum Beispiel das „Schweizer Lexikon" folgende Kulturdefinition: „Kultur [... ist] das von Menschen zu bestimmten Zeiten in abgrenzbaren Regionen in Auseinandersetzung mit der Umwelt in ihrem Handeln Hervorgebrachte (Sprache, Religion, Ethik, wie Familie, Staat u.a., Recht, Technik, Kunst, Musik, Philosophie, Wissenschaft), auch der Prozess des Hervorbringens der verschiedenen Kulturinhalte und -modelle (Normensysteme und Zielvorstellungen) und entsprechender individueller und gesellschaftlicher Lebens- und Handlungsformen."[9]

Eingangs wurden bereits solche Aspekte wie die Errichtung von Kirchen, Kapellen, Hospizen, der Aufbau von neuen Straßen, Brücken und Städten sowie die Entwicklung eines neuen Verständnisses und Empfindens der westeuropäischen kulturellen Dimension mehrfach mit der Kulturstraße in Zusammenhang gebracht. In der Tat können alle diese Aspekte bzw. Begriffe anhand der obigen Kulturdefinition zu dem Sammelbegriff „Kultur" gebündelt werden, der den ersten Teil der zu untersuchenden Kulturstraße beschreibt.

Wenn die Kultur das vom Menschen Hervorgebrachte bzw. der Prozess des Hervorbringens selbst ist, so gehört selbstverständlich auch die Straße dazu als eine vom Menschen hervorgebrachte Leistung, die einer Vereinfachung der Fortbewegung zwischen verschiedenen geographischen Orten dient. Eine Kulturstraße bezeichnet daher in unserem Zusammenhang einen Ort, an dem der Mensch durch sein Handeln zu bestimmten Zeiten sich im Prozess des Hervorbringens

---

[7] vgl. Bibliographisches Institut (Hrsg.): Meyers Enzyklopädisches Lexikon, Mannheim/Wien/Zürich 1975.
[8] vgl. Krings, H./Baumgartner, H.M./Wild, C. (Hrsg.): Handbuch philosophischer Begriffe, München 1973, S 823-832.
[9] Kollektivgemeinschaft Mengis und Ziehr 1992, S. 126.

dessen befindet, was definitionsgemäß als Kultur bezeichnet werden kann.

## II
## Die Erste Europäische Kulturstraße: ihre gesellschaftspolitische und historische Bedeutung

Anschließend an eine Definition des Begriffs Europa soll die Bedeutung der Wallfahrtswege als Kulturstraße im europäischen Einigungsprozess dargestellt werden.

„Der Begriff ‚Europa' wird seit eh und je unterschiedlich ausgelegt. Oft wird er mit der räumlich begrenzten ‚Europäischen Union' gleichgesetzt. Nur mühevoll entwickeln sich in der Öffentlichkeit Verständnis und Empfinden für die Dimensionen unserer Lebenswelt. Um so mehr wird sich der Blick vieler Mittel- und Westeuropäer für die Ausmaße des ins Auge gefassten Projekts und für den Grad seiner Schwierigkeiten und „Sprengsätze" schärfen, wenn die Ost-Erweiterung der EU um einige mitteleuropäische Länder näherrückt."[10]

Dieses Zitat greift vielfach die wichtigsten Probleme hinsichtlich des Zusammenwachsens der westeuropäischen Nationalstaaten auf, in erster Linie aber die Definition Europas. Im Mittelalter wird der Begriff „Europa" lediglich als ein rein geographischer verstanden. In Texten, Werken und im Bewusstsein der Menschen zwischen dem 8. und 15. Jahrhundert findet sich dieser Begriff in keiner anderen Bedeutung. Erst mit Papst Pius II. im 15. Jahrhundert kommt der Ausdruck „europeus" mehr und mehr in Gebrauch. Die europäische Wirklichkeit im Mittelalter ist die Christenheit, so dass Europa dem Christentum gleichgesetzt werden kann und Europäer Christ meint. Was ist nun Europa heute? Welche Werte soll Europa heute als Basis für die Einigung haben? Ist die Erste Europäische Kulturstraße lediglich ein bedeutendes Kulturdenkmal wie viele andere auch?

[10] Frankfurter Allgemeine Zeitung 1997.

Vielfalt, in unserem Zitat indirekt zum Ausdruck gebracht, ist ein wesentliches und prägendes Grundelement des Begriffs „Europa“. Sie drückt sich unter anderem in der Heterogenität der europäischen Völker und ihrer Kulturen aus. Dies ist allerdings kein Hindernis für das Verständnis des Begriffs „Europa“ als einer ganzheitlichen Vorstellungs- und Lebenswelt. Im Gegenteil bilden dieselben Mythen, dieselben Bilder, dieselben Ideale und größtenteils die gemeinsame christliche Vergangenheit und Gegenwart seinen inhaltlichen Kern. Diese Vielfalt ist markanterweise auf einen verhältnismäßig kleinen Teil des gesamten eurasischen Kontinents konzentriert, den man traditionell als Europa zu bezeichnen pflegt. Man könnte nun diesen Raum exakter eingrenzen, wenn auch die Meinungen diesbezüglich stark divergieren: Die äußerste Grenze Europas liegt an der Grenze zu den ostslawischen Völkern oder exakter ausgedrückt dort, wo der Einfluss der römisch-katholischen Kirche Schritt für Schritt abnimmt und die byzantinisch geprägte russisch-orthodoxe Kirchentradition anfängt. Folglich könnte man diese auf ein kleines Territorium komprimierte Vielfalt im weitesten Sinne als das eigentliche Europa bezeichnen, dem das Christentum als wertebildende Basis zugrunde liegt.

Das Europa der Vergangenheit, vor allem im Mittelalter, war zunächst ein Europa der Kultur, der Ideologie, der Sitten und der Werte. Es stellt sich nun die Frage, welcher Weg bei der Gestaltung einer neuen europäischen Identität eingeschlagen werden soll: Sollen wirtschaftliche Kräfte bzw. politische Institutionen im gesamten Entwicklungsprozess vorherrschen oder sollte vielleicht der Schwerpunkt dieser Entwicklung im Bereich der geistigen und kulturellen europäischen Lebens- und Vorstellungswelt liegen?

In meinen Augen ist die europäische Einigung vor allem eine kulturelle und geistesgeschichtliche. Sie bedarf eines ausbalancierten Entwicklungsprozesses zwischen Kultur und Wirtschaft, Geschichte und Politik, zwischen materiellen und geistigen Werten der Europäer. Daher kann die Entstehung eines freien westeuropäischen Binnenmarktes allein keine Sicherheit für eine Weiterentwicklung der EU gewährleisten. Es muss nunmehr die kulturelle „„Zusammengehörigkeit' der europäischen Menschen neu ins Bewusstsein"[11] kommen.

Allerdings scheint die Wirtschaft ein vielleicht allzu großes Gewicht im Leben der europäischen Gesellschaft erhalten zu haben. Vor allem große Teile der wirtschaftlichen Intelligenz Europas neigen zur Verherrlichung der amerikanischen, auf materiellen Werten beruhenden modernen Welt. Tendenziell könnte dies in der Zukunft zu einer verstärkten Verlagerung des Schwerpunkts des Entwicklungsprozesses in Richtung wirtschaftliche Effizienz und zu einer Vernachlässigung des geistigen und kulturellen Schöpfertums führen.
Die europäische Einigung bedarf also einer vielfältigen und ausgeglichenen Entwicklung. Der in Gang gesetzte Prozess der Einigung wird langsam vorangehen und lange dauern. Dies ist eine unvermeidliche Bedingung für stabile und erfolgreiche Ergebnisse. Daher erweist sich die Erklärung der Jakobswege zur Ersten Europäischen Kulturstraße als ein bedeutender und zeitgemäßer Beitrag zum neuen Verständnis der gesellschaftspolitischen und kulturellen Dimensionen der westeuropäischen Lebenswelt. „Wichtig erscheint dabei, daß die Maßnahmen zur Festsetzung und Förderung einer ‚ERSTEN EUROPÄISCHEN KULTURSTRASSE' nicht antiquarisch gemeint sind, sondern daß sie als Aktivierung für eine anzustrebende gemeinsame kulturelle Identität der heutigen Europäer verstanden werden müssen."[12] Jeder einzelne Mensch in Europa braucht heute nicht die Vorstellung, am Ende der Geschichte angelangt zu sein, sondern eine Hoffnung auf die Zukunft und zwar auf eine so nahe Zukunft wie möglich.

Daraus wird ersichtlich, dass die Intention des Europarates eine durchaus zukunftsgerichtete Dimension umfasst. Die historischen und kulturellen Werte, die sich im Laufe von etwa 1200 Jahren um den Jakobskult herausbildeten, werden heute als Grundlage für das Entstehen neuer gesellschaftspolitischer und kultureller Werte angesehen. Deshalb ist es hier angebracht, sich eingehender mit den Ur-

[11] Kanz 1995, S. 17.
[12] Ebenda.

sprüngen der Jakobswege zu befassen, um dann aus historischer Sicht die Gegenwart und die Zukunft der Ersten Europäischen Kulturstraße adäquat beurteilen zu können.

Die Erste Europäische Kulturstraße bezeichnet dabei keineswegs eine Kulturstraße, die als die erste im europäischen Raum entstanden ist. Vielmehr ist die Erklärung der Pilgerwege nach Santiago de Compostela zur Ersten Europäischen Kulturstraße der erste Schritt, die Bedeutung der Kulturstraßen als kulturelles Erbe Europas aufzuarbeiten und zeitgemäß zu definieren. Auch Römerstraßen und die Seidenstraße sowie viele andere Wege sind Kulturstraßen, die jeweils mit anderen Inhalten besetzt sind.

Wie später noch gezeigt wird, benutzten die Pilger des öfteren die bereits zu jener Zeit vorhandenen Straßen, darunter auch die für militärische Zwecke bestimmten Römerstraßen. Infolgedessen kam es zu einer schrittweisen Nutzungsänderung der Römerstraßen. Entlang dieser Wege entstanden zahlreiche Pilgerkirchen, Hospize, Klöster sowie andere Einrichtungen, die den Römerstraßen ein neues inhaltliches Bild verliehen: das Bild des friedlichen christlichen Glaubens und der Frömmigkeit.

Heute haben sich die Konnotationen der Pilgerwege nach Santiago de Compostela wiederum geändert. Man könnte von einer wissenschaftlichen und einer touristischen nebeneinander sprechen. Viele Gespräche mit den Pilgern ergaben, dass lediglich wenige aus dem reinen Glauben an die Heilkraft der Jakobusgebeine nach Santiago de Compostela zogen. Die Lust am Wandern sowie das Interesse am historischen Erbe, das mit dieser Kulturstraße in Zusammenhang gebracht wird, sind die wirklichen Motivationen der Menschen, die heutzutage die jahrhundertealten Pilgerwege gehen. Heute wie im Laufe mehrerer Jahrhunderte nehmen die modernen Pilger auch einen Einfluss auf die Entwicklung und Verbesserung der westeuropäischen Infrastruktur. Im Auftrag der Europäischen Kommission wird in den benachteiligten Regionen Spaniens das Straßennetz verbessert und erweitert; es entstehen neue Hotels und Pilgerherbergen.

## III
## Die Entstehung einer neuen Infrastruktur entlang der Pilgerwege nach Santiago

Wie anfangs bereits erwähnt, gehen mehrere historische Quellen davon aus, dass die Wallfahrten nach Santiago de Compostela einen großen Einfluss auf die Entstehung und Weiterentwicklung der europäischen Infrastruktur hatten.

„Entlang der Pilgerstraßen, die gleichzeitig der Förderung von Kultur, Kunst und auch des Handels dienten, ohne ihre spirituelle Dimension zu verlieren, entstanden Städte, Klöster, Kirchen, Hospitale, Brücken und Infrastruktur, die heute einen wichtigen Bestandteil unseres kulturgeschichtlichen Erbes ausmacht. Entlang dieser Straßen wurde romanische und gotische Kunst in ganz Europa vermittelt. Im Austausch kultureller Besonderheiten, im Verschmelzen von Ideen und Geisteshaltungen, im Zusammentreffen aller Völker des christlichen Westens auf den Pilgerwegen, kam es zu der Ausformung einer einheitlichen Bewegung aus höfischen und volkskulturellen Elementen. Diese Bewegung inspirierte Literatur, Musik, Ikonographie und Kunst und trug wesentlich zu dem kulturellen Gesamterbe Europas bei. Durch die Vermittlung dieser Straßen und Wege und der Pilger auf ihnen begann sich eine wahrhaft europäische Kultur zu entwickeln.“[13] Diese These liefert nun eine aufschlussreiche Darstellung der einzelnen Elemente des europäischen Kulturerbes. Eben diese erwähnten Kulturelemente wollen wir unter Berücksichtigung möglichst vieler Facetten in den Mittelpunkt unserer Betrachtung stellen.

*1. Geographischer Verlauf der Pilgerwege.* Natürlich ist es heute relativ schwer, den geographischen Verlauf der damaligen Pilgerwege exakt festzustellen. Noch schwieriger ist es, über ihre Entstehungsgründe und Beschaffenheit sowie über ihre genauere Funktion und den Grad der Nutzung durch die Pilger Aussagen zu treffen. Das 1987 vom Europarat ins Auge gefasste Identifikationskonzept „der

---

[13] Kanz 1995, S. 21-22.

sogenannten ‚Pilgerwege' und ‚Jakobswege' wird außerdem um so fraglicher, je weiter wir uns von Spanien und Südwestfrankreich entfernen und je mehr Mitteleuropa in unser Blickfeld gerät."[14]

Inzwischen wurden mit Hilfe mehrerer erhaltener Pilgerberichte und einiger mittelalterlicher Pilgerführer, darunter das „Liber Sancti Jakobi", die Hauptrouten der Pilgerwege nach Santiago de Compostela identifiziert. Sie haben symbolischen Charakter, da eine Jakobskirche oder eine Pilgerherberge noch kein ausreichender Beweis für das Vorhandensein einer traditionellen Pilgerroute sind. Die Mehrzahl der Pilger wählte in der Regel nicht Jakobus als Schutzpatron, sondern spezielle Reiseheilige wie Julia, Christophorus oder Martin.[15] Auch die Pilgerherbergen entlang eines Jakobsweges geben wenig Aufschluss über die Existenz von speziellen Pilgerwegen, denn im Mittelalter wurden auch die einfach Vorüberziehenden als Pilger bezeichnet.

„Man habe sich jedoch darüber durch den Wortgebrauch verständigt, dass unter Jakobswegen diejenigen Straßen und Wege zu verstehen seien, die von der Mehrzahl der Jakobspilger begangen worden seien, auch dann, wenn diese im Vergleich mit anderen Benutzern in der Minderheit gewesen seien."[16] Diese Überlegung scheint nicht merkwürdig zu sein, wenn bedacht wird, dass die Straßen im mittelalterlichen Europa auch von Soldaten, Kaufleuten und von sonstigen Reisenden in Anspruch genommen wurden.

„Bei der Wahl ihres Weges waren die Pilger grundsätzlich frei, sie folgten jedoch in der Regel bereits vorhandenen Wegen."[17] Besonders einzelne (lokale) Heiligtümer bestimmten aber die Wahl des Weges in hohem Maße. Derzeit sind mehrere Pilgerstraßen als au-

[14] Plötz, R.: Europäische Wege der Santiago-Pilgerfahrt, Tübingen 1990, S. 14.
[15] Kanz 1995, S. 23.
[16] Ebenda.
[17] Plötz 1990, S. 11.

thentische Wallfahrtswege in Osteuropa, Frankreich und Spanien bekannt:[18]

In Osteuropa: von Torn, Görlitz, Prag und Brünn nach Aachen bzw. Brünn.

In Frankreich: von Paris über Chartres nach Angoulême und Bordeaux, von Clermont-Ferrand nach Ostabat, von Saint Gilles über Toulouse nach Somport.

In Spanien: von Jaca über Burgos und León nach Santiago (Königsweg ab Puenta la Reina).

*2. Entstehung und Beschaffenheit der Pilgerwege – Cluny und die Wallfahrer.* Aufgrund der bereits erwähnten Probleme bei der Bestimmung der authentischen Pilgerwege lässt sich vermuten, dass das Pilgern wahrscheinlich keine primäre Ursache für das Entstehen der Straßen bzw. Wege im mittelalterlichen Europa darstellte. In der Regel benutzten die Pilger bereits vorhandene Heeres-, Geleit- und Handelsstraßen. Eine große Bedeutung für die Fortbewegung im Mittelalter spielten vor allem die Römerstraßen: „Für gewöhnlich kümmerten sich die Römer beim Bau ihrer Straßen nicht um die Launen der Landschaften, die zu durchqueren waren. Sie bauten Eroberungsstraßen, geradlinig, durchschlagend wie ein Schwerthieb, immer direkt, ohne schlaffes Schlängeln, ohne Umschweife. Sie verstanden es, die zu steilen Hänge zu vermeiden und beim Fehlen einer Brücke die beste Furt aufzufinden. Als strategische Mittel der pax romana waren die Römerstraßen dazu bestimmt, Soldaten und Beamten bei der Ausbreitung des Reiches zu dienen. Straßen, die keiner ursprünglichen Trasse und keinem ehemaligen Wasserlauf folgten, wurden auf tiefem Unterbau angelegt und sorgfältig mit Steinen, ja sogar mit Platten belegt; sie haben den Schlendrian der Niedergangszeit nach der Herrschaft Roms im allgemeinen gut überstanden [... Die Wallfahrer] marschieren auf den Römerstraßen von Tours nach Poitiers, von Limoges nach Prigeux, am linken Rhône-

[18] vgl. Bottineau, Y.: Der Weg der Jakobspilger. Geschichte, Kunst und Kultur der Wallfahrt nach Santiago de Compostela, Bergisch Gladbach 1987, S. 60-83 und Benesch, K.: Santiago de Compostela: Pilgerwege, Freiburg im Breisgau 1991, S. 155-177.

ufer entlang, von Arles nach Beziers über Montpellier oder bleiben ihnen doch sehr nah."[19] Im Vergleich zu den Römerstraßen waren andere Straßen in einem wesentlich schlechteren Zustand. Meistens hatten sie keine feste Oberfläche und verwandelten sich bei Regen und schlechtem Wetter in kaum mehr begehbaren Morast, was den Wallfahrern unterwegs sehr viel Schwierigkeiten bereitete. Zuständig für den Straßenunterhalt waren in erster Linie die Anstößer. Ihre Pflicht, sicherzustellen, dass derjenige für den Unterhalt der Straßen aufzukommen habe, der sie auch am häufigsten benutzte, geht zurück auf die römische Rechtsregel der collatio vitae.

Es gab allerdings auch Fälle, in denen die Einwohner der Dörfer und Städte entlang der Pilgerwege den Straßenunterhalt und -bau für Pilger zu ihrem Lebenswerk machten. Das berühmteste Beispiel am Weg nach Compostela ist jener Hirte Domingo (Dominikus), der in der Nähe von Nájera in Spanien sein Leben der Instandhaltung, der calzada de Santiago, widmete. Er wurde nach seinem Tod heiliggesprochen. Über seinen sterblichen Resten hat man ein Heiligtum errichtet, eine Stadt wuchs ringsherum: Santo Domingo de la Calzada. Vor diesem Hintergrund bietet uns darüber hinaus die „Historia Silense" von etwa 1115 ein Beispiel der Entstehung einer Straße, die in einem unmittelbaren Zusammenhang mit den Jakobuspilgern steht. Daraus erfahren wir, dass „der navarresische Herrscher Sancho el Mayor (1000-1035) [...] den iter sancti Jakobi als direkte Verbindung von den Pyrenäen bis nach Nájera" anlegte, „damit die Pilger nicht mehr wie früher Umwege gehen mussten, denn er habe neues Land von Heiden zurückerobert".[20]

In diesem Zusammenhang ist auch die Bedeutung der Benediktinerabtei Cluny hinsichtlich der Unterstützung der Wallfahrer zu erwähnen. Raymond Oursel untersucht in seinem Text „Cluny und der Jakobsweg" ausführlich die Beziehungen zwischen König Alfons VI.

[19] Barret, P.: Unterwegs nach Santiago. Auf den Spuren der Jakobspilger, Freiburg im Breisgau 1982, S. 50.
[20] Plötz, R.: Deutsche Pilger nach Santiago de Compostela bis zur Neuzeit. In: Herbers, K.: Deutsche Jakobspilger und ihre Berichte, Tübingen 1988, S. 1-27.

von Kastilien, der Königin Urracas und der Abtei Cluny in der Zeit von 1073 bis 1126. Dabei wird anhand der Schenkungsurkunden von Cluny nachgewiesen, dass Alfons VI. und Urracas während ihrer Herrschaft der Abtei Cluny rund zwanzig Klöster schenkten. Allerdings lagen lediglich vier davon auf den am häufigsten begangenen Wallfahrtswegen nach Santiago de Compostela: Frómista, Villafranca del Bierzo, Sahagün und Astorga. Obwohl zu der Zeit die Wallfahrten nach Santiago eine günstige Periode erlebten, kommt der Autor im Laufe seiner Untersuchung zum Ergebnis, dass weder Alfons VI. noch die Abtei Cluny sich gezielt um die Santiago-Pilger bemühten. Vielmehr bestand das Ziel der Cluniazenser darin, „mit den Waffen der Barmherzigkeit und der Liebe und bis zu den äußersten Grenzen ihrer Kräfte an der ‚Ausbreitung des Reiches Gottes' von einem Ende der Christenheit zum anderen mitzuarbeiten."[21] Die Wallfahrten nach Santiago de Compostela wurden daher von Cluny wahrscheinlich lediglich marginal zur Kenntnis genommen.

Letztendlich bleibt festzuhalten, dass die Pilger zwar eine wichtige Rolle hinsichtlich der Entstehung bzw. Verbesserung der Infrastruktur im mittelalterlichen Europa spielten, dass sie aber dennoch nicht als die treibende Kraft in diesem Prozess bezeichnet werden können.

*3. Brücken auf dem Santiagoweg.* Ein weiterer wichtiger Aspekt in diesem Zusammenhang ist das Überqueren von Flüssen mit Hilfe von Brücken. Für die Pilger im Mittelalter waren nicht nur morastige Straßen und Räuberbanden ernstzunehmende Hindernisse, sondern auch die zahlreichen Flüsse. Dort, wo es keine Brücken gab, musste man in der Regel durch das Wasser waten oder sich dem guten Willen der Fährleute überlassen. Aus diesem Grund ist unschwer zu begreifen, dass der Brückenbau als ein „für die kommenden Geschlechter nützliches und folglich auch Gott angenehmes Werk" galt. Diese Erklärung liefert uns eine Urkunde aus Tours von 1013. Geleitet wohl von diesem frommen Gedanken gründete man Brückenbaubruderschaften. Sie erbauten von 1265 bis 1307 die berühmte Heilig-

[21] Oursel, R.: Cluny und der Jakobsweg. In: Saucken, P.C. von (Hrsg.): Santiago de Compostela – Pilgerwege, Augsburg 1996, S. 144.

geistbrücke über die Rhône in der Stadt Pont-Saint-Esprit. Diese Brücke vereinfachte die Wanderung für die Pilger vor allem für die, die aus Deutschland kamen. In der gleichen Gegend errichteten diese Bruderschaften auch die Brücken von Bonpas, Lourmarin, Mallemort und Mirabeau.[22]

Die mittelalterlichen Brücken stellten jedoch nicht nur eine wesentliche Erleichterung für die Pilger dar. Sie waren und sind zudem herausragende architektonische Denkmäler des Mittelalters, die eine Fülle von historischen Ereignissen und Geschichten in sich tragen. Dies soll im folgenden anhand der Brückenbeispiele „Puente la Reina" und „Hospital de Obrigo" verdeutlicht werden:

*Puenta la Reina:* „Dieser Brückenbau auf dem Weg nach Compostela ist ein frommes Werk par excellence. Ein Jünger des heiligen Domingo de la Calzada erbaute mehrere Brücken, darunter die von Logrono, und erwarb sich so seine Heiligsprechung. [...] Die Brücke wurde den Wallfahrern von einer Königin gestiftet, vielleicht der Dona Estefania, der Frau des Garcia von Nájera oder auch der Braut Sanchos des Großen. Wie um zu zeigen, dass diese Gabe Gott wohlgefällig sei, fliegt von Zeit zu Zeit ein kleiner Vogel in den Fluss hinein, benetzt sich die Flügel und fliegt dann wieder hinauf zur Statue der Heiligen Jungfrau am höchsten Punkt der Brücke, um sie, die Statue nämlich, zu waschen. Übrigens ist die Stelle bemerkenswert: Hier vereinigen sich die beiden großen Pilgerwege, um von nun an gemeinsam als camino de Santiago weiterzuführen."[23]

*Hospital de Orbigo:* „Was den Rio Orbigo im Gespräch der modernen Bildungstouristen hält, sind indes nicht so sehr die genannten geschichtlichen Bezüge, sondern vielmehr das an der längsten und eindrucksvollsten Brücke des spanischen Camino in Hospital de Orbigo festgemachte ‚Tournier' des leonesischen Ritters Don Suero de Quinones im heiligen Jahr 1434. Dieser Ritterwettkampf zeigt die Änderung der Pilgerfiguratio der ersten Phase. Der genannte Ritter

[22] vgl. Barret 1982, S. 57.
[23] Ebenda.

forderte alle Ritter Europas zu einem Lanzenstechen am Übergang der Orbigo zu Ehren seiner Dame heraus. Er legte fest, mit neun leonesischen Standesgenossen bis zum Brechen von 300 Lanzen den Brückenaufgang zu verteidigen. Am 10. Juli 1434 fing das Lanzenstechen für 30 Tage an. Die Sieger in diesem ‚Wettkampf' begaben sich danach nach Santiago und stifteten dort eine goldene Kette als Dank für den Apostel. [...] Am 9. August 1951 wurde die Brücke von Orbigo restauriert und gleichzeitig der Gedenkgrenzstein (Wegweiser) der berühmten Heldentat des Mittelalters aufgestellt. Auf dem Stein stehen die Namen aller derjenigen Ritter geschrieben, die zusammen mit dem Redner (Platzhalter) Don Suero die 300 Lanzen brachen, [...]. Die ritterliche Heldentat war im 15. Jahrhundert von größter Bedeutung und Berühmtheit. Bedenke man nur, dass sogar Cervantes diese Großtat in seinem Werk Don Quijote de la Manchata erwähnt: ‚... man berichtet von den Wettkämpfen des Suero des Quinones del Passo, den Unternehmungen des Luis de Faces gegen Don Gonzalo de Guzman, einen kastilischen Ritter, mit anderen vielen authentischen und wahren Heldentaten christlicher Ritter; und derjenige, der diese Taten anzweifelt, hat weder Verstand noch gesunde Urteilskraft.' Dies sagte Don Quijote zu dem Ritter aus León. Es kamen Ritter aus allen Gegenden der christlichen Welt. In den 30 Tagen, die die Wettkämpfe mit den 10 Verbündeten andauerten, waren nicht mehr und nicht weniger als 68 Abenteurer zugegen, darunter Franzosen, Italiener, Portugiesen, Deutsche, Spanier [...].“[24]

*4. Pilgerkirchen.* Entlang der Pilgerstraßen von Paris bis nach Santiago de Compostela gibt es eine Reihe von romanischen Kirchen, die eine überraschende Ähnlichkeit haben. Es stellt sich die Frage, ob diese Kirchen nach einem grandiosen Projekt des Mittelalters im Rahmen eines regen kulturellen und geistigen Austausches errichtet wurden, oder ob sich die Gotteshäuser der drängenden Realität, nämlich den großen Pilgermassen, anpassen mussten. Fest steht, dass gerade während des Höhepunkts der Entfaltung der romanischen Baukunst die Wallfahrten nach Santiago de Compostela ihre günstigste Phase erlebten. An den Gottesdiensten in den Kirchen an den Pilgerwegen nahmen zunehmend mehr

[24] Kanz 1995, S. 133-134.

Pilgerwegen nahmen zunehmend mehr Jakobspilger teil. Konnten die Herbergen und Hospizen keinen Platz bieten, übernachteten die Pilger häufig in der Kirche. Daher wurden neue Kirchen erbaut, alte vergrößert. Der halbrunde Umgang um den Chor, von dem ein ganzer Kranz von Kapellen ausging, sowie oft ein zweites Geschoss ist ebenfalls den Jakobspilgern zu verdanken.[25] „In Toulouse ist die 1060 begonnene und in der Mitte des 12. Jahrhunderts vollendete Kirche Sain-Senin repräsentativ für den Typ der Pilgerkirche mit fünf Schiffen, riesigem Querhaus, Tribünen über den Seitenschiffen zur Unterbringung großer Menschenmengen und Chor mit Umgang für Prozessionen; die beiden Krypten dienen der Aussetzung von Reliquien.“[26] und weiter: „Am Ende des Weges endlich bietet die Kirche des heiligen Jakob in Compostela, zwischen 1075 und etwa 1150 errichtet, bei zwei nur drei Schiffen den Pilgern dennoch in ihrem großen Querhaus und dem Chor mit Umgang und Kapellen geräumigen Platz.“[27]

## IV
## Resümee

Heutzutage ringen Historiker und europäische Staatsmänner, Politikwissenschaftler und Kunsthistoriker um eine der Realität angemessene Definition einer gemeinsamen westeuropäischen Kultur. Mit dem Beitrag über die „Wallfahrtswege als Kulturstraßen“ war das Ziel abgesteckt, am Beispiel der Ersten Europäischen Kulturstraße diese Problematik noch einmal aufzugreifen. Dabei wurden einige wesentliche Aspekte der Definition der Ersten Europäischen Kulturstraße, die der Europarat 1987 auf Grundlage der Jakobswege ins Leben gerufen hat, in den Vordergrund der Betrachtung gestellt.

Die Erste Europäische Kulturstraße bezeichnet dabei keineswegs die erste Kulturstraße, die im westeuropäischen Raum je entstanden ist.

---

[25] Benesch 1991, S. 153-155.

[26] Le Goff, J. (Hrsg.): Das Hochmittelalter, Fischer Weltgeschichte, Frankfurt am Main 1987, S. 168.

[27] Ebenda.

Vielmehr soll die Erklärung der Pilgerwege nach Santiago de Compostela zu der Ersten Europäischen Kulturstraße als der erste Schritt verstanden werden, die gemeinsamen Züge der europäischen Identität und Kultur sukzessiv aufzuarbeiten. Es handelt sich dabei weniger um die antiquarische Bedeutung der Kulturstraße, sondern vielmehr um ihre zeitgemäße Neudefinition angesichts des Zusammenwachsens der mittel- und westeuropäischen Nationen.

Die Kulturstraße bezeichnet an einem bestimmten Ort von Menschen zu bestimmten Zeiten in Abgrenzung zur Natur Hervorgebrachtes. Diese Begriffsdefinition wurde am Beispiel der Entstehung der gesamteuropäischen Infrastruktur veranschaulicht. Im Laufe der Untersuchung wurde gezeigt, dass die Wallfahrten nach Santiago de Compostela zwar eine wichtige Rolle im Aufbau- und Entwicklungsprozess der gesamteuropäischen Infrastruktur spielten, aber nicht die treibende Kraft darstellten. Die historischen Quellen liefern lediglich wenige Hinweise dafür, dass die Wallfahrer der unmittelbare Grund für die Entstehung einer Straße oder einer Brücke waren.

Heute entstehen entlang der anerkannten Pilgerwege nach einem Plan des Europarats neue Pilgerherbergen und Hotels; in den benachteiligten Gebieten Nordspaniens werden für die mit Bussen oder Autos anreisenden Pilger neue Straßen und Brücken gebaut, womit ein weiterer Beitrag zur Weiterentwicklung der europäischen Infrastruktur geleistet wird.

Die europäische Union wird nur langsam zusammenwachsen, auch wenn die Grenzen zwischen einzelnen Staaten der EU mittlerweile aufgehoben sind und bald die gemeinsame Währung europaweit eingeführt wird. Politische und wirtschaftliche Maßnahmen allein werden nicht ausreichen. Die historischen und kulturellen Gemeinsamkeiten sowie die gemeinsame christliche Vergangenheit der Europäer müssen stärker im Bewusstsein jedes einzelnen Menschen verankert werden. Dieser Prozess wird lange dauern und bedarf eines ausbalancierten Verhältnisses zwischen Kultur und Wirtschaft, Geschichte und Politik, zwischen materiellen und geistigen Werten der Europäer.

## Literatur

Barret, P. (1982): Unterwegs nach Santiago. Auf den Spuren der Jakobspilger, Freiburg im Breisgau.

Benesch, K. (1991): Santiago de Compostela: Pilgerwege, Freiburg im Breisgau.

Bibliographisches Institut (Hrsg., 1975): Meyers Enzyklopädisches Lexikon, Mannheim/Wien/Zürich.

Bottineau, Y. (1987): Der Weg der Jakobspilger. Geschichte, Kunst und Kultur der Wallfahrt nach Santiago de Compostela, Bergisch Gladbach.

Cohen, E. (1980): Roads and Pilgrimage. A Study in Economic Interaction, Studi Medievali 21, 1980.

Europäische Gemeinschaft (Hrsg., 1987): Amtsblatt der Europäischen Gemeinschaft Nr. C 177/46, 06.07.87, Schriftliche Anfrage Nr. 1761/86.

Europäische Kommission (Hrsg., 1986): Amtsblatt der Europäischen Kommission Nr. C 044, 26.02.86.

Frankfurter Allgemeine Zeitung (1997): Was verstehen wir eigentlich unter Europa?, Ausgabe vom 11.11.1997.

Le Goff, J. (Hrsg., 1987): Das Hochmittelalter, Fischer Weltgeschichte, Frankfurt am Main.

Kanz, H. (1995): Die Jakobswege als erste europäische Kulturstraße. Wanderpädagogische Reflexionen, Frankfurt am Main/Berlin/Bern u.a.

Kollektivgesellschaft Mengis und Ziehr (Hrsg., 1992): Schweizer Lexikon, Luzern.

Krings, H./Baumgartner, H.M./Wild, C. (Hrsg., 1973): Handbuch philosophischer Begriffe, München.

Oursel, R. (1996): Cluny und der Jakobsweg. In: Saucken, P.C. von (Hrsg.): Santiago de Compostela – Pilgerwege, Augsburg 1996, S. 144.

Plötz, R. (1988): Deutsche Pilger nach Santiago de Compostela bis zur Neuzeit. In: Herbers, K.: Deutsche ]akobspilger und ihre Berichte, Tübingen 1988.

Plötz, R. (1990): Europäische Wege der Santiago-Pilgerfahrt, Tübingen.

# Pilgerdasein und Gesundheit

Julia Kiene, Andrea Luig und Nick Niermann

## I
## Einführung

„Pilgerdasein und Gesundheit" ist die begriffliche Abgrenzung eines Themas, dessen Umfang sich im Laufe der inhaltlichen Auseinandersetzung wesentlich erweitert hat und somit die europäische Medizingeschichte im weitesten Sinne umfasst. Folglich ist diese, zusammen mit Einzelaspekten des Pilgerdaseins, wesentlicher Bestandteil unserer Untersuchung. Zwei Erkenntnisse haben sich ergeben, die sich durch die gesamte Thematik verfolgen lassen:

1. Die wechselseitigen Einflüsse zwischen Medizingeschichte und der Pilgerfahrt nach Santiago de Compostela sind, wenn überhaupt vorhanden, als marginal zu bezeichnen. Beide kulturellen Erscheinungen hätten auch ohne die jeweils andere stattgefunden, höchstwahrscheinlich sogar in derselben Ausprägung und denselben Entwicklungsstufen.

2. Trotz kaum erkennbarer inhaltlicher Zusammenhänge zwischen der Medizingeschichte und der Pilgerfahrt gibt es eine Gemeinsamkeit auf funktionaler Ebene: ihre jeweils außerordentliche Bedeutung für die europäische Kulturgeschichte. Eine Darstellung der europäischen Kultur wäre ohne ihre Berücksichtigung unvollständig. An die Betrachtung der allgemeinen Grundlagen der Medizingeschichte im ersten Teil schließt sich die Behandlung spezieller Aspekte im zweiten Abschnitt an. Eine zusammenfassende Darstellung ihrer Bedeutung für die europäische Kulturgeschichte mündet abschließend in eine Übersicht der wichtigsten Erkenntnisse, die auch offen gebliebene Fragen und Anregungen berücksichtigt.

## II
## Medizingeschichte von der Antike bis zur Neuzeit

Die jahrtausendealte Geschichte der Medizin, die bis in die moderne Zeit verhältnismäßig wechselhaft verlief[1], ist schon immer auch eine Geschichte des Verständnisses von Krankheit und Gesundheit gewesen. Bis heute konnte in der europäischen Kultur- und Wissenschaftsgeschichte weder für Krankheit noch Gesundheit ein allgemeingültiger Begriff gefunden werden.[2]

Obgleich es unterschiedliche Möglichkeiten der Einteilung der Medizingeschichte gibt, orientieren wir uns im weiteren Verlauf dieses Textes an einer Dreiteilung zwischen Antike (460 v.Chr.-400 n.Chr.), Mittelalter (400-1500 n.Chr.) und Neuzeit (nach 1500). Aufgrund der Einordnung der Glanzzeit der Pilgerfahrt nach Santiago de Compostela in das 12. Jahrhundert bis zum 14. Jahrhundert n.Chr. wird die medizinische Neuzeit ebenso wie die Moderne bis hin zur Gegenwart nur fragmentarisch berücksichtigt. Außer acht gelassen wird ferner die Entwicklung der fernöstlichen Medizingeschichte (Indien, China und Japan), wohingegen die nahöstliche, arabische Medizin wegen ihrer wesentlichen Bedeutung für die europäische Medizingeschichte Erwähnung findet

*1. Von der Antike bis zum Mittelalter (460 v.Chr.-400 n.Chr.).* Entgegen einem frühgeschichtlichen dämonologischen und mystischen Verständnis der Ursachen von Krankheit und Gesundheit auf Basis von Magie und Religion entwickelte sich in antiken Griechenland ein naturphilosophisches Medizinkonzept. Dessen Begründung v.a. durch die hippokratischen Schriften ab etwa 500 v.Chr. basiert auf dem Verständnis, dass Krankheit und Gesundheit des Menschen immer auch mit der allgemeinen Natur zusammenhängen. Zusammen mit dieser Naturalphilosophie bilden die sogenannte Säftelehre (Humoralpathologie) und die Lehre von

[1] University of Chicago: The New Encyclopedia Britannica, Medicine, Vol. 23, Macropaedia, Chicago 1986, S. 884.

[2] Engelhardt, D. von: Der Wandel der Vorstellungen von Gesundheit und Krankheit in der Geschichte der Medizin. In: Buchmüller H.-R. (Hrsg.): Angermühler Gespräche Medizin – Ethik – Recht, Passau 1995, S. 29.

(Humoralpathologie) und die Lehre von der gesunden Lebensführunq (Diätetik) die Grundlagen einer wissenschaftlichen Medizin, wie sie insbesondere durch den griechischen Arzt Galen, der 164 n.Chr. in Rom zu praktizieren begann, begründet wurde. Galen selbst bezeichnete sich als den hippokratischen Methoden verpflichtet, die in einer etwa 60 Schriften umfassenden Textsammlung des „Corpus Hippocraticum" beschrieben wurden. Entgegen landläufiger Meinung sind diese hippokratischen Schriften nur zu einem geringen Teil auf Hippokrates, den wohl berühmtesten Arzt der Antike, zurückzuführen. Ebenso wenig stammt auch der Hippokratische Eid von diesem.[3] Datiert werden die Schriften auf eine Periode von 500 v.Chr. bis 100 n.Chr., der Arzt Hippokrates selbst soll um 460 v.Chr. auf der griechischen Insel Kos geboren worden sein und der Hippokratische Eid wird dem Zeitraum 400 bis 300 v.Chr. zugeschrieben. Die Beschreibung seiner Medizin als naturphilosophisch geht auf den griechischen Philosophen Platon (427 bis 347 v.Chr.) zurück, und sie besagt in ihrem Kern, dass die Krankheit eines Menschen eben nicht auf Strafe der Götter zurückzuführen sei, sondern externe Gründe in der eigenen Natur der jeweiligen Krankheit zu suchen wären. Bemerkenswert ist, dass die Begründung der sogenannten wissenschaftlichen Medizin keineswegs die religiös verstandene Heilkunde abgelöst hatte, sondern sich beide Systeme nebeneinander weiter ergänzten. Der religiöse Einfluss kam im weiteren Verlauf des Mittelalters vor allem in der westlich geprägten Medizin als Klostermedizin erneut gewichtig zum Tragen.

Obwohl es nach der Jahrtausendwende neben Galen auch zahlreiche andere Arzte aus Griechenland nach Rom zog, blieb doch der Beitrag Roms zur Entwicklung der Medizin verschwindend gering. Eine Ausnahme davon bildet das öffentliche Versorgungs- und Gesundheitssystem der Römer, welches als erstaunlich „modern" bezeichnet werden kann.

[3] Schott, H. (Hrsg.): Die Chronik der Medizin, 400 bis 1600 n.Chr., Dortmund 1993, S. 36; University of Chicago 1986, S.889.

Das griechische Erbe der Medizin wird in einer über 1000 Jahre anhaltenden Tradition bis in das ausgehende Mittelalter bewahrt. Eine zentrale Rolle in diesem Zusammenhang kommt dabei Alexandria und Byzanz, dem späteren Konstantinopel, zu. Alexandria war im dritten Jahrhundert v.Chr. kultureller Mittelpunkt des griechischen Reiches, welches insbesondere unter Alexander dem Großen die Voraussetzungen für die Ausbreitung seiner Kultur schaffte sowie seit 331 v.Chr. das späthellenistische Ausbildungszentrum für Arzte schlechthin war.
Nach der Erklärung Byzanz zur christlichen Reichshauptstadt und seiner Umbenennung in Konstantinopel durch Kaiser Konstantin dem Großen am 11. Mai 330 n.Chr. wurde das medizinische Wissen Alexandrias und überhaupt der Griechen von Ärzten und Wissenschaftlern dort bewahrt. Diese Bewahrung erstreckt sich bis zur Einnahme Konstantinopels im Jahre 1453 n.Chr. durch die Osmanen, die der byzantinischen Heilkunde damit ein Ende setzen.

*2. Vom Mittelalter bis zur Neuzeit (400-1500 n.Chr.).*

*Die westliche Medizin.* Gegenüber dem Stand des Wissens der Medizin im antiken Griechenland muss die christlich geprägte, westliche Medizin zumindest zu Zeiten der Klostermedizin als teilweise rückständig bezeichnet werden. Entgegen der griechischen Heilkunde, die auf Hippokrates basierte, verlieh das christliche Mittelalter Gesundheit und Krankheit genauso wie Arzt und Therapie wieder einen religiösen Sinn und ließ die Perspektive der Transzendenz letztlich erneut dominieren. Krankheit war wiederum die göttliche Strafe der Sünden, folglich ließ sie sich auch nur durch Gebet und Buße „behandeln“: Hinter jedem Arzt steht „Christus medicus salvator“, hinter jedem Kranken die „Passio Christi“.

Medizingeschichtlich ist dabei jedoch ein anderer Beitrag christlicher Prägung besonders zu würdigen: die Pflege und Versorgung der Kranken. Nach christlichem Verständnis wurde die Krankenhilfe dem Dienst an Christus gleichgesetzt und ähnelte damit häufig den Aufgaben der ab dem sechsten Jahrhundert entstehenden religiösen Orden.

Im Jahre 529 n.Chr. begründete Benedikt von Nursia auf dem Berg Monte Cassino bei Neapel den ersten Mönchsorden (Benediktiner). Hier wurde fortan eine Krankenpflege betrieben, welche die Begründung einer bis 1130 n.Chr. anhaltenden Klostermedizin darstellt. Gegenüber einem in der Antike vorherrschenden Verständnis von „sinnlich-sittlicher Vollkommenheit mit körperlicher Gesundheit“[4] erfolgte zu dieser Zeit eine Neubewertung des Verständnisses von Gesundheit und Krankheit. „Gesundheit, Krankheit und Heilung besaßen im Mittelalter eine heilsgeschichtliche Bedeutung, wurden auf die eschatologische Weltbewegung vom Paradies über die irdische Existenz zur Auferstehung bezogen.“[5] Vollkommene Gesundheit schien im irdischen Dasein nicht möglich zu sein, insofern existierte auch keine absolute Gesundheit oder absolute Krankheit, wie sie im heutigen Verständnis unserer Gesellschaft vorherrschend ist.

Im Bereich der Klostermedizin ist neben anderen das Werk Hildegards von Bingen (1098 bis 1178 n.Chr.) hervorzuheben. Zur Zeit des aufkommenden Arabismus stellt ihr göttlicher Heilsplan noch einmal einen Höhepunkt dieser Richtung dar. In diesem bildet der Mensch (Mikrokosmos) die gesamte Schöpfung (Makrokosmos) im kleinen ab. Die Gesamtheit der an der Entstehung und dem Verlauf einer Krankheit beteiligten Faktoren erklärte sie als Folge des Sündenfalls.

Im zwölften Jahrhundert geht die Ära der Klostermedizin zu Ende, beginnend mit dem Praxisverbot für Geistliche, ausgesprochen auf dem Konzil von Clermont-Ferrand 1130 n.Chr. und im weiteren Verlauf bestätigt durch das Konzil von Tours 1163 n.Chr. und das IV. Laterankonzil 1215 n.Chr., welche die ärztliche Betätigung von Geistlichen und Mönchen, insbesondere die Chirurgie, verboten. Der Grund für diese Verbote ist unklar, steht aber im Zusammenhang mit der Zweiten Klosterreformbewegung[6], der vom Kloster Cluny (gegründet 910 n.Chr.) ausgehenden cluniazensischen Bewegung. Als

[4] University of Chicago 1986, S. 890.
[5] Engelhardt 1995, S. 18.
[6] Ebenda, S. 17.

Reaktion auf die Verweltlichung des Klosterlebens infolge des Aufkommens einer geistlichen Fürstengewalt und der Eingriffe weltlicher Herrscher in das Eigenkirchenrecht wird eine Reform der Klosterwirtschaft durchgeführt, die eine Unterstellung der Klöster unter die Herrschaft des Papstes, nicht des Episkopats, sowie strengere Klosterregeln mit strenger Mönchszucht und Gehorsam gegenüber dem Abt mit sich brachte. Daraus folgte die Überzeugung, dass die Pflege von Kranken innerhalb der Klostermauern den Klosterfrieden störe und die Geistlichen von ihren eigentlichen kirchlichen Aufgaben abhalte. Die klösterlichen Spitäler wurden daraufhin zunehmend Laienhelfern und sich daraus entwickelnden Pflegegemeinschaften überlassen. Ein Beispiel dieser Pflegegemeinschaften sind die geistlichen Ritter- und Spitalorden, die sich als Selbsthilfeorganisationen während der Kreuzzüge bildeten. Diese Besinnung auf ursprünglich kirchliche Aufgaben führte dann vermutlich 1130 n.Chr. zum Verbot jeglicher ärztlicher Tätigkeit für Mönche und läutete damit das Ende der Klostermedizin ein.

Diese Erklärung würde einen entscheidenden, zunächst nicht offenkundigen Unterschied zur Ersten Klosterreform[7] 816/817 n.Chr., verkündet auf den beiden Reformsynoden zu Aachen unter Führung des Mönches Benedikt von Aniane (750 bis 821 n.Chr.), aufzeigen. Diese Reform, welche eine strenge Einhaltung der ursprünglichen Benediktinerregel forderte, hatte nämlich derart positive Auswirkungen, dass im Anschluss die Klostermedizin ihre Blüte erlebte. Die Begründung dafür liegt in der Tatsache, dass über die Reform die Organisation des Klosterlebens nachhaltig verbessert wurde und die Krankenpflege ihren festen Platz darin erhielt. Karl der Große (768 bis 814) seinerseits hatte bereits vor den Aachener Reformsynoden den Kirchen „Zehntabgaben“ für ihre Armenpflege zugewiesen, die den Orden zu Gute kamen. Er hatte insofern ein Interesse an der Förderung der Volkshygiene, als Aberglaube und magische Heilmethoden noch weit verbreitet waren und es an ausgebildeten Ärzten noch weithin fehlte. Nicht zuletzt ist zu erwähnen, dass sein Freund und Lehrer Alkuin (730 bis 804) Medizin in den Lehrplan der Klos-

[7] Kinder, H./Hilgemann, W.: dtv-Atlas zur Weltgeschichte, München 1986, S. 141.

terschule von Tours, an der dieser lehrte, aufnahm und für eine Ausbreitung des medizinischen Wissens nördlich der Alpen sorgte.

Eine erste Rezeptionswelle arabischer Texte im lateinischen Mittelalter und damit die Voraussetzung für das Aufkommen einer späteren sogenannten scholastischen Medizin in der christlichen Welt ging von den Übersetzungen des Benediktinermönches Constantinus Africanus (1018 bis 1087) aus. Wiederum im Kloster Monte Cassino übertrug dieser zum Christentum konvertierte ehemalige Moslem von 1067 bis zu seinem Tod 1087 arabische Medizintexte ins Lateinische und sorgte so dafür, dass aus der Antike überliefertes Wissen über die Medizin in Westeuropa zunächst vor allem an der Medizinschule von Salerno von 1150 bis 1180 wiederbelebt wurde. Die Auswertung und praktische Umsetzung seiner Übersetzungen sowie weiterer Lehrbücher und die Vereinigung des medizinischen Wissens von Orient und Okzident machten die Medizinschule von Salerno zu dieser Zeit europaweit bekannt. Trotz fehlender großer Namen konnte die Ärzteschule von Salerno als die Mutter der medizinischen Ausbildung in Europa bezeichnet werden, deren Blütezeit sich allerdings schon mit Beginn des 13. Jahrhunderts dem Ende zuneigte, bevor Salerno als Schule 1231 Universitätsstatus erhielt. Insofern ist sie nicht wirklich die erste europäische medizinische Fakultät an einer Universität. Bereits um 1200 ging der Ruf der führenden medizinischen Hochschule Europas auf Montpellier über, weitere große Schulen des Mittelalters wurden Paris, Bologna und im ausgehenden Mittelalter Padua. Infolge des gemeinsamen Erbes an medizinischem Wissen waren die medizinischen Lehrpläne an allen europäischen Ausbildungsstätten zu dieser Zeit erstaunlich einheitlich. Erste grundlegende Abweichungen von der antiken Lehre sind beispielsweise die Arbeiten von Andreas Vesalius, einem jungen Universitätsprofessor in Padua, der in seinem Werk „De humani corporis fabrica“ 1543 den Absolutheitsanspruch an die Medizin Galens korrigierte. Sein Werk wurde fortgeführt über Gabriel Fallopius und später Hieronymus Fabricus ab Aquapendente, dessen Werk „De venarum ostiolis“ entscheidend für die Erklärungen zum Blutkreislauf seines Schülers William Harvey waren.

*Die östliche Medizin.* Nach dem Zweiten Ökumenischen Konzil von Ephesos 431 n.Chr. wurden die von der Kirche ausgeschlossenen Anhänger des Bischofs von Konstantinopel, Nestorius, der selbst 436 n.Chr. verbannt wurde, die sogenannten Nestorianer, aus dem byzantinischen Reich vertrieben. Die Bedeutung ihrer Wanderung nach Osten ist für die Ausbreitung der griechischen Medizin kaum zu unterschätzen. Sie übersetzten unter anderem Schriften von Hippokrates und Galen ins Syrische, Persische und Arabische und trugen damit enorm zu ihrer Verbreitung und letztendlich Erweiterung im Orient und überhaupt in Regionen unter arabischem Einfluss bei.

Die sich daraus auf der Grundlage der Viersäftelehre von Galen entwickelnde Arabische Medizin beeinflusst das gesamte arabische Reichsgebiet von Persien bis Spanien und wird von Ärzten unterschiedlichster Völkergruppen und Religionen, von Moslems genauso wie Christen und Juden, angewandt.

Mit der Wanderung nach Osten entstand in Gondishapur bei Bagdad die zweitwichtigste Ausbildungsstätte des Mittelalters neben Alexandria nach byzantinischem Muster. Ab 555 lasen die Arzte des Krankenhauses der Stadt an der medizinischen Fakultät Schriften des Galen auf Syrisch-Aramäisch und vereinten den medizinischen Unterricht in Theorie und Praxis. Die Medizinschule in Gondishapur kann daher als älteste Universität bezeichnet werden. Eine herausragende Leistung bei der Überlieferung der gesamten antiken Medizin wurde durch den christlichen Arzt Johannitius (Hunain ibn Ishaq, 809 bis 873) geleistet, der im 830 in Bagdad gegründeten „Haus der Weisheit“, einer reinen Übersetzerakademie, 129 Werke des Galen zusammen mit seinem Sohn und einem Neffen ins Arabische übersetzte. Auch hier war der byzantinische Einfluss noch stark vorhanden, da Johannitius ein Schüler des nestorianischen Arztes Yuhannah ibn Masawaih war, der eigens vom Kalifen zur Leitung der Akademie aus Gondishapur nach Bagdad geholt worden war.

In der Blütezeit der arabischen Medizin vom 9. bis 13. Jahr hundert leisteten zahlreiche arabischsprachige Arztphilosophen enorme Fortschritte in Teilbereichen der Medizin. Der arabische Arzt Rhazes

(865 bis 925) verfasste unter anderem ein Kompendium der gesamten Heilkunde in zehn Bänden („Liber ad Almansorem"), welches bis in die Neuzeit eines der gebräuchlichsten Lehrbücher für Ärzte und Studenten in ganz Europa blieb. Daneben gab er die erste Darstellung in der Medizingeschichte über Masern und Pocken und deren Behandlung. Jesus Haly Abbas verfasste vor der Jahrtausendwende sein Lehrbuch der Augenheilkunde, welches mit 130 Augenkrankheiten das bedeutendste Werk in diesem Bereich im Mittelalter war. Ebenso um die Jahrtausendwende lebte im maurischen Spanien der Leibarzt der Kalifen in Córdoba, Abulcasis. Dieser überlieferte im letzten Abschnitt seines 30 Bände umfassenden Werkes auch eine systematische Darstellung der Chirurgie bis hin zur Abbildung chirurgischer Instrumente. Die Übersetzung seines Werkes im 12. Jahrhundert durch Gerhard von Cremona, der eng mit der zweiten Rezeptionswelle arabischer Texte in Verbindung gebracht wird und der bedeutendste Übersetzer medizinischer Texte an der Übersetzerschule von Toledo ab etwa 1135 war, hatte nachhaltigen Einfluss auf die Chirurgenschulen im ausgehenden Mittelalter in Frankreich und Italien.

Die wissenschaftlich geprägte arabische Medizin wurde im 14. Jahrhundert durch die sogenannte Prophetenmedizin abgelöst, die sich als religiös geweihte Heilkunst magischer und abergläubischer Heilpraktiken bediente und in Anlehnung an die Sammlung überlieferter Aussprüche Mohammeds entstand.

## II
## Einzelaspekte des Pilgerdaseins im Mittelalter

*1. Vorsorgemaßnahmen und Ausstattung der Pilger bei Reiseantritt.* Vor Reiseantritt der Pilger mussten diese zuerst ihre persönlichen Angelegenheiten ordnen und Vorsorge für ihr Seelenheil im Falle ihres Todes treffen (Reiseerlaubnis des zuständigen Pfarrers und Testament). Darüber hinaus konnte sich ein Pilger zum Ausweis und Schutz auf dem Pilgerweg einen Geleitbrief ausstellen lassen.

Grundbestand der Ausrüstung waren etwas Geld, der Pilgerstab, die Pilgerflasche und die Pilgertasche. Die Tasche war ein kleiner Sack aus Tierhaut, die mit einer Muschel geschmückt war. Der Stab war ursprünglich nichts anderes als ein Stock zum Schutz vor Hunden und Wölfen und zur Stütze auf bergigen Wegstrecken. Er war unterschiedlich lang, hatte am oberen Ende einen Knauf mit Haken, an dem der Quersack hing und am unteren Ende eine Eisenspitze. Die Pilgerflasche, in der die Pilger den Wein aufbewahrten, konnte entweder an den Gürtel oder an den Wanderstab gehängt werden.

Der gewöhnliche Jakobspilger trug zunächst keine besondere Kleidung. Wie jeder Reisende, zumindest wenn er zu Fuß ging, benötigte er festes und praktisches Schuhwerk. Oft war er mit einer lederverstärkten Pelerine und einem breitkrempigen, meist runden Filzhut bekleidet, die ihn vor Kälte und Regen schützten. Bald wurde diese Ausstattung zur festen Tracht, zum äußeren Zeichen des Jakobspilgers. Sie diente ihm als Geleitbrief und gab ihm das Recht auf die Mildtätigkeit der Hospize. Für den Reisebeginn hatte die Kirche ein eigenes Ritual entwickelt: Neben Litaneien und Gebeten wurden Psalmen gesungen und Pilgerstab und -tasche wurden ihm mit einem eigenen Segensritus überreicht.

*2. Versorgung der Pilger damals und heute.* Auf ihrem beschwerlichen Weg kam den Pilgern über Jahrhunderte hinweg die Gastfreundschaft der Klöster zugute. Die Gastfreundschaft für Fremde und Pilger war christlich motiviert (Hebr. 13,2: „Vergesst die Gastfreundschaft nicht; denn durch sie haben einige, ohne es zu merken, Engel beherbergt.“).

In ihrer ursprünglichen Form wurde die Gastlichkeit als die Aufnahme ins Kloster verstanden. Bis zum 11. Jahrhundert lag die Pilgerbeherbergung an den Straßen über die Pyrenäen nach Santiago de Compostela weitgehend in der Obhut der wenigen Benediktinerklöster. Diese kümmerten sich um die Pilger sowohl in den Klosterhospitälern als auch in weiteren an der Straße gelegenen Hospizen. Karitatives Engagement wurde gerade bei den Benediktinern großgeschrieben.

Die Zunahme der Pilgerzahlen und die allgemeine Mobilität im Hochmittelalter bewirkten eine Gründungswelle von Hospitälern und Hospizen, die vor allem auf die Entwicklung der Klöster zurückzuführen ist. In den Klöstern existierten zur Unterbringung der Armen, Kranken und Fremden verschiedene Arten von (Kranken-) Herbergen: Das Haus für Arme und Pilger (Hospitale pauperum), das Gästehaus für reiche Pilger (Hospitium) und das Krankenhaus für Mönche (Infirmarium). Des weiteren gab es in manchen Klöstern spezielle Badeeinrichtungen und Räumlichkeiten für den Aderlass und andere Eingriffe. Die Klosterspitäler ähnelten teilweise Gotteshäusern, oft gab es ein Kirchenschiff und einen Altar. Die Krankenpflege glich hier dem Ablauf eines Gottesdienstes mehr als einem medizinisch begründeten Hilfsprogramm. Die Mönchsärzte waren zudem Kenner der Heilkräuter, die zum Teil im Klostergarten angepflanzt wurden. So wurde dem hilfesuchende Kranken im Kloster nicht nur Kost und Unterkunft geboten, sondern man verabreichte ihm auch Drogen, die aus den Heilpflanzen des jeweiligen Klostergartens gewonnen wurden. Die Anwendungsmöglichkeiten der Heilpflanzen gingen aus zahlreichen Kräuterbüchern hervor.
Soweit die Betreuer im Hospital ausreichten, wurden den Ankömmlingen die Hände und Füße gewaschen, ein alter Brauch zur Erholung nach langen Märschen. Zugleich sollte diese Geste an die Fußwaschung im Abendmahls-Saal erinnern, sie symbolisierte die Vergebung der Sünden ebenso wie christliche Demut und Nächstenliebe. Gesunde Pilger durften sich maximal bis zu drei Nächten in den Hospizen aufhalten. Zur Kontrolle markierte man mit einer Einkerbung den Pilgerstab. Dennoch gab es gerade in Städten mit mehreren Unterkünften immer wieder einen Missbrauch der Gastlichkeit.

Eine große Anzahl von Hospitälern zählten nach dem Vorbild der zwölf Apostel zwölf Betten. Die Betten wurden in der Regel mit zwei oder mehr Gästen belegt. Herdfeuer und damit die Gelegenheit, die Kleider zu trocknen, sowie Licht gab es nahezu überall. Die Möglichkeit, sich rasieren, die Haare zu waschen und sein Schuhwerk flicken zu lassen, muss etwas Ungewöhnliches gewesen sein. Dort, wo Verpflegung geboten wurde, bestand sie meist aus Brot,

Wasser und Gemüse. In gut ausgestatteten Hospizen wie Roncesvalles konnte beispielsweise auch Wein und etwas Fleisch auf den Tisch kommen. Wo geistliche Hilfe zur Verfügung stand, unterstützte man die Gäste beim Abfassen eines eventuell nötigen Testaments, sorgte für ein ordentliches Begräbnis und bewahrte hinterlassene Habe ordnungsgemäß auf.

Heutzutage stehen den echten Fußpilgern während der betriebsamen Monate Juli und August neben den Pilgerherbergen kurzfristig einfache Herbergen, etwa in Dorfschulen oder ähnlichem, zur Verfügung. Die kostenlose bzw. nur kostendeckende Beherbergung in den Refugios ist laut Wegner[8] nur für völlig unmotorisierte Fußwanderer, Radfahrer oder Reiter gedacht. Zusätzliche Campingmöglichkeiten gibt es in fast allen größeren Dörfern am Jakobsweg. Derzeit muss man mit rund 50 bis 80 für Halbpension bei mittlerem Standard, 20 bis 40 bei einfachsten Unterkünften rechnen. Apotheken oder Ärzte sind in mittleren und großen Orten weitgehend vorhanden, ebenso Bars oder Restaurants, Hotels, Gasthäuser, Pensionen oder Zimmer.

*3. Entwicklung und Entstehungsgeschichte der Hospize, Hospitäler und Herbergen.* Das Wort Hospital (von lat. hospes = Gast, Gastfreund) verweist auf das Hospitium (lat. Fremder, Herberge), von dem sich die französischen Bezeichnungen „hôpital“ und „hôtel“ ableiten. Eine Herberge ist der allgemeine Name einer Unterkunft für einen Reisenden in der Fremde.

Die Anzahl von Herbergen entlang des Camino de Santiago war in der Anfangszeit der Pilgerfahrt noch sehr gering. Die Fehde zwischen Arabern und Normannen erschwerten ihr Aufkommen. Über die Gründung einer Krankenanstalt durch Basilius den Großen (um 330 bis 379) im Jahre 370 in der Umgebung von Caesarea (heute: Kayseri, Ostanatolien) begann die Hospitalgeschichte des christlichen Abendlandes. Das legendäre „Ur-Hospital“ bestand aus einer Reihe kleinerer Häuser, welche entsprechend dem Vorbild der ägyptischer „Mönchsdörfer“ – dem Vorläufer der mittelalterlichen Klös-

[8] Wegner, U.: Der Spanische Jakobsweg, Köln 1997, S. 52.

ter – um eine Kirche herumgruppiert waren. In diesen fanden Arme, Alte und Kranke entsprechend dem christlichen Gebot der Barmherzigkeit und Nächstenliebe Unterkunft und Pflege. Eigentlich handelte es sich bei solchen Einrichtungen nicht um spezielle Unterbringungen für Kranke, sondern um „Xenodochien" (griech. xenos = Fremder, dochion = Aufnahme). Die Errichtung solcher „Fremdenheime" befahl beispielsweise Kaiser Julian Apostata. Schon bald darauf folgten Klöster und Bischöfe. Zwischen dem 4. und 6. Jahrhundert entstanden zahlreiche Hospize speziell für Pilger. Sie wurden entweder von Pilgern selbst oder von Mönchen erbaut.

Mit den Reformen Karls des Großen nahmen die Hospitäler auf der Grundlage der Regel des Heiligen Benedikt feste Formen und eine mehr oder weniger gemeinsame Architektur und Organisation an. Es deutete allerdings nichts auf eine eventuelle Verbindung untereinander hin. Im 8. Jahrhundert wurde die Abtei San Juan de la Pena gegründet, welche auch als erstes Kloster nach der Einführung der cluniazensischen Reformen die neue Ordnung im Jahr 1205 erhielt, die zu einer Verbesserung der Pilgerunterbringung führte. In der Rioja an der Grenze Navarras und Kastiliens gab es mozarabische Klöster wie San Martin d'Albelda und San Millan de la Cogolla mit den beiden Kirchen El Suso und El Yuso. Um 910 entstanden in Frankreich, Nordspanien und England Klöster des Cluniazenserordens.

Am Anfang und in der ersten Hälfte des 12. Jahrhunderts bildeten sich Orden, deren Kapitele der Augustinerregel unterstanden. Dies waren vorwiegend Klöster, die sich der Pflege der Armen und Kranken widmeten. Die Passhospitäler Santa Christina in Somport (1100 n.Chr.) und das Rolandshospiz von Roncesvalles (1132 n.Chr.), die regulierten Stiftsherren gehörten, wurden nach dieser Regel geführt.

Soziale und rechtliche Veränderungen und ein ökonomisch-technischer Aufschwung ab dem 11. Jahrhundert führten zu einer erhöhten Mobilität, zu einer Zunahme der Pilgerzahlen und folglich auch zu einer Zunahme an Hospitälern. Während bis zur Mitte des 11. Jahrhunderts die Beherbergung Sache der Klöster war, und die Pilger öfters in Kirchen nächtigten, zeigten sich um die Wende vom

10. zum 11. Jahrhundert erste Spuren einer neuen Gründungswelle von Hospitälern und Hospizen. Diese waren zumeist bestimmten Klöstern zugeordnet. Aus den Jahren von ca. 950 bis 1050 liegen fünf Belege für solche Hospize vor: in Sahagun, Villa Vascones, Arconada, Nájera und St. Domingo de la Calzada konnten die Pilger kostenlos Unterkunft finden. Entsprechend nahm seit Mitte des 11. Jahrhunderts die Zahl der Hospitäler beständig zu, neben die Klostereinrichtungen traten nun immer mehr selbständige oder gestiftete Hospitäler.

Seit dem 10. Jahrhundert entstanden an den Pilgerstraßen auch zahlreiche weltliche Kolonistensiedlungen, seit dem 11. Jahrhundert eigentliche Städte, die ebenfalls der Gastlichkeit dienten. Manche verfügten über Pilgerhospize wie Puente la Reina und Estella. So entwickelte sich bis gegen 1200 ein ganzes Beherbergungssystem für die Jakobspilger. Aufgrund der hohen Dichte der Hospitäler konnte der Pilger nach jeder Tagesreise eine Unterkunft für die Nacht aufsuchen. Die Hospize und Hospitäler konnten leicht ausfindig gemacht werden, da sie auf dem Santiagoweg mit dem Pilgerzeichen, der Jakobsmuschel, gekennzeichnet waren. In den Pass- und Berghospitälern läutete man zur Orientierung der Pilger mit einer Glocke. Außer diesen ursprünglich aus den Klöstern hervorgegangenen beziehungsweise ihnen zugeordneten Hospitälern existierten aber auch gewerbsmäßige Herbergen. Aus den Herbergen wurde bald ein florierender Gewerbezweig am Camino. In den Städten häufte sich ihre Zahl, zu mancher Zeit gab es eine eigene „Rua de los albergueros“ (Straße der Gastwirte).

Zu einer Weiterentwicklung von Unterkünften für Pilger entlang des „Camino de Santiago“ trugen auch die „Schwarzen Mönche“ bei. Dabei handelte es sich um französische Mönche aus Klöstern wie z.B. Conques, Moissac und St. Gilles du Gard, die nach Spanien gekommen waren. Sie gründeten oder reformierten Abteien, die wiederum Pilger aufnehmen konnten. Auch die heiligen Eremiten, Einsiedler, die dem Pilger die Reise erleichterten, leisteten einen Beitrag bei der Beherbergung der Pilger. Sie bauten Brücken und Straßen, errichteten Kapellen und Pilgerhäuser, in denen der Reisende nächtigen konnte. Auch konnte der Pilger kostenlos Unterkunft bei Privatpersonen erhalten. Es herrschte der Glaube, dass, wer einen Pilger aufnahm, Gott selbst zu Gast hatte. Wer einem Pilger die Beherbergung verwehrte, zog Gottes Zorn auf sich. Der Orden der Regularkanoniker und Zisterzienser beeinflusste die Unterkunftssituation auf Strecken des Santiagoweges Frankreich und Spanien. Die Regularkanoniker engagierten sich in der Organisation von Hospitälern und Hospizen. Da die Regel der Zisterzienser vorschrieb, dass ihre Klöster außerhalb bereits besiedelter Gebiete und abseits der Straßen liegen sollten, übten sie einen eher geringen Einfluss aus. Zudem musste die Zahl der Besucher der Klöster möglichst niedrig gehalten werden. So baute das Nonnenkloster Las Huelgas bei Burgos das separate Hospital del Rey als Unterkunft für die Pilger; um das Kloster alleine bewohnen zu können.

Trotzdem sind einige von ihnen, beispielsweise Sobrado (nordwestlich von Santiago gelegen), durch die Wallfahrt reich geworden. Ende des 11. Jahrhunderts wurden viele Ritterorden neu gegründet. In der Folgezeit erlebte das Hospitalwesen dadurch einen enormen Aufschwung. Die beiden bekanntesten Orden, die Hospitäler unterhielten, waren die Johanniter und die Templer. Erstere stellten die karitative Aufgabe der Krankenpflege in den Vordergrund. Sie gingen aus einem von Kaufleuten aus Amalfi in Jerusalem um 1050 errichteten Pilgerhospital hervor. Benediktinerabteien wie Reichenau, gegründet 724, und St. Gallen, um 820 erbaut, führten die Klostermedizin Monte Cassinos zu hoher Blüte.

*4. Der Rechtsschutz des Pilgers.* Die mittelalterliche Pilgerbewegung brachte viele rechts- und sozialpolitische Veränderungen mit sich. Im vorwiegend personen- und personenverbandsbezogenen Recht des Mittelalters war der Pilger als Fremder aus seinem heimischer Rechtsverband herausgelöst und bedurfte ähnlich der Kaufleute des besonderen kirchlichen Schutzes. Die kirchlichen Bemühungen um den Pilgerschutz reichen weit zurück, konkret wurden sie jedoch bezeichnenderweise erst um die Jahrtausendwende. Es gab enge Verbindungen zwischen der Gottesfriedensbewegung, der Treuga Dei, und dem Pilgerschutz. Unter Papst Nikolaus II. formulierte eine römische Synode 1059 den Pilgerschutz als päpstliches Recht. Bereits um die Mitte des 12. Jahrhunderts existierte auch im weltlichen Bereich ein geradezu international anerkanntes Pilgerrecht. Das spanische Recht des 13. Jahrhunderts bekräftigte immer wieder den allgemeinen Pilgerschutz, bestätigte den Pilgern das Testamentsrecht und die einjährige Aufbewahrungspflicht für ihre Habe, falls sie unterwegs ohne Testament starben, und drohte betrügerischen Herbergswirten hohe Strafen für deren Gewinnsucht an, die sich in der Benutzung von falschen Maßen, zu hohen Wechselkursen und im trügerischem Anlocken der Pilger zeigte. Auch kam es vor, dass Wirte ihre Gäste vergifteten, um in den Besitz des Nachlasses zu gelangen. Die Pilger waren von Zöllen und Wegegeld befreit und kauften die Waren zum selben Preis wie die Einheimischen.

Durch lokale Stadtrechte wurde der Pilgerschutz weiter konkretisiert. Im 16. Jahrhundert verfielen in Spanien all diese Rechte sofort, wenn der Pilger die vier Meilen breite Zone entlang des „Camino de Santiago“ verließ. Der Grund hierfür waren die zahlreichen „Strafwallfahrten“ von Straffälligen, die Buße tun sollten. Laut dem Libro de los fueros de Castilla konnte der Wirt, wenn der Jakobspilger nicht bezahlt hatte, nichts von dem behalten, was dem Verstorbenen gehört hatte; alles musste seinen Weggefährten ausgehändigt werden. Wenn der Pilger allein reiste und in seinem Testament keine besonderen Verfügungen getroffen hatte und kein Verwandter Ansprüche anmeldete, durfte der Herbergsbesitzer an sich nehmen, was der Tote zurückgelassen hatte. Alfons IX. bestimmte, dass die Gefährten des Verstorbenen für dessen Bestattung sorgen und seine Habe den rechtmäßigen Erben überbringen sollten, dass aber das beste Gewand stets dem Wirt überlassen werden musste.

Zusätzlichen Schutz verliehen das Pilgerabzeichen, die Jakobsmuschel, der Geleitbrief und die Pilgerkleidung. Der Schutz durch die Kleidung ging so weit, dass 1118 der Erzbischof von Santiago zwei Gesandte als Pilger verkleidet mit hundertzwanzig Pfund Gold nach Rom schickte. Auch wurden Pilger in Hospitälern, wo geistliche Hilfe zur Verfügung stand, beim Abfassen des Testaments unterstützt.

Die vielfältigen Bemühungen um Schutz und Rechtssicherheit machen jedoch umgekehrt auch deutlich, wie gefährdet der Pilger auf seinem Weg durch die Fremde war. Der Codex Calixtinus oder Liber Sancti Jacobi, der berühmte Pilgerführer, der 1139 bis 1143 von einem französischen Kleriker verfasst worden ist, berichtet über betrügerische Wirte, unehrliche Geldwechsler, ungerechte Zöllner, die Tribute erzwingen, welche ihnen eigentlich nur von Kaufleuten zustanden, Straßenräuber, Wegelagerer und falsche Priester. Diese nahmen Pilgern die Beichte ab und erlegten ihnen beispielsweise als Buße auf, dreißig Messen lesen zu lassen. Diese sollten durch entsprechendes Entgelt bei einem Priester bestellt werden, der keusch und arm lebte und kein Fleisch aß. Natürlich bot sich der Beichtvater dann als solcher an und die bußwilligen Pilger zahlten. Außerdem waren die Pilger durch sogenannte „Scheinpilger" bedroht, die ein Stück des Weges mitgingen und dann den Weggenossen überfielen. Allein zu reisen war folglich besonders gefährlich.

Betrachtet man die Rechtsbestimmungen zum Pilgerschutz, so zeigt sich, dass die Pilger Privilegien, hier Freiheiten im mittelalterlichen Sinne, besaßen. Diese Freiheiten wurden ihnen ohne Ansehen des Standes gewährt, was angesichts der mittelalterlichen ständischen Gesellschaftsordnung zu einem gewaltiger Ansteigen der Zahl der Pilger auf den Straßen Europas beitrug Als Pilger war einem Menschen zumindest auf Zeit der Ausbruch aus den Schranken seiner Gesellschaft und seines Standes möglich.

## III
## Zusammenhang zwischen europäischer Kultur- und Medizingeschichte

„Gesundheit und Krankheit sind wie Geburt und Tod Grundphänomene des menschlichen Lebens, sie beziehen sich auf Natur und Kultur, sind Biologie und Geist, stellen immer deskriptive und zugleich normative Begriffe dar, sind Beschreibung und Bewertung.

[...] Medizin kann in Biologie nicht aufgehen, Medizin ist Naturgeschichte und Kulturgeschichte.“[9]

Vergleicht man diese Aussagen von Engelhardts mit dem, was sich im Laufe der Jahrhunderte unter dem „Deckmantel“ der Medizingeschichte zugetragen hat, so kann man ohne weiteres sagen, dass Medizingeschichte aus europäischer Kulturgeschichte nicht wegzudenken ist. Darüber hinaus ist eine europäische Medizingeschichte alles andere als nur christlich oder westlich geprägt. Große Fortschritte sind gerade im Mittelalter auch der östlichen oder arabischen bzw. byzantinischen Medizin zu verdanken.

Nicht eindeutig ist dagegen das Zusammenwirken zwischen europäischer Medizingeschichte und der Wallfahrt nach Santiago de Compostela. Dieses liegt in der Tatsache begründet, dass beide Erscheinungen relativ unabhängig voneinander verliefen und sich weder positiv noch negativ nachhaltig beeinflussten. Die Ursachen für das Zunehmen von Wallfahrten nach Santiago liegen nicht in der Entwicklung der Medizin begründet: „Die wachsende Mobilität der Gesellschaft ab dem elften Jahrhundert, die Reliquienfrömmigkeit und der Wunderglaube des mittelalterlichen Menschen führen zu einem ungeahnten Anwachsen der Pilgerströme v.a. aus Frankreich, Deutschland und auch England.“[10] Umgekehrt mögen sich die Pilgerfahrten begünstigend auf die Entwicklung gerade der Krankenpflege und Versorgung der Pilger ausgewirkt haben, aber dieses sicherlich auch und gerade nur entlang der Pilgerstraßen und der oftmals sowieso schon bestehenden Klöster und anderer Institutionen.

Etwas anderes ist jedoch bemerkenswert. „Der Sternenweg nach Santiago de Compostela diente wie kein anderer der Integration Europas“[11] (zumindest während der Glanzzeit der Pilgerfahrt vom 12. bis zum 14. Jahrhundert – Anmerkung der Verfasser). Betrachtet man das Zusammenwirken verschiedener Strömungen der Medizin

[9] vgl. Engelhardt 1995.
[10] Laut Informationen der Katholischen Kirche Deutschland zur Wallfahrt.
[11] vgl. Engelhardt 1995.

aus dem europäischen und asiatischen Raum gerade im Mittelalter, so kann man diesbezüglich ebenfalls von einer großen integrativen Wirkung der Medizin quer durch verschiedene Völker, Sprachen und Religionen sprechen. Insofern gleichen sich beide Erscheinungen in ihrer kulturgeschichtlichen Bedeutung, auch ohne sich stark gegenseitig beeinflusst zu haben.

## IV
## Was wir wissen, und was wir nicht wissen

Abschließend lässt sich folgendes zu unserem Thema „Pilgerdasein und Gesundheit" festhalten:

1. Die europäische Medizingeschichte hat die Pilgerfahrt nach Santiago de Compostela im allgemeinen und während deren Hochzeit vom 12. bis zum 14. Jahrhundert nach Christus nicht oder nur unwesentlich beeinflusst. Gleiches gilt in umgekehrter Weise.

2. Es besteht eine funktionale Verwandtschaft zwischen Medizingeschichte und der Pilgerfahrt nach Santiago de Compostela: Beide sind essentiell für die Entwicklung und Beschreibung der europäischen Kulturgeschichte.

3. Bis heute existiert in Europa kein allgemeingültiger Begriff von Krankheit und Gesundheit; einen Ansatz hierzu bietet die von der Weltgesundheitsorganisation (WHO) verwendete Definition von Gesundheit, die allerdings aufgrund ihrer einseitigen Gegenüberstellung von Krankheit und Gesundheit und der übertriebenen Hochschätzung letzterer zu bemängeln ist („Die Gesundheit ist der Zustand vollständigen körperlichen, geistigen und sozialen Wohlbefindens und nicht nur das Freisein von Krankheit und Gebrechen").

4. Hippokrates war weder der alleinige Autor der Hippokratischen Schriften, des „Corpus Hippocraticum", noch der Verfasser des Hippokratischen Eides.

5. Der Begriff der Arabischen Medizin bezeichnet eine Disziplin, die keineswegs nur von arabischen Einflüssen gekennzeichnet ist, sondern im Gegenteil auf der griechischen Heilkunde aufbaut und durch Gelehrte unterschiedlichster Kulturen und Religionen vorangebracht wurde.

6. Gemessen an ihrer medizingeschichtlichen und damit auch kulturgeschichtlichen Bedeutung führten die Erste und die Zweite Klosterreformbewegung 816/817 bzw. im 10. und 11. Jahrhundert zu gegensätzlichen Ergebnissen: Während erstere der Klostermedizin zu ihrer Blütezeit verhalf, begünstigte zweitere ihr Ende.

7. Die zunehmende Verbesserung der medizinischen Versorgung führte allgemein zu einer Abnahme der Leidensbereitschaft der Menschen.

Neben zahlreichen Erkenntnissen, eigenen Erfahrungen und der Aufnahme neuen Wissens sind neue Fragen entstanden, andere unbeantwortet geblieben und Diskussionen entfacht worden. Um die offenen Punkte nicht in Vergessenheit geraten zu lassen, möchten wir sie nachfolgend – in der Hoffnung, Anstöße zu weiteren Diskussionen oder sogar neuen Erkenntnissen zu geben – auch dem Leser an die Hand geben:

Kann ein heterogenes Verständnis von Krankheit und Gesundheit innerhalb Europas sich hemmend auf eine kulturelle Integration auswirken? Welche Bemühungen aus dem Gesundheitssektor (Angleichung der Gesundheitssysteme usw.) könnten sich positiv auf eine kulturelle Integration auswirken? Ist „die Kunst des Sterbens – ars moriendi“, wie sie im Mittel alter unweigerlich zur „Kunst des Lebens – ars vivendi“ dazu gehörte, aus dem Bewusstsein der westlichen Welt, auch innerhalb Europas, verdrängt worden durch eine Säkularisierung des Gesundheitsverständnisses, welches vollkommene Gesundheit schon im irdischen Leben („ewiges Leben“ oder „ewige Jugend“) anstrebt?

Ist es berechtigt, vor dem Hintergrund des Verständnisses von Gesundheit, Krankheit und Heilung heutzutage ohne Berücksichtigung der enormen diagnostischen und therapeutischen Fortschritte gerade ab dem 19. Jahrhundert in der Medizin von „Fortschritt" zu sprechen?

Haben wir in Deutschland tatsächlich ein „Gesundheitssystem" oder muss man nicht vielmehr von einem „Krankheitssystem" sprechen, welches primär eher Krankheiten zu bekämpfen als Gesundheit in der Verantwortung jedes einzelnen zu erhalten sucht?

## Literatur

Davidson, L. K./Dunn, M. (1994): The pilgrimage to Santiago de Compostela.

Engelhardt, D. von (1995): Der Wandel der Vorstellungen von Gesundheit und Krankheit in der Geschichte der Medizin. In: Buchmüller H.-R. (1995, Hrsg.): Angermühler Gespräche Medizin – Ethik – Recht, Passau, S. 3-40.

Fink, A. (1988): Straßen nach Santiago de Compostela, München.

Herbers, K. (1991): Der Jakobsweg.

Kinder, H./Hilgemann, W. (1986): dtv-Atlas zur Weltgeschichte, München.

Kunzmann, P./Burkhard, F.-P./Wiedmann, F. (1996): dtv-Atlas zur Philosophie, München.

Rawcliffe, C. (1995): Medicine and Society in Later Medieval England, London.

Schott, H. (Hrsg., 1993): Die Chronik der Medizin, 400 bis 1600 n.Chr., Dortmund.

University of Chicago (1986): The New Encyclopedia Britannica, Medicine, Vol. 23, Macropaedia, Chicago.

Wegner, U. (1997): Der Spanische Jakobsweg, Köln.

# Geographische Kenntnisse der Wallfahrer

Janina Otto, Kai Pika und Ulrike Sander

## I
## Einleitung

Gerade im Zeitraum vom Altertum bis zur Renaissance „[...] ist die Karte nicht nur technisch-wissenschaftliches Orientierungsmittel. Sie ist gebunden in der geistigen Ordnung der Zeiten. In ihr spiegelt sich nicht nur das Erdbild, sondern auch das Weltbild des Menschen.“[1]

Der Frage nach den geographischen Kenntnissen von Wallfahrern nachgehend bietet die Kartographie als Teilgebiet der Geographie in einzigartiger Weise Anschauungsmaterial, um den viele Änderungen durchlaufenden Entwicklungsprozess der Welt- und Geistesgeschichte rekonstruieren zu können. Die Kartographie eignet sich dafür besonders, da sich im Kartenbild die Ausweitung des dem abendländischen Menschen bekannten und von ihm erforschten Raumes widerspiegelt. So finden beispielsweise Entdeckungsreisen, Eroberungen, Pilgerbewegungen oder Einflüsse der Natur im Kartenbild ihren Niederschlag.[2]

Von besonderer Bedeutung für die Erörterung der Kenntnisse von Pilgern ist der Fragenkomplex bezüglich der entscheidenden Einflussgrößen auf das jeweilige Weltbild. Inwiefern wurde das jeweilige Denken von religiösen Einflüssen bestimmt? Des weiteren soll der Frage nachgegangen werden, welche Gründe zur Veränderung des Informationsstandes beitrugen und das Weltbild beeinflussten. Joachim Leithäuser weist beispielsweise auf die Wandlung der „Weltdarstellungen“ unter dem Einfluss von Religion, Kunst und Wissenschaft hin und rekonstruiert aus dem Werdegang der Weltkar-

---

[1] Grosjean, G./Kinauer, R.: Kartenkunst und Kartentechnik. Vom Altertum bis zum Barock, Bern/Stuttgart 1970, S. 5.
[2] Ebenda.

ten die Geistes- und Kulturgeschichte.[3] Ebenso ist die Betrachtung des Faktors Mobilität von großer Bedeutung, da eine Erhöhung derselben den Bedarf nach zuverlässigen Karten enorm steigerte.[4] Damit an dieser Stelle kein Missverständnis aufkommt, sei darauf verwiesen, dass die Art der Karten in bezug auf ihre Abbildungsgenauigkeit nicht linear mit dem Verlauf der Geschichte zugenommen hat. Sie unterlag vielmehr den zum Teil grundverschiedenen Auffassungen über das Bild der Erde im Verlauf der Jahrhunderte. Darüber hinaus wandelte sich auch die Funktion von Karten, da sie einerseits als Orientierungsmittel und andererseits zur Veranschaulichung der jeweiligen Weltbilder angefertigt wurden. Für ein Verständnis der geographischen Kenntnisse früherer Santiago-Pilger ist es in diesem Zusammenhang unerlässlich, eine Betrachtung der von ihnen genutzten Pilgerhandbücher vorzunehmen. Zusammenfassend gesagt, soll mit diesem Textbeitrag der mittelalterliche „Geist der Zeit" in Abgrenzung zum Altertum und zur Neuzeit erörtert werden, um die „globalen" kartographischen Entwicklungen für den heutigen ‚Wissenschaftspilger Europas' auf dem Weg nach Santiago de Compostela zu veranschaulichen und Rückschlüsse auf die damaligen geographisch-geologischen Kenntnisse der Wallfahrer zu erlauben.

## II
## Die geschichtliche Entwicklung der Kartographie

### *1. Erste kartographische Entwicklungen*

*1.1. Das Erbe des Altertums.* „Und Josua gebot ihnen, das Land zu beschreiben, und sprach: Gehet hin, und durchwandert das Land, und beschreibt es."[5] Der biblische Bericht über die Aufteilung des eroberten Jordanlandes unter die Stämme des Volkes Israel ist wohl das erste literarische Zeugnis für die Herstellung von Landkarten in der menschlichen Frühgeschichte. Moderne Forschung hat jedoch zu

[3] Leithäuser, J. G.: Mappae Mundi. Die geistige Eroberung der Welt, Berlin 1958, S. 23.
[4] Salistschew, K. A.: Einführung in die Kartographie, Leipzig 1967, S. 166.
[5] 18. Kapitel des Buches Josua, entnommen aus Leithäuser 1958, S.17.

weitaus älteren Funden geführt, die die Versuche menschlicher Kulturen belegen, mit Hilfe von Aufzeichnungen die geographische Orientierung zu erleichtern. Es gibt Höhlenzeichnungen, die als früheste Landkarten gedeutet werden.[6] Die von Urgemeinschaften und Naturvölkern erhalten gebliebenen ersten Karten und geographische Arbeiten in Form von Zeichnungen und Einritzungen auf bzw. in Stein, Leder, Holz oder Knochen zeichnen sich oft durch große Wahrheitstreue in der Wiedergabe großer Territorien aus.[7] Sie dienten im wesentlichen zur lebensnotwendigen Orientierung im Gelände und zum Wiederfinden von Nahrungsquellen, Kultstätten, Kriegspfaden etc. Der friedliche Handel erforderte jedoch bessere Karten, denn je weiter der Weg der Reisenden und Karawanen wurde, desto genauer mussten die Richtungen und Entfernungen bekannt sein, da schon der kleinste Fehler zum Verfehlen des fernen Ziels führen konnte.[8] Bemerkenswert ist die hohe Anforderung, die hinsichtlich der Genauigkeit an die Karte gestellt wurde und die in starkem Gegensatz zu ihrem doch eher „primitiven“ Charakter stand. „Primitiv“ insofern, als die Karten nur konkrete Angaben zur jeweiligen Gegend machten, allgemeine oder abstrakte Aussagen jedoch fehlten. „Vor allem bleiben solche Karten, wie groß das erfaßte Gebiet auch sein mag, stets Umgebungskarten, in denen sich die Einzelheiten häufen, ohne daß ein allgemeiner Plan des Landes erkennbar würde.“[9]

Mit der zunehmenden Fähigkeit des menschlichen Geistes zur Verallgemeinerung und Abstraktion entsteht auch der Wunsch zur Darstellung der gesamten Welt. Hierzu ist das Vorhandensein einer Weltanschauung, basierend auf einem Mythos oder einer Religion mit Lehren über die Erschaffung und die Gestalt der Welt, von grundlegender Bedeutung.

Im weiteren Verlauf der geistigen Entwicklung werden konkrete Angaben über die Erdteile und das Weltmeer in diese Weltdarstel-

[6] Ebenda.
[7] Salistschew 1967, S. 162.
[8] Leithäuser 1958, S.18.
[9] Ebenda.

lungen aufgenommen. Sie werden damit zu wirklichen Weltkarten. Die Darstellung eines bestimmten Landes auf der Erde kennzeichnet den Übergang von der Weltdarstellung zur Weltkarte.[10] Sie enthalten immer mehr Einzelheiten legendärer und geographischer Art, so dass sich in der Entwicklung der Weltkarten die Geistes- und Kulturgeschichte widerspiegelt. In den alten Sagen findet man zahlreiche Vorstellungen bezüglich der Gestalt der Erde,[11] wobei das Meer als ferne Grenze auf fast allen Weltbildern abgebildet wird und alle Völker ihr jeweiliges Land als den Mittelpunkt der Welt betrachten.[12]

Die Anfänge der Entwicklung von geographischen Darstellungen können somit in zwei Phasen zusammengefasst werden: Zunächst führte das Bedürfnis nach Orientierungshilfen zur Herstellung von Umgebungskarten, die rein anwendungsbezogen waren. Später entstanden durch ein gesteigertes Abstraktionsvermögen und mystische Einflüsse gekennzeichnete Weltkarten, die die jeweilige Weltanschauung zum Ausdruck brachten. Entgegen der heutigen Gestaltung von Weltkarten ging es den Völkern des Altertums nicht so sehr um eine realistische Erfassung der Erde, sondern vielmehr darum, deren Abbild mit der Vorstellung einer Weltordnung in Übereinstimmung zu bringen.[13]

Für die Kartographie im europäischen Raum war im Laufe der Geschichte insbesondere die Entwicklung der griechischen Antike richtungsweisend. Von besonderer Bedeutung waren in diesem Zusammenhang die Philosophen, die gleichermaßen als Mystiker, Weltdeuter, Propheten, Wissenschaftler und Lehrer der Lebensweisheit wie der Mathematik bezeichnet werden können. Demzufolge war der

---

[10] Leithäuser 1958, S. 26.

[11] Siehe z.B. Leithäuser 1958, S. 23f.

[12] So erscheint auf alten Darstellungen in Babylon, wie übrigens auch bei den Eskimos, die Welt als scheibenförmige Insel im Meer. In China, wo schon im zweiten Jahrtausend v.Chr. viele Einzelkarten in Benutzung waren, stellte man die Erde als Viereck dar, in welchem China den Hauptplatz einnahm. Nach Leithäuser 1958, S. 26, sahen beispielsweise die altindischen Karten den Götterberg Maga Meru als Mitte der Welt, die Azteken das mythische und paradiesische Land Tollan, die Perser Kangdiz, die Araber Arim und die Griechen Delphi.

[13] Grosjean/Kinauer 1970, S. 9.

Versuch der Erdabbildung nicht als Tatsachenbeschreibung zu verstehen, sondern er war vielmehr Gegenstand eines religiösen Kults wie auch Ergebnis geometrischer Berechnungen. Der Form der Erde galt dabei ein ebenso großes Interesse wie dem Bestreben nach exakten geographischen Abbildungen.

Die Lehre des Pythagoras (582-507 v.Chr.), dass die Erde rund sei, blieb zunächst innerhalb seines Ordens bewahrt. Erst Plato hat in seinen Schriften Hinweise auf die Kugelgestalt der Erde gegeben.[14] Erastosthenes von Alexandrien (276-195 v.Chr.) errechnete mit einer beeindruckenden Genauigkeit den Umfang der Erde, den er mit 38700 Kilometern bezifferte. Diese Berechnung differiert von den heutigen um lediglich rund 1300 Kilometer.[15] Aus der wissenschaftlichen Spekulation, dass die Erde eine Kugel sei, wurde erst im 16. Jahrhundert nach der ersten Weltumsegelung eine geographische Tatsache. Die Unvollständigkeit antiker Weltanschauung lässt sich beispielsweise auch an Aristoteles nachweisen, der lehrte, dass die Erde rund sei und die Rückseite der Kugel nur aus Wasser bestehe. Für Bewohner der anderen Erdhalbkugel (Antipoden) war in seiner Lehre kein Platz.[16]

Der weitreichende Einfluss antiker Kartographie auf die Entwicklungen in späteren Epochen lässt sich exemplarisch an den Aufzeichnungen des Forschungsreisenden Hekateus (550-480 v.Chr.) zeigen. Er teilte die Welt in zwei gleichgroße Kontinente auf, Europa und Asien.[17] Wenig später erweiterten ionische Philosophen unter Hinzufügung von Afrika diese Zweiteilung. Das Weltbild bestand somit aus einem in den Kreis der Erdscheibe eingefügten T, das die Teilung der Kontinente von einander deutlich markierte. Umgeben war die Landfläche von dem ringförmig dargestellten Weltmeer.

[14] Leithäuser 1958, S. 28f.

[15] Pantenburg, V.: Das Portrait der Erde. Geschichte der Kartographie, Stuttgart 1970, S. 25. Leithäuser beziffert das Ergebnis der Berechnung des Erdumfangs von Erastosthenes mit 252.000 Stadien, woraus sich eine Differenz von lediglich vier Kilometern ergibt. Vgl. Leithäuser 1958, S. 32.

[16] Leithäuser 1958, S. 30.

[17] Nach den diesem Text zugrundeliegenden Quellen handelt es sich dabei um die erste kartographische Darstellung ‚Europas'.

die Landfläche von dem ringförmig dargestellten Weltmeer. Sehr viel später, im Mittelalter, ist diese T-Form dann noch einmal als Grundlage für Weltkarten benutzt worden.[18]

Die mystischen Vorstellungen von einer großen Weltordnung verblassen im Verlauf der Zeit, und mit einer starken Ausrichtung auf das Diesseits wird die Erde allein mit den Kräften des Verstandes erfasst. Es entstehen die ersten Karten im modernen Sinne.[19] Man beginnt, ein Gradnetz in Nord-Süd und West-Ost-Richtung zu denken und versucht, die Kugeloberfläche der Erde auf einer ebenen Zeichenfläche darzustellen: Es entsteht die Lehre der Kartenprojektionen.[20]

Niemand hat einen ähnlich großen Einfluss auf geographisch-astronomische Fragen ausgeübt wie der in Alexandrien wirkende Claudius Ptolomäus (gest. 180 n.Chr.). Weit über ein Jahrtausend herrschte das von ihm entwickelte Weltbild vor und fand Akzeptanz bei Heiden und Juden ebenso wie bei Christen, Mohammedanern und bei den Humanisten in der Renaissance.[21] Nach seiner Vorstellung hat der Himmel ebenso wie die Erde die Idealform einer Kugel. Sie bildet den unverrückbaren Mittelpunkt des Universums. Sein Werk „Geographische Anleitung zur Herstellung von Karten" beschreibt unter anderem, wie man aufgrund eines Netzes von Breiten- und Längenkreisen Karten entwerfen und die genaue Lage von Orten eintragen kann.

In der Antike ist ein Erkenntnisfortschritt erzielt worden, der zu großen Teilen zwar den letzten Beweis schuldig blieb, aber dennoch hinsichtlich der Darstellungsgenauigkeit und formgetreuen Beschreibung der Erde ein erstaunliches Niveau erreichte. Diese Entwicklung

[18] Leithäuser 1958, S. 27f. Genaueres zum T-förmigen Weltbild wird im Zusammenhang mit der Turiner Radkarte beschrieben.
[19] Anaximander (611-545 v.Chr.) wird als Verfasser der ersten Landkarte angesehen, legt jedoch noch nicht die Kugelform der Erde zugrunde, sondern die obere Kreisfläche eines Zylinders. Siehe hierzu Leithäuser 1958, S. 26f.
[20] Grosjean/Kienauer 1970, S. 9.
[21] Leithäuser 1958, S. 43.

wurde unter anderem dadurch gefördert, dass nun das Leben nicht mehr auf das Jenseits ausgerichtet war, sondern auf das Wohl und die Konzentration im Diesseits.

*1.2. Veränderungen unter römischer Vorherrschaft.* Nachdem die Dynastie der Ptolomäer, die jeden Preis für Kunstwerke, Bücher und die Beschäftigung von Gelehrten gezahlt hatte, nicht mehr herrschte und Ägypten – und damit Alexandria – unter römische Oberhoheit gefallen war, fand dies auch in der Entwicklung der Kartographie seinen Niederschlag. Die nüchterne, klare und zielstrebige Sinnesart und Vorgehensweise der Römer, mit der diese in erstaunlich kurzer Zeit die Welt bis zu den äußersten damals bekannten Gegenden erobert hatten, kam auch in der Kartographie deutlich zum Ausdruck.

In diesem riesigen Imperium mussten die geographischen Kenntnisse praktischen Aufgaben dienen, dem Nachrichtenwesen, der militärischen Beherrschung, der Verwaltung, dem Handel und dem Verkehr. Dementsprechend übernahmen die Römer schon frühzeitig die griechischen Weltkarten, auf denen die Erde als flache, vom Meer umgebene Scheibe mit der Ägäis als Zentrum und dem Osten als oberem Rande abgebildet war.[22] Nach Metaphysik und Mathematik wurde im folgenden nicht mehr viel gefragt, vielmehr übten sogenannte Agrimensoren (Feldmesser) das ‚Handwerk' der Landvermessung aus und erstellten die Katasterpläne der römischen Landabsteckung. Ihrer Wissenschaft liegt die Vorstellung von der Erde als einer Scheibe zugrunde. Die eigentlichen geographischen Karten (Tabulae), die von Geographen erstellt wurden, die das Erbe des aufgeklärten griechischen Geistes verwalteten und die Kugelgestalt der Erde kannten, geraten im römischen Reich schnell in Vergessenheit.[23]

Vor diesem Hintergrund wird verständlich, warum es in der Entwicklungsgeschichte der Kartographie einen gravierenden Rückschritt gab, und es erscheint nicht weiter verwunderlich, dass große Geister

[22] Leithäuser 1958, S. 34.
[23] Grosjean/Kienauer 1970, S. 9ff.

wie Cicero oder Plinius meinten, die Erde sei eine im Raum schwebende Scheibe.[24]

Unter römischer Vorherrschaft lassen sich auch klare Indizien des Gebrauchs von Karten aus machtpolitischen Interessen beobachten. Kaiser Augustus hatte in den Jahren vor der Zeitenwende gründliche Vermessungen der Straßen und Wege im ganzen Imperium vornehmen lassen. Der gelehrte Marcus Vipsanius Agrippa, ein Schwiegersohn des Kaisers, wollte unter Zuhilfenahme dieser Ergebnisse eine Weltkarte schaffen, die dem römischen Volk seine Weltgeltung deutlich vor Augen stellen sollte. Nach Vollendung dieser „Weltübersicht" („Orbis terrarum") ist die Karte in Rom ausgestellt worden und alle großen Städte des Kaiserreiches erhielten Kopien.[25]

## *2. Das Mittelalterliche Weltbild*

*2.1. Die christlich-abendländische Kartographie.* Das Altertum hat die Erfüllung des Seins im Diesseits gesucht. Die Kenntnis der diesseitigen Umwelt, der Erde, war daher ein wichtiges, notwendiges Anliegen. Das Christentum hat die Heilserwartung nach dem Jenseits ausgerichtet. Die Erde ist nur das unvollkommene, relativierte Abbild einer vollkommenen, jenseitigen Welt, die am jüngsten Tage wieder diesseitig wird. „Den denkenden Menschen des Mittelalters interessiert die wirkliche Gestalt der Erde nur wenig. Er sucht viel eher durch Stilisierung und Abstraktion zum hintergründigeren, vollkommeneren Bilde zu gelangen. Er will vom konkreten, unregelmäßigen Erdbilde zum mystischen Weltbilde, zur Weltidee vorstoßen."[26]

---

[24] Leithäuser 1958, S. 35. Hierbei hatten sie aber einen wesentlichen neuen Gedanken, der zum ersten Mal in der Geistesgeschichte die Antipoden zu einer Existenzberechtigung führte. Sie glaubten, dass aus physikalischer Notwendigkeit, weil sonst die Scheibe kippen könnte, auch auf der unteren Seite der Erde Menschen lebten. Erasthostenes hatte beispielsweise keinen Raum für Antipoden gelassen, da für ihn der größte Teil der Erdkugel von Wasser bedeckt war und er ohnehin lediglich die nördliche Erdhälfte für bewohnbar hielt, da er meinte, dass in der südlichen Erdhälfte eine zu große Hitze herrsche. Vgl. Leithäuser 1958, S. 32.

[25] Leithäuser 1958, S. 35f.

[26] Grosjean/Kienauer 1970, S. 20.

Die mittelalterliche Kartographie ist demzufolge durch ein Festhalten am herrschenden Kenntnisstand gekennzeichnet. Bestimmend für dieses Wissen war der Inhalt der Heiligen Schrift. Ihr kam absolute Geltung zu und eine kritische Analyse stand außer Frage. Daneben wirkten noch Teile der wissenschaftlichen Überlieferung aus der Antike weiter, denen jedoch eher eine Außenseiterfunktion zukam.

Eine wissenschaftliche Weiterentwicklung der Kartographie fand im Mittelalter nur in geringem Maße statt, zumal die Herstellung von Karten eher künstlerischen und illustrativen als praktischen Zwecken diente. Meistens wurden die bekannteren Karten kopiert, wobei die Kopisten manchmal nicht nur alte Fehler übertrugen, sondern auch noch eigene neue Irrtümer hinzufügten. Außerdem fügten sie den vorhandenen Karten oft Einzelheiten hinzu, die selten aus genauem Wissen und dafür aus beliebten Mythen und Fabelwelten stammten. Es existierten somit zwei verschiedene Kartentypen nebeneinander, ohne sich gegenseitig zu verdrängen.[27]

Im folgenden werden drei klösterliche Karten beispielhaft für die an Wissen arme Geographie des Mittelalters vorgestellt: die Beatus-Karte, die Turiner Radkarte und die des Kanonikus Lambert von St. Omer.

Die im Original leider nicht erhaltene Karte des spanischen Benediktinermönchs Beatus von Valcavado aus dem Jahre 776, die er seinen „Commentaria in Apokalypsia" beigefügt hatte, diente den Kopisten jahrhundertelang als Vorlage. Beatus schuf diese Karte im christlichen Rückzugsgebiet in den asturischen Bergen im Kloster Liebana zu der Zeit, als die Mauren Spanien eroberten. Auf dieser Karte wird die Erde als von Wasser umgebene Scheibe abgebildet, die T-förmig gegliedert ist und das Paradies zeigt.[28] Jerusalem wird noch nicht als Mittelpunkt der Welt angesetzt. Im ganzen sind auf der Karte nicht viel mehr als einige geographische Namen, Gebirge

[27] Leithäuser 1958, S. 62ff.

[28] Die Darstellung des Paradieses als irdischer Ort ist bis ins 14. Jahrhundert hinein allgemein akzeptierte Ansicht mittelalterlicher Kartographen.

viel mehr als einige geographische Namen, Gebirge und Gewässer abgebildet.

Kopien der Beatus-Karte wurden bis ins 13. Jahrhundert hinein angefertigt und lassen die mittelalterliche Neigung zu einer immer stärkeren künstlerischen Ausgestaltung erkennen, ohne dass damit ein höherer geographischer Aussagegehalt einhergeht.

Eine Arbeit, die zur Gruppe der sogenannten Beatus-Karten gehört und zwischen dem 9. und 12. Jahrhundert entstanden sein dürfte, ist die Turiner Radkarte. Auch sie weist die T-Gliederung auf. Der Text zu der Karte besagt, dass es außer den drei abgebildeten Erdteilen noch einen vierten gäbe, der wegen der dort herrschenden Sonnenglut unbekannt sei und der Überlieferung nach von den legendären Antipoden bewohnt werde. In den vier Ecken der Karte sind darüber hinaus die Hauptwinde in Menschengestalt abgebildet, die nach Leibeskräften aus Hörnern und Windschläuchen blasen. Europa, im rechten unteren Viertel, ist in Griechenland, Italien, die Iberische Halbinsel und die gallischen Provinzen gegliedert. Im gesamten europäischen Raum sind lediglich zwei Gebirge dargestellt, das Zentralmassiv und die Pyrenäen. Von der Lage der wenigen eingetragenen Orte besteht keine klare Vorstellung.

In Spanien, am Ozean richtig lokalisiert, ist die für die mittelalterliche Welt wichtige Wallfahrtsstätte des heiligen Jacobus, Santiago de Compostela, verzeichnet.[29]

Unter den Karten, die Anfang des 12. Jahrhunderts entstanden, ist die des Kanonikus Lambert von St. Omer hervorzuheben, da diese seiner Enzyklopädie „Liber Floridus“ beigefügte Karte die Erdscheibe nicht als ein mit Phantasiegebilden ausgefülltes Rund zeigte, sondern eine Hälfte einfach völlig leer gelassen war. Diese Erdhälfte liegt jenseits des Äquators, ist von der Welt Adams durch den Ozean abgetrennt und für menschliche Augen unsichtbar. Lambert weiß zu berichten, dass das Klima dort gemäßigt sei, während es im äußersten Süden

[29] Grosjean/Kienauer 1970, S. 21ff.

eine kalte, unbewohnbare Gegend gäbe. Das Paradies ist wieder im Osten als Insel eingezeichnet. Interessant ist seine Lösung der Antipodenfrage: Im äußersten Westen zeigt er eine unerreichbare Insel, auf der Wesen hausen, die unter den grässlichen klimatischen Bedingungen einen ganz verzerrten Körperbau entwickelt haben und bei Hitze zittern wie vor Kälte. Der Name dieser sonderbaren Wesen lautet „Antipoden". Neben der klösterlichen gab es auch eine weltliche Kartenkunst, deren Erzeugnisse im Strudel der Zeiten noch schneller untergegangen sind als ihre hinter Klostermauern bewahrten Gegenstücke. Es wird angenommen, dass auch bei diesen Karten die künstlerische Ausführung die geographische Genauigkeit bei weitem übertroffen hat.

Während sich das Weltbild auf den Karten insofern nicht wandelte, als die Erde nach wie vor als Scheibe dargestellt wurde, trat seit dem 12. Jahrhundert eine grundlegende Veränderung bei der Gruppierung der Kontinente ein, die als Indiz für die starke Beeinflussung der abendländischen Weltanschauung durch Religionen gewertet werden kann: Die Kontinente richteten sich nun auf die Mitte der Welt aus, auf Jerusalem. „Mehr denn je galten die Gedanken der Christenheit ihren heiligen Stätten, zu denen man zu pilgern pflegte und die nun von den Ungläubigen bedroht waren."[30] Dass Jerusalem seit 1244 ohne Unterbrechung im Besitz der Mohammedaner blieb, änderte nichts an dem christlichen Denken, diese Stadt als Mittelpunkt der Welt anzusehen, zumal es in der Heiligen Schrift heißt: „Das ist Jerusalem, die ich mitten unter die Heiden gesetzt habe und rings um sie her Länder" (Hesekiel 5,5). Diese Ansicht wurde in den Weltkarten wiedergegeben. Es ist erstaunlich, dass trotz der Kreuzzüge, den anschließenden großen Missionsreisen und der regen Pilgertätigkeit sich in den mittelalterlichen Karten nichts von der Fülle der neu gewonnenen geographischen Kenntnisse niedergeschlagen hat. Wie wenig aufgeschlossen die Kartenzeichner Neuheiten gegenüber waren, zeigt etwa die Wiedergabe des Kaspischen Meeres. Obwohl der Franziskaner Rubruk um die Mitte des 13. Jahrhunderts bewies, dass es sich um ein Binnenmeer handelt, blieb es auf den Karten weiterhin

[30] Leithäuser 1958, S. 74.

eine Einbuchtung des die Erde umgebenden Weltmeeres, da die Schrift sagte, dass der Schöpfer Wasser und Land voneinander getrennt habe. Nach seinem Wort war das Wasser zu den Rändern der Erdscheibe abgeflossen. Man nahm an, dass diese Bewegung noch nicht ganz zum Ende gekommen sei und dass die Flüsse deshalb immer noch das Wasser aus dem Erdkreis herausbrächten. Dieses Wasser sollte sich zunächst in den vier großen Buchten sammeln, die dann ins Weltmeer mündeten: Im Osten der Persische Golf, im Westen das Mittelländische Meer, im Süden das Rote Meer und im Norden das Kaspische Meer. Auch von den Berichten zuverlässiger Ordensbrüder ließ sich dieses geschlossene Weltbild nicht erschüttern. Es mussten erst weit stärkere Wandlungen erfolgen, ehe es zu einer Öffnung kam.

Selbst wenn die Karten des 13. Jahrhunderts weit aussagekräftiger als die früheren waren, da sie mehr Flüsse und Gebirge sowie eine wachsende Zahl von Städten zeigten, dienten sie weniger der geographischen Orientierung als vielmehr, meist im Zusammenhang mit religiösen Zwecken, der künstlerischen Darstellung der Erde und ihrer Bewohner. Dementsprechend gibt es auch immer mehr Abbildungen biblischer Themen und antiker Sagen sowie mehr oder weniger richtig dargestellte Tiere. Alles fand Platz auf der Karte des Mittelalters, die weniger ein getreues Abbild der Erdoberfläche war als vielmehr des Werdegangs der Welt und dessen, was man über sie wusste. So ist sie gleichzeitig Chronik, Enzyklopädie, Kulturdokument und darüber hinaus, wie besonders die beiden berühmten Weltkarten von Ebstorf (um 1235) und Hereford (um 1280) eindrucksvoll zeigen, Kunstwerk.[31]

Die Bibel wurde von allen Wissenschaften als Antwort auf alle Fragen verstanden. Ihre uneingeschränkte Autorität stand über allen weltlichen Meinungen, also auch über den persönlichen Ansichten der sachkundigen Gelehrten, die ihre Erkenntnisse im Rahmen der Wahrheiten der Bibel erlangten. Die Lehren der Bibel richteten den Blick der Menschen auf Gott und die Erfüllung des Lebens im Jen-

[31] Leithäuser 1958, S. 89.

seits. Erkennen in der Gegenwart war von entsprechend geringem Interesse. Die Wahrheit, vorgegeben durch die Bibel, stand damit am Anfang der Forschung.

*2.2. Der Einfluss der islamischen Welt.* Es waren die Araber, die das Erbe des Ptolomäus übernahmen und auch großen Einfluss auf die abendländische Darstellung der Welt ausübten. William of Malmesbury zufolge haben die Christen noch im frühen 12. Jahrhundert geglaubt, die ganze Erde mit Ausnahme Europas sei muslimisch.[32] Nach den kriegerischen Auseinandersetzungen zwischen Christentum und Islam verstärkte sich durch friedliche Reisen der kulturelle Einfluss der arabischen Welt auf das christliche Europa. Er befreite das abendländische Geistesleben, nicht zuletzt durch die Weitergabe antiken griechischen Gedankenguts, aus seiner Erstarrung und erweckte auch die Geographie zu neuem Leben.

Die arabisch-islamische Geographie knüpft an Claudius Ptolomäus an, dessen Almagest um 830 ins Arabische übersetzt wurde. Die Autoren berühmter Weltkarten, wie al-Khwaizmi (gest. um 847) und al-Idrísí (gest. 1165), griffen sowohl auf ptolomäische als auch auf altindische und iranische Vorstellungen zurück, wenn sie die Erde als (Halb-) Kugel mit einer Erdkuppel, eingeteilt in sieben Klimata und umgeben von einem Ozean, darstellten. „Der Prophet hatte seine Jünger geheißen, fünfmal täglich das Gesicht zum Gebet nach Mekka, der heiligen Stadt, zu wenden. Aus der Notwendigkeit, diese Richtung an allen Orten aufzufinden, ergab sich die intensive Beschäftigung mit Astronomie und Erdkunde.“ Andererseits gab es keine Beschränkung des Weltbildes durch religiöse Einengungen.[33] Arabische Gelehrte bemühten sich im Gegenteil sogar ständig um die Weiterentwicklung der aus Indien und Byzanz mitgebrachten mathematischen, astronomischen und geographischen Kenntnisse.

[32] Watt, M. W.: Der Einfluss des Islam auf das europäische Mittelalter. In: Raulff, U. (Hrsg.): Kleine kulturwissenschaftliche Reihe, Berlin 1988, S 25f.
[33] Leithäuser 1958, S. 106.

Die gewaltige territoriale Ausdehnung des Kalifats sowie die Erfordernisse des Militärs, der Staatsverwaltung und des Handels ließen die Geographie ab dem 9. Jahrhundert zu einem der wichtigsten Zweige der arabisch-islamischen Wissenschaften werden. Es entstanden zahlreiche deskriptiv-geographische, historisch-topographische Werke, Wegeverzeichnisse und Reisehandbücher, die wichtige landeskundliche Details enthielten. Einer der bedeutendsten arabischen Geographen, Ibn Khurdadhbih (gest. um 912), verfolgte als Direktor des Post- und Nachrichtenwesens vornehmlich praktische Ziele.[34] Das Weltbild der Araber war gegenüber dem christlich-abendländischen von Offenheit und dem Austausch mit anderen Völkern gekennzeichnet. So entstand durch den Seehandel der Araber beispielsweise eine enge Verbindung mit den europäischen Handelszentren. Andere Handelsstraßen führten an den Küsten Indiens entlang bis zu den Wasserfluten des Pazifik.[35] Die arabischen Gelehrten waren keine Kartenzeichner, die in stiller Abgeschiedenheit mehr oder weniger zuverlässige Berichte anderer verwerteten, sondern sie unternahmen eigene Erkundungsreisen, ehe sie ihre Karten fertig stellten. Daher waren ihre Karten auch viel nüchterner als die abendländischen und sie gaben, im Gegensatz zu jenen, lediglich beobachtbare geographische Auskünfte. Christliche Kartographie kann dagegen eher als das Kopieren und Ergänzen überlieferter Abbildungen im Rahmen religiös vorgegebener Erkenntnisgrenzen beschrieben werden. Die arabische Kartenkunst, gekennzeichnet durch eine rege Reisetätigkeit und den Versuch, das bestehende Wissen zu neuen Horizonten zu führen, war von einer hohen praktischen Relevanz gekennzeichnet. Somit gab es bereits in dem Jahrhundert vor Entstehung der Karten von Ebstorf und Hereford arabische Weltkarten, die geographisch überaus wertvoll waren und ein bewundernswert gutes Bild der damals bekannten Welt boten.

---

[34] Barthel, G./Stock, K. (Hrsg.): Lexikon Arabische Welt, Darmstadt 1994, S. 226. Für eine detailliertere Darstellung der Entwicklung eines veränderten Wissenschaftsbegriffs in der arabischen Welt siehe Scholten, A.: Muqaddasi als Vollender der mittelalterlichen arabischen Länderkunde, in: Büttner, M. (Hrsg.): Abhandlungen und Quellen zur Geschichte der Geographie und Kosmologie, Paderborn 1970.

[35] Leithäuser 1958, S. 111ff.

### *3. Die Zeit der großen Entdeckungen*

*3.1. Neugierde verändert die Welt.* Die von Jacob Burckhard für die Renaissance geprägte Formel „Entdeckung der Welt und des Menschen“ gilt insbesondere für das Gebiet der Naturerkenntnis. An ihrem Fortschreiten wird die Erweiterung des menschlichen Erfahrungshorizontes am unmittelbarsten sichtbar.[36]

Die auf drei Jahrzehnte zwischen 1490 und 1520 zusammengedrängten Hauptereignisse der ersten großen Entdeckungsfahrten kennzeichnen eindeutig die Zeitenwende zwischen Mittelalter und Neuzeit. Nachdem gegen Ende des 15. Jahrhunderts die Überquerung des Atlantischen Ozeans gelungen und innerhalb von sechs Jahren sowohl der kürzeste Weg in eine „Neue Welt“ im Westen wie der um vieles längere Weg nach Osten in die „Alte Welt“ gefunden war, sah man die Ost-West-Verbindung der Erde plötzlich in realistischen Dimensionen.[37]

Die Kapitäne und ihre Zeichner lernten rasch, ihre Beobachtungen wirklichkeitsgetreu in Kartenbilder umzusetzen. Wie schnell die aus der seemännischen Praxis erwachsende Kartographie die beiden großen Durchbruchserfolge der Entdeckungsgeschichte – die Landung Gamas in Kalikut und die Entdeckung Mittelamerikas durch Kolumbus – einzufangen wusste, beweist eine bereits 1502 entstandene portugiesische Weltkarte. Diese vermittelt ohne das Hinzufügen von Phantasiegebilden ein in den Hauptzügen zutreffendes Bild der Erdoberfläche. Nichtsdestotrotz werden bis zur Mitte des 16. Jahrhunderts in Süd- und Mitteleuropa Karten gedruckt, die die neuen Erkenntnisse nicht berücksichtigen.

Noch im 10. und 11. Jahrhundert konnte ein europäisches Segelschiff seine Route nur dann einhalten, wenn es die diesbezüglichen Auf-

---

[36] Skaleit, S.: Entwicklungskräfte der Frühzeit. In: Maximilian-Gesellschaft/Tiemann, B. (Hrsg.): Die Buchkultur im 15. und 16. Jahrhundert, Hamburg 1995, S. 16.
[37] Skaleit 1995, S. 24.

zeichnungen und Anweisungen zu Rate zog. In diesen Handbüchern waren Küstenformen, Häfen, Entfernungen zwischen verschiedenen Punkten, Windrichtungen usw. verzeichnet. Durch die Einführung des Kompasses konnte von dieser umständlichen und unzuverlässigen Methode endlich Abstand genommen werden.[38]

Die regelrechte Erfindung des Kompasses ist nicht nachweisbar; frühe Aussagen über die Fähigkeit von Magneten, Himmelsrichtungen anzuzeigen, gibt es schon bei den Chinesen, bei Plato, bei den Arabern und ebenso in nordischen Sagen. Gegen Ende des 13. Jahrhunderts nahm das Kartenwesen durch die Navigation unter Zuhilfenahme des Kompasses einen solchen Aufschwung, dass die Herstellung von Seekarten zu einem eigenständigen Beruf wurde. Zuvor hatte niemand Geld für die Anfertigung von Karten verlangt. Die Seekarten hatten um 1300 bereits eine weite Verbreitung und ein hohes Niveau erreicht. Sie sind zwar insofern noch zeitgenössisch geprägt, als sie geographische Irrtümer aufweisen – die Atlantikküste ist besonders im spanischen Raum noch ungenau, England ist noch völlig fehlerhaft dargestellt –, aber dennoch spricht aus ihnen bereits ein ganz anderer Geist: Sie sind gekennzeichnet durch zielbewusste Klarheit und durch das Fehlen von weltbildlichen Vorgaben.

Zusammengenommen lassen sich viele Faktoren ausmachen, die eine Öffnung des geschlossenen abendländischen Weltbildes forderten. Die Aneignung arabischen Wissens, eine durch neue Schiffsmodelle ermöglichte kühnere Seefahrt, aufblühender Handel und lockender Reichtum können hier genannt werden. Es war nur noch eine Frage der Zeit, bis die für Seekarten geltende Abbildungsgenauigkeit auch für Landkarten üblich wurde. Dieser Entwicklungsschritt vollzog sich gewissermaßen ‚aus dem Meer heraus'. Das Landgebiet war zunächst nur als Umrandung der See dargestellt worden. Die erste Karte, die über den Meeres- und Küstenbereich hinausging, stammte nicht von einem Seefahrer, sondern von dem Priester Giovanni di Carignano aus Genua, der diese Karte im Jahr 1310 anfertigte.[39]

---

[38] Leithäuser 1958, S. 119f.
[39] Leithäuser 1958, S. 120.

In der Folgezeit wurden neben den Gebrauchskarten, die an Bord Verwendung finden sollten, besonders dekorative Karten für den königlichen Hof und Bibliotheken, für reiche Kaufleute oder Gelehrte angefertigt. Allmählich wurden in Europa, neben den Karten, die das traditionelle Weltbild wiedergaben oder zum Schmuck dienten, auch immer mehr Karten geschaffen, die einen wissenschaftlichen Charakter hatten.

*3.2. Zukunftsweisende Trends in der Kartographie.* 1500 beginnt für die Kartographie nicht nur im Hinblick auf die weltweiten Entdeckungsreisen, sondern auch in bezug auf die Darstellung von Ländern ein völlig neues Stadium: Der Territorialstaat formt sich aus und findet in der Kartographie seinen Niederschlag. Neben kleinmaßstabigen See-, Erd- und Kontinentkarten treten Länderkarten und Staatenkarten in Maßstäben bis 1:100.000 und größer. An die Seite der geographischen, erdbeschreibenden Karte tritt die topographische, ortsbeschreibende Karte. Diesem Trend liegt zum Teil Nationalstolz bzw. Freude über die nunmehr abgerundeten Ländereien zugrunde, die bis dahin oft territorial nicht einheitlich geregelt waren.[40]

Eine neue, für die Zukunft bestimmende Richtung in der Kartographie wies auch Erhard Etzlaub, der im Jahr 1500 die Karte des Romwegs anfertigte, die im Original 41x29 cm misst und als Einblattdruck vertrieben wurde. Sie belegt in eindrucksvoller Weise den Einsatz von Landkarten als Orientierungsmittel. Dieser Karte lag die Idee zugrunde, im kirchlichen Jubeljahr 1500 den zahlreichen nach Rom ziehenden Pilgern eine Reisekarte an die Hand zu geben. Die Karte ist südorientiert, so wie man sich von Deutschland aus auf den Weg nach Rom macht. Am Rand sind links die Breitengrade und rechts die Angaben der Dauer des längsten Tages in den verschiedenen Breiten angegeben. Neu an dieser Karte ist, dass sie erstmals in der neueren Kartengeschichte Reiserouten mit Distanzangaben verzeichnet, jede deutsche Meile ist mit einem Punkt gekennzeichnet. Es sind nur jene Pilgerstraßen eingezeichnet, welche von den wichtigsten Städten ausgehend Deutschland durchziehen und in der ewi-

[40] Grosjean/Kienauer 1970, S. 67.

gen Stadt zusammenlaufen. Erhard Etzlaub gilt durch diese Karte als Begründer der modernen Straßen- und Touristikkarte.[41]

Die Betrachtung der geschichtlichen Entwicklung der Kartographie verdeutlicht die Vielfalt der zugrundeliegenden Einflussfaktoren. Dass es sich dabei nicht um eine linear ‚fortschrittliche' Bewegung handelt, zeigen die zyklischen Verläufe des abgebildeten Wissens, man denke nur an die drastischen Veränderungen des Weltbildes unter römischem Einfluss. In sehr anschaulicher Weise kommt in den graphischen Abbildungen die jeweilige Weltanschauung zum Ausdruck. Bezogen auf das Mittelalter, die Hochzeit des Pilgerns, mag das Fehlen von Orientierungskarten zunächst erstaunen, erklärt sich dann aber durch die religiös bedingte Jenseitsausrichtung des Menschen. Eine reine Anwendungsbezogenheit von Karten lässt sich demzufolge im Mittelalter nicht ausmachen. Dass den Pilgern dennoch die geographische Lage des Zielortes Santiago de Compostela am „Ende der Welt" (finis terrae) bekannt war, belegt deren korrekte Lokalisierung auf der Beatus-Karte und der Turiner Radkarte.
Die neuzeitliche Kartographie zeichnet sich durch zunehmende Orientierung aus und steht damit ganz im Zeichen der Zeit. Begleitet wurde sie von einem Aufleben antiker Überlieferungen. Unbeantwortet bleibt die Frage nach den letztlich auslösenden Faktoren, die das geschlossene mittelalterliche Weltbild zu einer Öffnung führten und den Drang zum Entdeckertum wach werden ließen.

[41] Grosjean/Kienauer 1970, S. 44.

## III
## Pilgerberichte: Scheußliche Gebirge, fruchtbare Täler

„Von Sant Jacob ritt wir auss gen Finstern Stern, als es dann die bauren nennen, es heisst aber Finis terrae. Do sicht man nichts anders esset hinüber dann himmel und wasser, und sagen, das das mer do so ungestüm sey, das niemand mug hinüber faren, man wiss auch nit, wass dogesset sey. Als man uns saget, so hetten etlich wollen erfaren wass doch gensseit wär, und waren mit galeyen und näffen gefaren; es wär aber niemand herwider kumen."

Freiherr Leo von Rozmital am Ende der Welt, in Finisterre, 1465-1467[42]

Um an das „Ende der Welt" zu gelangen, mussten zunächst weite Landstriche durchquert werden, über die im Mittelalter, jedenfalls nach heutigen Maßstäben, wenig Informationen verfügbar waren. Detaillierte topographische Karten gab es nicht, schon gar nicht für die breite Masse der nicht eben wohlhabenden Pilger. Dass die geographischen und geologischen Kenntnisse der Jakobus-Pilger gering gewesen waren, bestätigen Berichte von Pilgern.[43] In den verschiedensten Quellengattungen sind Nachrichten über Pilgerfahrten zu finden, etwa in Urkunden, Hospitalinventaren, Testatementen etc., aber erst im „Liber Sancti Jacobi" aus dem 12. Jahrhundert ist zum erstenmal ein Pilgerbericht abgedruckt, der Wegstrecken zum Pilgerort ebenso nennt wie er durch die Stadt Santiago und die Basilika führt und Bemerkungen zu Flüssen und Trinkwasserstellen, Kult- und Devotionsstätten sowie zu den Völkern am Weg macht.[44] Das Liber Sancti Jacobi blieb lange Zeit ohne Nachfolge – die ersten persönlichen Berichte erscheinen um 1400, daneben gibt es noch

[42] „Des böhmischen Herrn Leos von Rozmital Ritter-, Hof- und Pilgerreise durch die Abendlande" (1465-1467), In: Herbers, K./Plötz, R.: Nach Santiago zogen sie. Berichte von Pilgerfahrten ans ‚Ende der Welt', München 1996, S. 99-128, hier: S. 114.

[43] Vgl. Herbers/Plötz 1996, auch in Hinblick auf einen Überblick über den aktuellen Forschungsstand und eine Geschichte der Überlieferung von Pilgerberichten.

[44] Vgl. das Kapitel über das Liber Sancti Jacobi in Herbers/Plötz 1996, S. 34-48.

Pilgerlieder, die spätestens aus dem ausgehenden 15. Jahrhundert stammen, deren Tradition aber vermutlich weiter zurückreicht.[45]

Anhand der vorhandenen, bereits erwähnten Karten lässt sich erkennen, dass sich das Raumverständnis im Übergang zum Hochmittelalter veränderte. Im Frühmittelalter lag die Welt auf den Karten noch im Nebel – nur hier und da von Inseln menschlicher Behausungen durchsetzt. Nach der Bevölkerungszunahme ab dem 11./12. Jahrhundert lagen die Siedlungen näher beieinander, die Ferne verlor in dem Maße an Schrecken wie Händler, Pilger und Kreuzfahrer sich in fremde Gegenden wagten, der Verkehr nahm mit der gewachsenen Mobilität zu, man nutzte schiffbare Flüsse und legte neue Wege an. Es würde zu weit führen, alle Veränderungen dieses Schwellenzeitalters zu schildern; als wichtig bleibt festzuhalten, dass sich diese realen Veränderungen auch auf die Kartographie auswirkten: In den Darstellungen erschien die Welt überschaubarer und belebter sowie zunehmend als eine Kulturlandschaft, die die Wildnis an die Ränder zurückdrängte.

*1. Natur und Raum in den Pilgerberichten*

„Darnach kam ich geritten in Frankhreich, das da heist Delfinat. Da kam ich in ain statt hayst Neimus. Das was ain grosser tempel von grossem gemair unnd so groß stein daran, das es nit menschlich ist, das man es glauben solt, das es menschen gemacht habend. [...] Dar nach kam ich durch vil schener stet in Katelonia und kam in die grose stat Parselone, daz ist die herlichest stat, da ich ey ein kam, von mechtigen herren [...]"

*Sebastian Ilsung, 1446*[46]

Bis in das 16. Jahrhundert hinein fehlen in den Pilgerberichten jegliche Landschaftsbeschreibungen. Die Natur war nicht Objekt des

[45] Vgl. als Beispiel ein Pilgerlied aus dem 15. Jahrhundert: „Wer das elent bawen wel", mit Kommentierung in: Herbers/Plötz 1996, S. 151-163. Vgl. für eine allgemeine Darstellung dieses Zeitalters Jakobs 1994 und Borst 1995 zu den veränderten Lebensformen.

[46] „Zum finster Sterren und unser liebe frauen schiff" (1446). Sebastian Ilsung aus Augsburg. In: Herbers/Plötz 1996, S. 78-90, hier S. 83.

subjektiven ästhetischen Empfindens, sondern sie wurde als eine Landschaft wahrgenommen, mit der um das Überleben gerungen werden musste.[47] Die Bauern des Hochmittelalters schufen rund um ihr Dorf eine gegliederte Kulturlandschaft, Natur war Objekt bäuerlicher Arbeit, ihren Sinn hatte sie in der Bereitstellung von Lebensmitteln für die Menschen. Der über die Landschaft schweifende Blick blieb an den von Menschen gestalteten Elementen haften. „Weil der Blick zuerst auf menschliche Bauten fiel, die Kapelle im Urwald und das Gehöft am Waldrand, kam es selten zum Blick in die Runde und in die Ferne.“[48]

Dennoch sind Raum und Natur präsent, wenn sie auch anders wahrgenommen, strukturiert und beschrieben werden, als dem gleichermaßen an Atlanten, detaillierte Wanderkarten und lyrische Schilderungen beeindruckender ‚Waldesdome' gewöhnten Zeitgenossen des 20. Jahrhunderts geläufig ist.[49] Es gibt den Raum als Entfernung zwischen dem Ausgangspunkt der Pilgerfahrt und deren Ziel. Diese Entfernung kann mittels des Abstandes der zwischen Anfang und Ende der Fahrt liegenden Orte angegeben werden. Die Messung von Strecken liegt als Beschreibung von Entfernungen jeglichem Raumverständnis zugrunde. Im Mittelalter wird diese Messung aber nicht mit dem metrischen System vorgenommen, das vom Erdumfang als reinstem Raummaß abgeleitet ist, sondern vielmehr beziehen sich fast alle Maßeinheiten – ganz im Sinne des anthropozentrischen Weltbildes – auf den Menschen.[50] In diesem Raum gibt es die Natur, die natürliche Umgebung, die entweder gefährlich oder nützlich sein kann. Es gibt hohe Berge und reißende Flüsse, die überwunden wer-

---

[47] Vgl. Borst, A.: Lebensformen im Mittelalter, Frankfurt am Main 1995.
[48] Borst 1995, S. 212.
[49] Vgl. Schama, S.: Landschaft und Erinnerung. In: Conrad, C./Kessel, M. (Hrsg.): Kultur und Geschichte. Neue Einblicke in eine alte Beziehung, Stuttgart 1998, S. 242-263, hier: S. 252.
[50] Das beginnt mit Elle und Yard als Länge des menschlichen Unterarms, dem Klafter, der Spannweite menschlicher Arme; Fuß und Schritt erinnern noch unmittelbar an den Weg des Wanderers und die Meile, bestehend aus tausend Doppelschritten, ist gängiges Längenmaß. Vgl. Borst 1995, S. 144f.

den müssen, sowie fruchtbare Täler und klare Bäche, die die tägliche Versorgung mit dem Lebensnotwendigen bereitstellen.

*1.1. Von Ort zu Ort - die Orientierung im Raum.*

„Die meill gehn Sant Jacob: Item so sein ditz die meyl, von Jenff (Genf) L meyl gehn Avian (Avignon), von Avian L gehn Dolosa (Toulouse), von Dolosa für Beana (Bayonne) und durch Pisskey (Biscaya) C meil gehn Purges (Burgos) [...]"

*Peter Rieter, ein Nürnberger Kaufmann 1428.*[51]

Raum wird durch das Vorhandensein von Orten geprägt: ein Netz von Siedlungen, Dörfern und Städten zieht sich von bspw. Nürnberg bis eben nach Santiago, und man geht von Ort zu Ort, „Die meill gehn Sant Jacob". Der Reisebericht steht in der Tradition von Itinerarien, es werden Wegstrecken bis zum Pilgerziel aufgelistet, teilweise unterbrochen durch Schilderungen von Ereignissen, die sich an den erwähnten Orten zugetragen haben.[52] Raum wird in diesen Berichten strukturiert unter dem Gesichtspunkt von Orientierungsmöglichkeiten, die zunächst einmal durch Orte gegeben sind. Weitere markante Anhaltspunkte für den Reisenden sind Herrscher und Reiche, Landesgrenzen und Zölle, Sprach- und Volksgrenzen. Wenn es der Orientierung dient, werden auch geographische Besonderheiten erwähnt, z.B. Weggabelungen, Berge, Schlösser, Brücken und Fähren. So schildert etwa Künigs Führer sehr detailliert:

„Danach findest du nach einer Meile eine Burg hinter einem Wald, darauf nach zwei Meilen bald ein Spital, danach, viel Meilen weiter gleich eine Stadt, die Remiliacus (Rumilly) heißt. Nach wieder vier Meilen kommst du direkt nach Ax zu einem Wildbad (Aix-les-Bains)."[53]

---

[51] „Wen Peter Rieter gehn Sant Jacob zoge" (1428). Die Abrechnung eines Nürnberger Kaufmanns und die Begründung einer Familientradition. In: Herbers/Plötz 1996, S. 68-77, hier: S. 76-77.

[52] Vgl. etwa auch den Bericht von Seigneur de Caumont (1417), in: Herbers/Plötz 1996, S. 55-67.

[53] „Die walfahrt und straß zu sant Jacob" des Hermann Künig von Vach (1495). Der „klassische" deutsche Pilgerführer. In: Herbers/Plötz 1996, S. 164-209, hier: S. 186.

### *1.2. „manch wild scheuzlich gebirg" – die wilde Natur.*

„Is ligen fünf berg im welschen lant,
die seint uns pilgram wolbekannt:
Der erst haist Runzville (Roncesvalles),
und welcher bruoder darüber get,
sein backen werden im schmale.(...)
Der vierte haist der Rabanel (Rabanalpaß),
darüber laufen die Brüder und Schwestern gar schnel,
der fünfte haist in Alle Fabe (Cebrero-Paß),
da leit vil manches bidermans kint auß teutschem lant begraben."

*„Wer das elent bawen wel", Pilgerlied (15. Jahrhundert)*[54]

Berge sind gleichsam ein Synonym für Gefahren und Beschwerlichkeiten. Höhenunterschiede sind zu überwinden und ungesicherte, schmale Wegen zu bewältigen – viele Pilger starben im Gebirge, so das Lied. Die Berge werden nicht als sportliche Herausforderung gesehen, sondern man versteht die damit verbundenen Anstrengungen als Prüfung für die Festigkeit des Glaubens – indem man sich ihnen stellt, verdient man sich das Himmelreich.[55]

Der Weg führt durch „manch wild scheuzlich gebirg"[56], durch die in weiten Teilen ungezähmte Natur und eine für den Menschen noch lebensfeindliche Umgebung, durchzogen von besiedelten und freundlichen Einsprengseln, den fruchtbaren Tälern oder hübschen Städtchen, in denen der Pilger Schutz und Obdach findet. Deutlich ist ihm die Erleichterung anzumerken, dass über den „reißenden Fluß, der Ebro heißt", eine „Steinbrücke" führt, mit der die Gefahr des Ertrinkens gebannt ist.[57] Die Natur zu zähmen ist die eine Sache, ihr

[54] „Wer das elent bawen wel". Ein Pilgerlied aus dem 15. Jahrhundert. In: Herbers/Plötz 1996, S. 151-163, hier: S. 158-159.

[55] „Der andere haist der Monte Christein, der Pfortenbek mag wol sein bruoder sein, sie seint einander vast gleiche, und welcher bruoder darüber get vordient das himmelreiche." Vgl. „Wer das elent bawen wel". Ein Pilgerlied aus dem 15. Jahrhundert. In: Herbers/Plötz 1996, S. 151-163, hier: S. 158-159.

[56] „Des böhmischen Herrn Leos von Rozmital Ritter-, Hof- und Pilgerreise durch die Abendlande" (1465-1467). In: Herbers/Plötz 1996, S. 99-128, hier: S. 119.

[57] Die „loeblich pylgrymmacie" Arnold von Harffs (1496-1498). Ein rheinischer Lebemann unterwegs. In: Herbers/Plötz 1996, S. 210-228, hier: S. 227.

Versorgung und Verpflegung auf dem Wege abzutrotzen eine andere.

*1.3. Fruchtbare Täler - die gezähmte Natur.*

„Der Ort hat keinen Fluß, sondern zahlreiche und gute Quellen, die Süßwasser hervorsprudeln lassen. [...] Das Land ist freilich gut, und die Gärten der Stadt sind voll mit Apfelsinen-, Zitronen-, Apfel-, Pfirsich-, Pflaumen- und anderen Fruchtbäumen."

*Hieronymus Münzer (1494)*[58]

Natur wird unter drei Gesichtspunkten wahrgenommen: Sie hält Gefahren bereit, sie dient zur Orientierung und sie versorgt den Menschen mit Nahrung. So tauchen in den Berichten der Pilger immer wieder die fruchtbaren Täler und das gute Trinkwasser auf. Auch Hermann Künig von Vach löst in seinem bekannten deutschen Pilgerführer sein Versprechen, „Wege und Stege" zu beschreiben und mitzuteilen, „wie sich jeder Jakobusbruder mit Trinken und Essen versorgen soll", ein:[59] Die „Quelle mit Trinkwasser"[60] wird empfohlen, vor dem „schlechten Wasser" in der Stadt Sahag gewarnt.[61] Die Schätze der Natur sind nicht schöne Blumen und bunte Vögel, sondern „beste Rebstöcke" und „süsses und trinkbares Wasser, voll von Forellen".[62]

[58] „Itinerarium Hispanicum" des Nürnbergers Hieronymus Münzer (1494). In: Herbers/Plötz 1996, S. 135-150, hier: S. 143.
[59] „Die walfahrt und straß zu sant Jacob" des Hermann König von Vach (1495). Der „klassische" deutsche Pilgerführer. In: Herbers/Plötz 1996, S. 164-209, hier: S. 182.
[60] Ders., S. 185.
[61] Ebenda.
[62] „Itinerarium Hispanicum" des Nürnbergers Hieronymus Münzer (1494), in: Herbers/Plötz 1996, S. 135-150, hier: S. 149.

*2. Vom Jenseits ins Diesseits.*

„Am 13. Dezember kamen wir nach Compostela, das rundherum von Hügeln umgürtet ist. In der Mitte gibt es einen weiteren Hügel, so als ob er in der Mitte des Kreises erhoben wäre. [...] Die Stadt ist nicht groß, aber alt und mit einer sehr guten alten Umwallung und zahlreichen und starken Türmen befestigt."

*Hieronymus Münzer (1494)*[63]

Das 15. Jahrhundert wird als Epochengrenze zwischen Mittelalter und Neuzeit verstanden, gekennzeichnet durch Expansionen in materieller wie intellektueller und religiöser Hinsicht und durch eine immer weitergehende Differenzierung von Denkweisen und Organisationsformen, sein signum ist die „Neugierde".[64] Auch in den Pilgerberichten lassen sich Spuren dieses Übergangs zwischen Mittelalter und Neuzeit finden. In der veränderten Wahrnehmung und Beschreibung von Natur schlägt sich, im Unterschied zu der Jenseitsorientierung im Mittelalter, eine stärkere Diesseitsorientierung als Merkmal der Neuzeit nieder.

In einigen Berichten spiegelt sich die geistige Umbruchsituation des Übergangs vom Spätmittelalter zur frühen Neuzeit. Der schon weiter oben zitierte Hieronymus Münzer nimmt das Unbekannte wahr, versucht es zu beschreiben und zu begreifen. Er beschreibt die Landschaft nicht nur in pragmatischer Absicht, also in Hinblick auf einen etwaigen Nutzen für nachfolgende Reisende, sondern er versucht mit Hilfe differenzierender Begriffe, die Lage Santiagos so zu veranschaulichen, dass sich der Leser ein Bild von der Lage der Hügel in Santiago machen kann. An anderer Stelle vergleicht er einen spanischen Fluss mit dem ihm vertrauteren Rhein in Basel, d.h. er versucht, die neuen Eindrucke einzuordnen, indem er Vergleiche zu anderen Naturgegebenheiten aufstellt. Er versucht nicht, in dem Unbekannten den vertrauten Gott zu erkennen, Fremdes also mittels der in ihr wirkenden Allmacht Gottes zu begreifen, sondern er ist neugie-

[63] Ders., S. 143.

[64] Vgl. Meuthen, E.: Das 15. Jahrhundert, München 1984; und insbesondere zur „curiositas" an der Schwelle zur Neuzeit Blumenberg, H.: Die Legitimität der Neuzeit, Frankfurt am Main 1966, insbesondere Kap. 3, S. 201-433.

rig auf das Vorfindbare an sich. Naturelemente werden hier getrennt von ihrer symbolischen Bedeutung betrachtet, der Wald erscheint nicht mehr zwingend als Sinnbild menschlicher Sündhaftigkeit, der dem irrenden Wanderer den geraden Weg zu Gott versperrt.[65]

Zwei Elemente sind es, die in Münzers Bericht auftauchen: die Orientierung auf das Diesseits, die sich in dem Versuch äußert, einen wirklichkeitsgetreuen Eindruck der von ihm durchpilgerten Landschaft zu vermitteln, und die differenzierte Wahrnehmung, die ihn zwischen „hohen", „sehr hohen" und „äußerst hohen" Bergen unterscheiden lässt. Diese neue Art der Wahrnehmung war Ausdruck einer Distanz zur Natur, die dem mittelalterlichen Menschen fremd war. „Mittelalterliche Menschen sind der Natur nahe genug, um ihre bedrohliche und ihre gebändigte Wirkung zu spüren; sie stehen ihr aber nicht fern genug, um sie als Einheit zu sehen."[66] Aus der Distanz Dinge voneinander zu trennen, ihnen verschiedene Namen zu geben, um sie in Gedanken wie Rede voneinander unterscheiden zu können, war Voraussetzung dafür, dass die Erfahrung von Welt differenziert beschrieben und vermittelt werden konnte. Dieses erleichterte die Einordnung der neuen Eindrücke, befähigte den Betrachter, Ordnung in die unbekannte Welt zu bringen und versetzte ihn gleichzeitig in die Lage, darüber zu berichten.

So beeinflussten Wahrnehmung und Kenntnisse sich wechselseitig, eine allmähliche Entwicklung, die sich auszeichnete durch das Nebeneinander scheinbar gegensätzlicher Tendenzen. Dennoch verlor der Satz, dass der Reisende nur sieht, was er weiß und kennt, sicherlich nicht ganz seine Gültigkeit, sondern Mythen der Jenseitsorientierung wurden durch neue abgelöst. 1446 jedenfalls war die Welt noch „in Ordnung" und das Ende der Welt wurde somit von Sebastian

[65] Huizinga betont in diesem Zusammenhang den mittelalterlichen Mangel an einem „kritischen Unterscheidungsvermögen" und betont, dass stets ein Motiv zur Erklärung reichte, mit Vorliebe das allgemeinste, das unmittelbarste oder das gröbste. Vgl. Huizinga, J./Köster, K. (Hrsg.): Herbst des Mittelalters, Stuttgart 1975, S. 342-345.
[66] Borst 1995, S. 212.

Ilsung aus Augsburg auch noch wahrgenommen und als solches beschrieben:

„Da kam ich zuo dem Finster Steren, aber zuo latein haisset es affinnis tera, ist zuo teisch am end dez erttrichs. [...] Da ist ain (h)ocher berg und daz groß wild mer stosett uf all seiten dar an an, da man hein uf gat. Und ist wol am halbe meil (h)hoch. Da sicht man unser heren fus tritt in den herten fellsenn und am brunnen, den er gemacht hat. Und der fels hat sich genaiget, gelich als ain sessell. Dez gelich unser frau (hat) ach ain sesell und sant Johans und Jacob und sant Peter. Und vir den berg hin us, da ist daz mer als (h)och und als ungestem uf zwo tagrais, wen der wind da hin schlecht, der komt neimer mer her wider, und hat da uf waser und land ain endt.“[67]

In der deutschen Übersetzung nämlich bedeutet finis terrae das Ende des Erdreichs und als solches wurde es auch empfunden: ein hoher Berg, ein großes wildes Meer, das dagegen stößt, und in dem schon mancher verschollen sei. Zwei Jahrhunderte später hatte dieser magische Ort erheblich an Faszination eingebüßt, nunmehr war er schlicht das Ende Europas.[68] So begab sich der Wiener Christoph Gunzinger am Ende seiner Pilgerfahrt (1654-1655) auch nach Finisterre, „an die äusserste Gräntzen Hinspaniae vnd zugleich Europae“; „Diser Orth, gantz an Oceano occidentali gelegen“ sei „nit groß“, habe aber gleichwohl einen Hafen, allerdings würden „grosse Schiff ohne Noth nit einlauffen“.

[67] „Zum finster sterren und unser liebe frauen schiff“ (1446). Sebastian Ilsung aus Augsburg. In: Herbers/Plötz 1996, S. 78-90, hier: S. 88.

[68] Barret und Gurgand erklären den besonderen Reiz, den der Weg nach Santiago auf Pilger ausübte, mit eben dieser Grenzerfahrung: „Der Kult des heiligen Jakobus ist um so verständlicher, als dieser Jünger Jesu einer der beiden Apostel ist, deren Grab sich im Abendland befindet. Es scheint jedoch, dass die Wallfahrt nach Rom nie einen den Sehnsüchten der abendländischen Christen so tief angemessenen Charakter angenommen hat wie jene nach Santiago. Vielleicht liegt es daran, dass Rom nicht diese geographische Lage am Ende einer antiken keltischen Straße besitzt, am äußeren Ende der nach damaligem Verständnis bewohnten Erde: finis terrae!“. Vgl. Barret, P./Gurgand, J.-N.: Unterwegs nach Santiago. Auf den Spuren der Jakobspilger, Freiburg 1982, S. 20f.

*3. Keine Karten.* Die geographischen Kenntnisse der mittelalterlichen Pilger waren durch die Jenseitsorientierung und ein grundsätzlich anderes Verhältnis zur Natur geprägt. Die Zeit war für die Entwicklung anwendungsbezogener technischer Landkarten mit dem ausschließlichen Ziel der Orientierung und dem Verzicht auf die Darstellung einer allgemeinen Weltanschauung noch nicht reif. In der durch mündliche Überlieferungen gekennzeichneten mittelalterlichen Gesellschaft gab es ohnehin andere Informationsquellen, z.B. Lieder und Geschichten, die Karten nahezu überflüssig erscheinen ließen. Zur Orientierung scheint es auch heute ausreichend zu sein, den jeweiligen Endpunkt einer Tagesetappe mündlich zu erfahren. Wegmarkierungen in Form der Jakobsmuschel und Hinweise von Einheimischen haben vermutlich damals genauso beim Auffinden des Wegs geholfen wie heute.

Einschränkend ist zu bemerken, dass die Tatsache, dass Landschaftsbeschreibungen in den Berichten der Pilger anfangs kaum vorkommen, nicht zwingend bedeutet, dass die jeweiligen Verfasser einen sonnenlichtdurchfluteten Hain o.ä. nicht als ‚schön' empfunden haben. Es ist auch möglich, dass es sich dabei einfach um kein berichtenswertes Ereignis handelte, sondern prächtige Schlösser und Wunder auf dem Weg eher gängige Topoi waren. Die hier vorgestellten Eindrücke und Überlegungen sind auf der Basis von Berichten formuliert worden, die Klaus Herbers und Robert Plötz in einer Quellensammlung herausgegeben haben. Es ist nicht auszuschließen, dass es auch andere Berichte, andere Quellen gibt, die hier nicht berücksichtigt wurden und deren Auswertung ganz andere Schlüsse zulassen. Allein, angesichts des ewigen Dilemmas, „auf dürftiger wissenschaftlicher Grundlage zu bemerkenswerten Schlüssen [zu] gelangen oder auf solider wissenschaftlicher Grundlage zu nebensächlichen", war angestrebt, eine Balance zu halten.[69]

[69] Ginzberg, C.: Mythes, emblèmes, traces, 1993. Zitiert nach: Corbin, A. (1998): Geschichte und Anthropologie der Sinneswahrnehmung. In: Conrad/Kessel 1998, S. 121-140, hier: S. 129.

## IV
## Fazit

Das Zurückgreifen auf Pilgerhandbücher und das Fehlen jeglicher Reisekarten verdeutlichen, dass die geographischen Kenntnisse mittelalterlicher Pilger nur in ihrem zeitlichen Kontext erörtert werden können. Durch eine genauere Untersuchung der historischen Gegebenheiten in Verbindung mit einer Interpretation der angefertigten Karten lassen sich Rückschlüsse auf die damaligen räumlichen Kenntnisse ziehen. Die Lektüre der Pilgerberichte belegt in eindrucksvoller Weise die Unterschiedlichkeit der geographischen Kenntnisse zwischen dem damaligen und dem heutigen Wallfahrer.

Besonders prägend für das Verständnis der Welt, in der sich der Jakobspilger auf den Weg begab, war die Verheißung der Erfüllung im Jenseits. Auf vielen mittelalterlichen Karten wird die Welt als von Gott getragen dargestellt. Die Menschen verstanden sich als höchstes Geschöpf Gottes auf Erden und die Natur war in ihren Augen in erster Linie ein Schöpfungswerk Gottes, das ihnen zum Überleben gegeben war. Das heutige Interesse für sie, in Verbindung mit naturwissenschaftlichen Kenntnissen, war den Pilgern des Mittelalters fremd. Aus diesem Mangel an „kritischen Unterscheidungsvermögen“[70], der eine Trennung zwischen den Naturelementen und ihrer symbolischen Bedeutung nicht zuließ, lässt sich u.a. der Mangel an differenzierten Orientierungskarten erklären. Auch die unpräzisen Maßgrößen wie beispielsweise „tausend Doppelschritte“ und eine sich erst langsam entwickelnde differenzierte Begrifflichkeit standen einer sich schneller entwickelnden Kartographie entgegen.

Darüber hinaus nahm die Bedeutung von Mobilität nur langsam zu und im Laufe der Zeit gab es eine Verlagerung von kämpferischen zu friedlichen Motiven des Austauschs. Diese erweiterte Perspektive, die den Blick auch über die eigene Scholle hinausgehen ließ, steigerte das Bedürfnis nach Orientierungsmöglichkeiten im Raum. Die aufkommende Neugierde und die Erfindung technischer Hilfsmittel

[70] Huizinga/Köster 1975, S. 345.

führte die geographischen Kenntnisse allmählich zu einem Niveau, das dem heutigen „Wissenschaftspilger Europas“ ermöglicht, mit kleinschrittigen Wegbeschreibungen, detaillierten Wanderkarten und genauesten Höhen- bzw. Anstrengungsprofilen den Weg in Angriff zu nehmen.

Die persönlichen Pilgererfahrungen haben gezeigt, dass für die tägliche Orientierung detaillierte Karten natürlich hilfreich sein können Oft reichte aber auch der Name des am Morgen mitgeteilten Zielortes, um diesen am Abend zu erreichen, da neben den zahlreichen Wegmarkierungen in Form der Jakobsmuschel die Hinweise von Einheimischen für das meist problemlose Auffinden des „camino“ ausreichten.

**Literatur**

Barret, P./Gurgand, J.-N. (1982): Unterwegs nach Santiago. Auf den Spuren der Jakobspilger, Freiburg.

Barthel, G./Stock, K. (Hrsg., 1994): Lexikon Arabische Welt, Darmstadt.

Blumenberg, H. (1966): Die Legitimität der Neuzeit, Frankfurt am Main.

Borst, A. (1995): Lebensformen im Mittelalter, Frankfurt am Main.

Büttner, M. (Hrsg., 1979): Abhandlungen und Quellen zur Geschichte der Geographie und Kosmologie, Paderborn.

Charpentier, L. (1993): Der Pilgerweg nach Compostela. In: Rohr, W. (Hrsg., 1993): Magisch Reisen, München.

Conrad, C./Kessel, M. (Hrsg., 1998): Kultur und Geschichte. Neue Einblicke in eine alte Beziehung, Stuttgart.

Ginzberg, C. (1989): Mythes, emblèmes, traces. Zitiert nach: Corbin, A. (1998): Geschichte und Anthropologie der Sinneswahrnehmung. In: Conrad/Kessel 1993.

Grosjean, G./Kinauer, R. (1970): Kartenkunst und Kartentechnik. Vom Altertum bis zum Barock, Bern/Stuttgart.

Herbers, K./Plötz, R. (1996): Nach Santiago zogen sie. Berichte von Pilgerfahrten ans ‚Ende der Welt‘, München.

Huizinga, J./Köster, K. (Hrsg., 1975): Herbst des Mittelalters, Stuttgart.

Jakobs, H. (1994): Kirchenreform und Hochmittelalter 1046-1215, München.

Kretschmer, K. (1962): Die italienische Portolane des Mittelalters. Ein Beitrag zur Geschichte der Kartographie und Nautik, Hildesheim.

Leithäuser, J. G. (1958): Mappae Mundi. Die geistige Eroberung der Welt, Berlin.

Melczer, W. (1993): The pilgrim´s guide to Santiago de Compostela, New York.

Meuthen, E. (1984): Das 15. Jahrhundert, München.

Pantenburg, V. (1970): Das Portrait der Erde. Geschichte der Kartographie, Stuttgart.

Salistschew, K. A. (1967): Einführung in die Kartographie, Leipzig.

Schama, S. (1998): Landschaft und Erinnerung. In: Conrad/Kessel 1993.

Skaleit, S. (1995): Entwicklungskräfte der Frühzeit. In: Maximilian-Gesellschaft/Tiemann, B. (Hrsg., 1995): Die Buchkultur im 15. und 16. Jahrhundert, Hamburg.

Watt, M. W. (1988): Der Einfluss des Islam auf das europäische Mittelalter. In: Raulff, U. (Hrsg., 1988): Kleine kulturwissenschaftliche Reihe, Berlin.

# Mobilität der Studenten – Wissenschaftsalltag

Sven Bajorat und Olaf Rughase

Die nachfolgende Ausarbeitung beschreibt im ersten Teil die Form des mittelalterlichen Studiums, setzt im zweiten Teil das Studium mit den damaligen Lebensumständen in Zusammenhang und stellt schließlich im dritten Teil die peregrinatio academica als Element europäischer Geschichte vor.

## I
## Die Form des Studiums im Mittelalter[1]

*1. Die Entstehung der Hochschulen – von der familia zur Institution.* In der Entstehungsphase der Hochschulen des Mittelalters (ca. 11.-12. Jahrhundert) muss man sich, im Gegensatz zu heutigen Vorstellungen, die „Universität" als eine personenverbandlich organisierte Gemeinschaft vorstellen.[2]

Diese um den Lehrer gescharte Gesellschaft der Studierenden bildete damals den Kern des Universitätslebens. Eine von den Studierenden losgelöste Institution „Universität" existierte nicht. Aus heutiger Sicht scheint das intensiv ausgeprägte mittelalterliche Denken und Handeln in Form von Sozialkörpern (wie beispielsweise Gilden, Bruderschaften oder Familien) der Grund für die Verzögerung des Überganges der Universität zu einer Institution zu sein. Vielmehr entwickelten sich die ersten Universitäten erst in jahrzehntelangen Prozessen zu den akademischen Zentren, die sie größtenteils bis heute geblieben sind.

---

[1] Nachfolgende Ausführungen basieren im wesentlichen auf Rüegg, W. (Hrsg.): Geschichte der Universität in Europa, München 1993.

[2] Der Begriff universitas bedeutete im Mittelalter „Gemeinschaft" oder „Gesellschaft".

Anschaulich wird die Vorstellung der mittelalterlichen Universität als eine Gemeinschaft aus Magisterfamilien/-schulen anhand zeitgenössischer Darstellungen. Ähnliche Bilder zeigen auch die Universitätssiegel von Paris, Oxford, Wien und Erfurt.

Abbildung 1: Albertus Magnus (gest. 1280) im Kreise seiner Studenten. Der mit einem Heiligenschein versehene Student ist wahrscheinlich der hl. Thomas von Aquin (gest. 1274).[3]

[3] Müller, R. A. 1990: Geschichte der Universität. Von der mittelalterlichen universitas zur deutschen Hochschule, München 1990, S. 9.

Auch wenn man die Gründung der Universität von Neapel im Jahre 1224 durch Friedrich II. wahrscheinlich als erste „reguläre“ und dokumentierte Entstehung einer Hochschule bezeichnen kann, sind Paris und Bologna als die bedeutendsten Vorreiter der damaligen Hochschulentwicklung anzusehen. Während die Bologneser Universität sich dabei durch eine starke studentische Beteiligung sowohl bei der Gründung als auch bei der Leitung (durch den studentischen Rektor) auszeichnete, unterlag Paris ausschließlich der Aufsicht von Professoren und dem Kanzler von Notre Dame.

Die Entstehung der Universität als Institution vollzog sich durch die Zuerkennung der eigenen Gerichtsbarkeit. Als ‚Fremde' an ihrem Hochschulort bedurften die Studenten eines besonderen Rechtsschutzes. Aus diesem Grunde erließ Friedrich Barbarossa in Bologna schon im Jahre 1158 die „authentica habita“. Jene habita gewährte den Bologneser Studenten zum einen Freizügigkeit bei der Ausübung ihrer Studientätigkeit, zum anderen verbot sie, die Studenten für Schulden ihrer Landsleute haftbar zu machen (siehe auch Abschnitt 3).[4] Die authentica habita gilt als Grundlage aller nachfolgend gewährten „akademischen Freiheiten“.

2. *Studienvoraussetzungen.* Voraussetzungen für die Aufnahme eines Studiums, z.B. einen schriftlichen Nachweis der Studierfähigkeit in Form eines adäquaten Ausbildungszertifikates, gab es grundsätzlich nicht. Der Grund dafür war das Fehlen eines Schulwesens, welches ein halbwegs einheitliches Grundwissen hätte vermitteln können. Die Trennung zwischen Universität und Schule war keineswegs so eindeutig wie in unserer Zeit. Selbst diejenigen Studienanfänger, die die lateinische Sprache nicht beherrschten, bekamen sie in Kursen der Artistenfakultät vermittelt oder griffen auf angeschlossene Pädagogika zurück. Deshalb war es auch nicht selten, dass sich viele Studenten schon im Alter von 14-15 Jahren immatrikulierten.

---

[4] Seggern, H. v.: Geschichte der Universitäten und Korporationen, 1996. In: „HANSEA“ im Coburger Convent zu Bielefeld [online], Bielefeld, http://www.arcom.de/hansea/geschichte.htm, Abruf v. 24.06.1998, S. 1.

Explizite Regelungen zur Immatrikulation weiblicher Studierender lassen sich erst gegen Ende des 19. Jahrhunderts finden, so dass allem Anschein nach in den Universitäten des Mittelalters Studentinnen keine bzw. nur eine äußerst untergeordnete Rolle spielten.[5] Hatte der Student eine familia oder den gewünschten Magister gefunden, so musste dieser seiner Aufnahme zustimmen. Erst dann erfolgte die Eintragung in das Matrikel. Insofern war die Auswahl das einzige Aufnahmekriterium zu dieser Zeit.

*3. Immatrikulation.* Die Eintragung in das Magister- oder Fakultätsmatrikel erfolgte sowohl aus juristischen wie aus fiskalischen Gründen. Die Universität hatte ein juristisches Interesse an der Kontrolle der Zugangsberechtigung: zum einen, um Rechte (Schutz, Hilfe) zu gewährleisten, zum anderen, um Pflichten (Anwesenheit, gebührliches Betragen) überprüfen zu können. Nicht zuletzt konnten nur eingetragene Studenten die universitären Titel verliehen bekommen. Die rechtlich verbindliche Immatrikulation vollzog sich mit der Ableistung des juramentum, dem Eid.[6] Auch hier zeigt sich, dass die Universität im Mittelalter ein für diese Zeit typisch organisierter Sozialkörper war, hier als Schwurverband. Kernbestandteile dieses Schwures waren der Gehorsam dem Rektor gegenüber, die Statuten der Universität, die Förderung des Wohls und die Wahrung des Friedens innerhalb und außerhalb der Universität (z.B. im Interesse der „öffentlichen Ordnung“ auf Tätlichkeiten als Rache für angebliche Ungerechtigkeiten zu verzichten). Mit Beginn der national-territorialen Epoche stellte der Schwur oft auch eine Verbindung zum jeweiligen Landesfürsten her.

Das fiskalische Interesse der Universität an der Immatrikulation betraf im wesentlichen die Aufnahmegebühr, welche je nach Position und finanziellem Vermögen festgesetzt wurde. Ausnahmen von dieser Regel waren zum einen die pauperes (die Armen) und zum ande-

---

[5] Kerner, C.: Lise, Atomphysikerin. Die Lebensgeschichte der Lise Meitner, Weinheim/Basel 1998, S. 34.

[6] Eidmündigkeit erreichte man nach kanonischem Recht schon mit 14 Jahren. Vgl. Schwinges, R. C. Die Zulassung zur Universität. Der Student in der Universität. In: Rüegg 1993, S. 161-222.1993, S. 170.

ren hochgestellte Persönlichkeiten aus Adel und Klerus. Begründet wurde die Gebührenfreiheit der sehr vermögenden Studenten mit dem enormen Prestigegewinn, den die Universität durch die Zugehörigkeit dieser Persönlichkeiten gewann.

*4. Akademische Grade.* Die akademischen Grade des Mittelalters können wie folgt beschrieben und eingeteilt werden:

baccalaureus[7]
Dieser niedrigste akademische Titel wurde nach Abschluss eines ca. zweijährigen Studiums der artes (Künste) verliehen.[8] Er entspricht, soweit überhaupt vergleichbar, unserer heutigen mittleren Reife.

magister (artium)
Diesen Titel erhielt man nach ca. zwei weiteren Jahren an der Fakultät der Künste und schloss damit die Ausbildung dort ab. Der magister entspricht ungefähr der heutigen Hochschulreife.

doctor (oder Examen der höheren Fakultät)
Studierte man nach dem Abschluss des magister weiter an einer der höheren Fakultäten (Jura, Medizin, Theologie, Philosophie), so konnte man dieses Studium mit dem oben genannten Titel oder dem einfachen Examen abschließen. Der doctor von damals entspricht am ehesten unseren heutigen Vorstellungen von einem Studium. Bis in das 15. Jahrhundert hinein wurden jedoch die Begriffe doctor und magister synonym verwendet.

*5. Anzahl der Studenten.* Von der Anzahl der eingeschriebenen Studenten hing damals die Höhe der Gebühreneinnahmen der Universitäten ab. Daher wurde bei der Führung der Bestandsverzeichnisse eine besondere Sorgfalt angewandt. Aus diesen Bestandsverzeichnissen lassen sich heute Entwicklungen der damaligen Zeit ableiten.

---

[7] Der Begriff wird etymologisch unterschiedlich hergeleitet. Zum einem aus dem Altfranzösischen „bas chevallier“ (=niedriger Ritter), zum anderen aus dem Lateinischen „bac laureus“ (=Lorbeerkranz). Vgl. Müller 1990, S. 28.

[8] Zur Erklärung dieser Art von allgemeinbildendem Studiengang siehe Kapitel II, 4. „Wissenschaftsalltag“.

So ist zu erkennen, dass es parallel zur einschneidend negativen Bevölkerungsentwicklung zu Zeiten der Pest bei den Studentenzahlen einen langfristigen Aufwärtstrend gegeben hat. Beispielhaft erwähnt sei hier die Universität Erfurt (gegr. 1392), die in den ersten 100 Jahren ihrer Existenz einen Semesterdurchschnitt von 130 immatrikulierten Studenten aufwies, der sich im Laufe des 16. Jahrhunderts weiter erhöhte.[9] Dennoch zählte Erfurt eher zu den kleinen Universitäten, denn die Universitäten von Paris, Oxford, Cambridge, Bologna, Salamanca, Wien und Löwen hatten eine Kapazität von durchschnittlich ca. 1000 Studenten, wobei sich ca. 400-500 Studenten pro Jahr im- und exmatrikulierten.[10]

## II
## Das studentische Leben im Mittelalter

*1. Studententypen.* Vom Idealbild einer egalitären Studierendengemeinschaft war man im Mittelalter sehr weit entfernt. Wie schon erwähnt, fehlte zum einen die einheitliche Vorbildung, und zum anderen erzeugten die erheblichen Standesunterschiede zwischen den Studenten große Gegensätze. Um eine Vorstellung von der Gemeinschaft der Studierenden zu bekommen, sollen aus den vielfältigen Charakteren der mittelalterlichen Studentenschaft fünf verschiedene Grundtypen beispielhaft dargestellt werden.[11]

Der erste Studententyp war der scholaris simplex, ein zu Beginn des Studiums 14-l6jähriger Scholar, der überwiegend aus der Mittelschicht stammte und elementare Grundkenntnisse des Schreibens, Lesens und der lateinischen Grammatik besaß. Er schloss sich einem Magister der Artistenfakultät an und vertiefte seine Kenntnisse, bis er die Universität nach ein bis zwei Jahren ohne einen Abschluss wieder verließ. Daraus könnte man schließen, dass das fachliche Bil-

[9] Hoyer, S.: Die Universität im Mittelalter und in der Renaissance. In: Beitr. Wissenschaftsgesch.: Wissenschaft in Mittelalter und Renaissance, Berlin 1987, S. 11-24, hier: S. 13.

[10] Die meisten Universitätsstandorte galten im Mittelalter als Großstädte (ab 10.000 Einwohner). Vgl. Schwinges 1993, S. 176.

[11] Schwinges 1993, S. 182-185.

dungsniveau nach dieser Zeit ausreichte, um einen zufriedenstellend entlohnenden Beruf zu ergreifen. Zahlenmäßig stellte dieser Typus die Hälfte und mehr der gesamten Studentenschaft.

Der zweite Typ unterschied sich vom ersten hauptsächlich durch sein Ziel, die Artistenfakultät mit dem Titel des baccalaureus abzuschließen. Seine Motivation mochte in der mit diesem Titel verbundenen Aufstiegshoffnung des im Durchschnitt aus einer sozial niedrigen Schicht stammenden Typus liegen. Zum Zeitpunkt des Abschlusses war er ca. 16-19 Jahre alt und stellte die zweitgrößte Gruppierung an einer Universität.

Noch einen Schritt weiter wollte der dritte Typ des mittelalterlichen Studenten. Er erlangte in der Regel im Alter von 19-21 Jahren den Titel des Magisters der freien Künste (magister artium). Seine soziale Herkunft entsprach weitestgehend derjenigen des zweiten Typs, allerdings repräsentierte er nur noch ungefähr jeden zehnten Universitätsbesucher. Mit Verleihung der Magisterwürde erhielt der Student die Chance, in eine Lehrtätigkeit einzutreten und seine eigene familia um sich zu scharen. Viele Studenten dieses Typs finanzierten so ihr weiteres Studium an einer der höheren Fakultäten.

Grundlegend verschieden war der vierte Typ. Aufgrund seines gesellschaftlichen Standes genoss er ein hohes Ansehen; einer bestimmten Alterklasse war er nicht zuzuordnen. Vorgebildet durch Privatlehrer und seiner sozialen Stellung angemessen widmete er sich typischerweise der höheren Fakultät der Juristen. Insbesondere Bologna war bis in das 15. Jahrhundert hinein das mittelalterliche Zentrum der vornehmen Jura-Studenten aus ganz Europa.

Den fünften Typ des damaligen Studenten könnte man als „Fachstudent“ bezeichnen. Ein Typ, der dem heutigen Studenten vielleicht am ähnlichsten ist. Er studierte bis zur Ablegung des Doktorgrades in einem Fach der höheren Fakultäten. Jedoch stellte dieser Typus, im fortgeschrittenen Alter von ca. 25-30 Jahren, eine verschwindend geringe Minderheit (ca. 2-3 %) an der Universität dar.

Aus soziologischer Sicht wäre dies auch als eine Klassifizierung nach Herkunft oder Stand interpretierbar, an der man erkennt, dass die Universität im Mittelalter ein Abbild der durch Privilegien und Vermögen unterteilten Gesellschaft war.

*2. Studentische Organisationen.* Auch Zusammenschlüsse von Studenten waren personenverbandlich organisiert, um die Interessen ihrer Mitglieder besser durchsetzen zu können. Offensichtlich war es für einen Studenten ein ganz natürlicher Prozess, sich an einem fremden Hochschulort „Vertrautem", sei es auf heimatlich-landsmannschaftlicher oder auf gesellschaftlicher Ebene, anzuschließen. Dies hatte unter anderem den sehr pragmatischen Grund, dass es die „vornehmste Gemeinschaftsaufgabe" vieler solcher Bündnisse war, „den eigenen Mitgliedern in fremder Umgebung in jeder Gefahr, in Not und Krankheit beizustehen sowie im Falle des Todes für ein würdiges Begräbnis zu sorgen".[12] Ungeachtet formaler Schranken bildeten sich schon auf den Reisewegen zu den Hochschulorten kleine Gruppen, meistens Zweiergruppen, verbunden durch die gleiche regionale Herkunft und den Zweck, allgemeine Reisegefahren abzuwehren. Da diese Gruppenbildung auf nahezu allen mittelalterlichen Reiserouten stattfand, so auch auf dem Pilgerweg nach Santiago de Compostela, beschreibt sie ein Grundmuster mittelalterlicher Mobilität.[13] Bei der Gruppenbildung wurden Personen von gleichwertigem Rang bevorzugt, so dass nur selten ständeübergreifende Zusammenschlüsse auftraten.

Zu Beginn der Universitätsgeschichte wurden für derartige Vereinigungen die Bezeichnungen fraternitates, societates, congregationes, corpora oder collegia (Bruderschaften, Genossenschaften, Gemeinden, Körperschaften oder Kollegien) verwendet. Ein weiterer häufig verwendeter Begriff lautete „nationes". Dieser suggeriert allerdings fälschlicherweise eher nationalgesinnte Verbünde. Anfänglich sind die nationes reine Zweckbündnisse zum Schutz der Studenten, erst

---

[12] Schwinges 1993, S. 196.

[13] Schwinges 1982, S. 319-361 und de Ridder-Symoens, H.: Mobilität. In: Rüegg 1993, S. 255-275, hier: S. 255 und S. 273.

gegen Ende der mittelalterlichen Epoche kann man von ihnen als Vermittler nationaler Ideologien sprechen (sofern nationale Territorien im heutigen Sinne überhaupt definiert werden konnten).

Eine Einteilung in nationes zeigt sich am Beispiel der Pariser Universität: Im Laufe des 12. Jahrhunderts bildeten sich an jeder Fakultät vier Nationen heraus, die Französische, die Normannische, die Picardische und die Englische (welche später zur Deutschen wurde). Diese Nationen selbst waren wiederum in Provinzen und die Provinzen in Diözesen aufgeteilt. Wie großzügig jedoch die Einteilung war, zeigt sich daran, dass zur französischen Provinz auch Italiener, Spanier, Portugiesen und Orientalen gehörten.[14]

*3. Unterkunft, Wohnen und Alltagsleben.* Im Laufe des 13. Jahrhunderts bildete sich an vielen Universitäten das sogenannte collegium heraus. Dieses war meistens ein Gebäude, das aus Speise-, Wohn- und Schlafräumen, Küche, Hörsaal, Bibliothek und Kapelle bestand, die alle im Karree um einen Innenhof angeordnet waren. Die Bewohner der Kollegien waren genossenschaftlich organisierte Gemeinschaften, die sich zum Zwecke eines geregelten Studienlebens zusammengeschlossen hatten. „vivere socialiter et collegialiter et moraliter et scholariter“ formulierte der Kaplan König Ludwigs IX., Robert de Sorbon, treffend den Kerngedanken des ersten, im Jahre 1257 gegründeten collegiums, dem Collège de la Sorbonne.

Der Tagesablauf innerhalb des Kollegiums wurde durch Statuten geregelt und beschränkte sich anfangs auf das Wiederholen und Üben des auswärts gehörten Stoffes. Im späteren Mittelalter wurden Veranstaltungen der Fakultäten direkt in die Kollegien verlagert, so dass man bald von einer Kolleguniversität sprach (Paris, Oxford und Cambridge zur Mitte des 15. Jahrhunderts).

[14] Budinszky, A.: Die Universität Paris und die Fremden an derselben im Mittelalter. Ein Beitrag zur Geschichte dieser hohen Schule von Alexander Budinszky, Berlin 1876, S. 31.

Die Kollegien verwalteten sich selbst. Der Vorsteher des Kollegiums, der Dekan oder Rektor, war direkt der Universitätsführung, dem Kanzler oder dem Bischof, verantwortlich.

Als Stifter solcher kostspieligen Einrichtungen traten hauptsächlich Könige, Fürsten, Päpste oder städtische Obrigkeiten und manchmal auch Professoren auf. Sie versprachen sich davon, außer der Vergrößerung ihres Seelenheils, die Rekrutierung akademischen Nachwuchses für Kirche und Beamtenschaft.

Trotz der weiten Verbreitung der Kollegien reichten die Kapazitäten und Mittel nicht aus, um alle Studenten dort wohnen und studieren zu lassen. Viele von ihnen lebten in den weniger opulent ausgestatteten Studentenhäusern, in Studentenpensionen, in den Haushalten ihrer Professoren oder hatten Zimmer in Bürgerhäusern gemietet. In den Studentenhäusern organisierten die Vorsteher die Verpflegung und sorgten für den akademischen Unterricht, wofür man ein wöchentliches Kost-, Wohn- und Studiengeld zu entrichten hatte. Ähnlich den Statuten des Kollegs wurde auch dort das tägliche Leben durch eine Ordnung straff geregelt. Im allgemeinen kannte man im Mittelalter Ordnungen und Statuten in nahezu allen Bereichen: Zunftordnungen, Gesellen- und Lehrlingsordnungen, Kleiderordnungen der Stadtbürger, Trinkstubenordnungen der Patrizier und Hofordnungen der Fürsten.

Das Verhalten der Studenten wurde damals hauptsächlich durch die universitären Disziplinarstatuten geregelt. Sich „anständig“ zu betragen, bedeutete für Studenten damals, den Umgang mit Frauen zu meiden (insbesondere in den Studentenhäuser und Kollegien; ein weiterer Grund für die geringe Anzahl oder das gänzliche Fehlen von Studentinnen), keinerlei Waffen zu tragen (um Konflikte mit den Bürgern zu vermeiden), keine auffälligen, modischen Kleider zu tragen (vielmehr schlichte, dezente Gewänder) und schließlich, Beleidigungen in Wort und Tat gegenüber Kommilitonen und Professoren zu unterlassen. Um das nächtliche Herumstreifen auf Straßen und Plätzen zu unterbinden, wurden die Studentenhäuser beim Läuten der Abendglocke zugeschlossen und öffneten erst wieder nach dem Wecken gegen fünf oder sechs Uhr morgens. Als Sanktionsmittel gegen „Ordnungswidrigkeiten“ verordneten die Universitäten (respektive Unterkünfte) Geldstrafen und bei schwerwiegenden Fällen den Karzer oder die Exklusion. Körperstrafen gab es den Aufzeichnungen zufolge nicht.[15]

*4. Wissenschaftsalltag.* Man stelle sich die Situation vor, dass es abgesehen von den verschiedenen Fachrichtungen keinen inhaltlichen Unterschied machen würde, ob man nun in Oxford, Paris oder Erfurt studiert. Lehrer wären austauschbar und man könnte sein Studium jederzeit an einer anderen Universität ohne Unterbrechung fortsetzen. So ähnlich muss die Hochschullandschaft ausgesehen haben, der sich der Student des Mittelalters gegenüber sah. Für ihn machte es keinen großen Unterschied, ob er nun in Salamanca oder Kopenhagen studierte.[16]

Die septem artes liberales wurden ausnahmslos an jeder mittelalterlichen Universität gelehrt. Aufgeteilt wurden die sieben freien Künste der Artistenfakultät in das philologisch-philosophische Trivium von Rhetorik, Grammatik und Dialektik und das naturwissenschaftliche Quadrivium von Geometrie, Astronomie, Arithmetik und Musik.

Die Austauschbarkeit der Lehrpläne ist überwiegend zurückzuführen auf das eingeschränkt verfügbare Wissen und auf eine schmale Literaturbasis. Jedes Jahr wurde der Hauptlehrstoff, die Heiligen Schriften der Bibel, die Schriften des Aristoteles, des Euklid und Ptolemäus, die Codices des Kirchen- und Zivilrechts und die Schriften des Hippokrates und Galen, aufgeteilt, und die lesenden Magister erhielten die entsprechenden Bücher und Kapitel nebst Kommentaren und Sentencen zu diesen Werken.

---

[15] Schwinges 1993, S. 219.

[16] de Witt, H./Knight, J.: Historical and Conceptual Perspectives. In: de Witt, H. (Hrsg.): Strategies for Internationalisation of Higher Education, Amsterdam 1995, S. 7.

Für den Abschluss des baccalaureus mussten z.B. die Studenten der Universität Erfurt die institutiones grammaticae des Priscianus, das doctrinale puerorum des Alexander de Villa Dei (eine Grammatik in Versen, aufgeteilt in Etymologie, Syntax, Orthographie und Parodie), die summulas logicales des Petrus Hispanus und die erste und zweite Analytik, die Trugschlüsse, die Physik, die Psychologie und die sphärische Astronomie des Aristoteles beherrschen.[17]

„Wissenschaft" war für den mittelalterlichen Studenten daher weniger Forschung als vielmehr Aneignung, Durchdringung und Weitergabe eines festen, gesicherten Bestandes von Erkenntnissen.

Der Lehrbetrieb teilte sich in zwei Vorlesungsformen auf: die lectio und die disputatio. In der lectio las der Magister einen Text vor und erklärte ihn abschnittsweise. Die Studenten machten sich Notizen in ihre Textexemplare, die sie zuvor in Diktierstunden (pronunciare) mitgeschrieben hatten. Die disputatio diente der Anwendung des erlernten Stoffes. Einer der Magister stellte eine quaestio (Frage), woraufhin andere Magister und Bakkalare argumentierten und opponierten. Die teilnehmenden simplices beschränkten sich dabei meist auf das Zuhören. Übungen zur Repitition des Stoffes wurden spätnachmittäglich im Kreise der Magisterfamilie oder der Kollegien abgehalten.

Da damals das Anfertigen eines handgeschriebenen Buches ca. 10 bis 15 Monate dauerte, besaßen die Studenten selten mehr als ein paar Studienhefte und die Mitschriften der Lehrveranstaltungen. Auch öffentliche Universitätsbibliotheken entstanden erst im 14. und 15. Jahrhundert.

Diesen Wissenschaftsalltag leben zu können, setzte seitens des Studenten zumeist ein hohes Maß an Mobilität voraus, zumal die wenigen Universitäten weit voneinander entfernt lagen. Der Student musste aus seiner bisherigen Umgebung in weit entfernte Universi-

[17] Hoyer 1987, S. 18.

tätsstädte ziehen, um sein Streben nach Wissen zu befriedigen. Diese studentische Mobilität wird im nächsten Kapitel behandelt.

## III
## Die peregrinatio academica[18]

Im Mittelalter waren Europas Straßen überwiegend von Soldaten, Händlern und Pilgern bevölkert. Die Pilger, um die es uns hier gehen soll, waren aber nicht nur Gläubige auf dem Weg nach Jerusalem, Rom oder Santiago de Compostela, sondern auch Studenten und Professoren auf ihrer peregrinatio academica. Sie verfolgten in erster Linie nicht das Ziel, an eine heilige Stätte zu gelangen, sondern wurden von dem Streben nach Wissen und Erkenntnis geleitet. In diesem Sinne könnte man die Wissenschaftswallfahrt der Studierenden der Universität Witten/Herdecke auch als eine Mischform aus peregrinatio, auf den Spuren der gläubigen Pilger des Mittelalters, und academica, geleitet von wissenschaftlichem Erkenntnisdrang zur Kulturgeschichte Europas, verstehen.

Im Gegensatz zu heute war die Überwindung, eine solche Reise zu einer Universität anzutreten, damals sicher sehr groß, denn als Verkehrsmittel gab es nur die Beine und das Pferd bzw. den Karren. Hinzu kommt, dass es zu Beginn des Mittelalters nur wenige, weit voneinander entfernt liegende Universitäten gab (siehe Abbildung 2).

Folglich erforderte der erste „Schritt“ in Richtung einer akademischen Laufbahn eine hohe Motivation und die Bereitschaft, „mobiler“ zu sein als viele andere Menschen der damaligen Zeit. Waren die Studierenden des Mittelalters in diesem Sinne mobiler (im Sinne von Bereitschaft, die gewohnte Heimat und Kultur zu verlassen, ungeachtet der Reisegeschwindigkeit und der möglichen Fortbewegungsmittel), als es die heutigen Studenten sind?

[18] Peregrinatio academica = Wissenschaftspilgerfahrt, akademische Wanderreise.

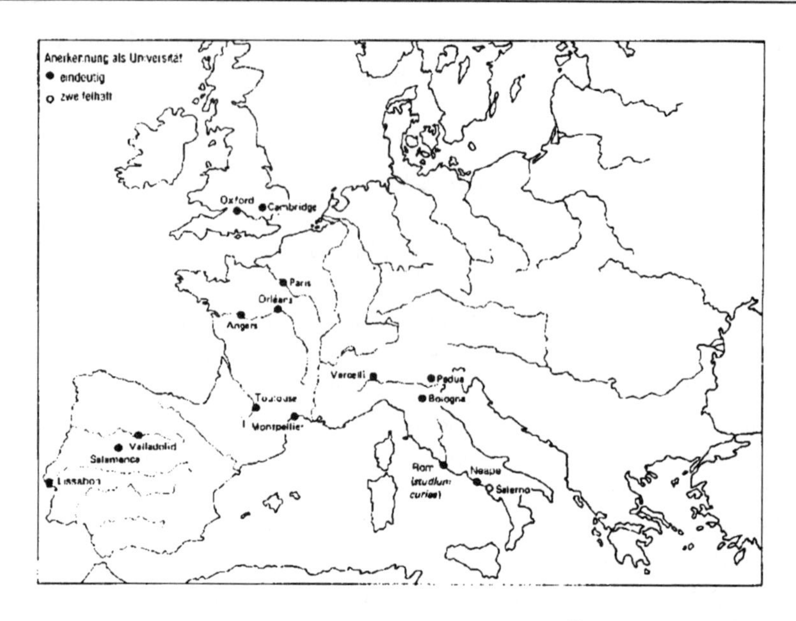


Abbildung 2: Universitäten um 1300[19]

Im Mittelalter bargen die Wege vielerlei Gefahren, wie schon der im ersten Abschnitt erwähnte Gesetzestext authentica habita erkennen lässt: „[...] auf daß niemand die Studierwilligen am Studienort wie auf dem Wege dorthin und zurück behindere.“[20]

Ein Hauptproblem für die Reisenden war die schlechte Qualität der Straßen, Brücken, Herbergen und Fahrzeuge. Zusätzlich gab es viele Diebe, Wegelagerer und Kriegsbanden sowie unzureichenden Schutz gegen Unwetter und Naturkatastrophen. Die wichtigsten Universitäten waren jedoch über ausreichend urbanisierte Wegstrecken zu erreichen, so dass man nach Tagesmärschen von ca. 30-40 km die nächste Herberge erreichte. Anhand von Aufzeichnungen des englischen Wissenschaftspilgers Sir Richard Guylforde bekommen wir eine Vorstellung von der mittelalterlichen Mobilität. So brauchte er

[19] Rüegg 1993, S. 74.
[20] Schmale-Ott, I. (Hrsg.): Carmen de gestis Frederice I. Imperatoris in Lombardia, MGH Scriptores, Hannover 1965, S. 17f und S. 496f.

im 13. Jahrhundert von Rye an der englischen Küste bis nach Venedig 6 Tage auf dem Schiff, 26 Tage zu Land und 5 Ruhetage (insgesamt 37 Tage).[21]

Auf den gemeinsam genutzten Pilgerwegen begegneten sich scholare, Lehrer und religiös motivierte Pilger, die sich auf ihrer Wallfahrt zu den heiligen Stätten, der „peregrinatio ad loca sancta“, befanden. Als Folge der großen Anzahl der religiösen Pilger waren diese Wege oft sehr gut ausgebaut und sicherer. „Die clerici vagi sind fast so alt wie die westliche Kirche selbst.“[22] Daher nutzten auch die Studierenden die großen Pilgerstraßen, wie beispielsweise nach Santiago de Compostela, und schlossen sich den Jakobspilgern an, um nicht allein Gefahren begegnen zu müssen. Der Vorteil der Pilgerstrecke lag darin, dass sie die großen Universitätsstädte wie Paris, Orleans, Bourges, Poiters, Bourdeaux und Cahors verband. Die hohe Bereitschaft zur Mobilität war schon vor dem 12. Jahrhundert die Voraussetzung für die Verbreitung und Ansammlung von Wissen und somit auch für die Entwicklung der akademischen Zunft. Als Beispiel sei Gerbert von Aurillac, der spätere Papst Sylvester II. im 10. Jahrhundert, erwähnt. Er begab sich nach seiner Ausbildung im Kloster von Aurillac nach Vich in Katalonien, wo er die damals kaum bekannten Zahlenwissenschaften des Quadrivium studierte. Nach einem Aufenthalt in Rom am Hofe Kaiser Ottos I. studierte er Dialektik in Reims und wurde dort Professor, bevor er in die Kirchenpolitik wechselte. An diesem Beispiel lässt sich erkennen, dass bisweilen schon damals die Wissbegierde gegenüber dem klerikalen Ideal der Sesshaftigkeit (stabilitas loci) überwog.

Nach Faulstich lag die Blütezeit des Vagantentums (als Vaganten wurden fahrende Scholare und Kleriker bezeichnet) „im 12. und 13. Jahrhundert und war unmittelbar mit dem neuen Universitätsleben verbunden.“[23] So vermittelten die Vaganten und Goliarden (so wurde

---

[21] Ridder 1993, S. 272.

[22] Bechtum, M.: Beweggründe und Bedeutung des Vagantentums in der lateinischen Kirche des Mittelalters, Jena 1941, S. 14.

[23] Faulstich, W.: Medien und Öffentlichkeiten im Mittelalter 800-1400, Göttingen 1996, S. 235.

eine sozial und moralisch tieferstehende Gruppe von Scholaren und Klerikern bezeichnet) beispielsweise lateinische Texte gegen Lohn. Hampe bemerkt zu diesen Anfängen: „Viele Hunderte von lernbegierigen Schülern wanderten alljährlich nach Paris, nach Oxford und zu den übrigen Stätten der neuen scholastischen Gelehrsamkeit, während die hohen Schulen Italiens, die Hauptpflegestätten der medizinischen und juristischen Wissenschaft, sich noch nicht der gleichen Steigerung ihrer Beliebtheit erfreuten.“[24]

Diese hohe Mobilität von Studenten und Lehrern sowie von Fahrenden generell hatte für Europa einen hohen Stellenwert, denn ohne diese Gruppe „wäre die wirtschaftliche, politische und soziale Umstrukturierung der Gesellschaft [...] nicht möglich gewesen. Die Fahrenden als Medium der horizontalen Mobilität waren nicht etwa bloßer Reflex, sondern integrativer Faktor der gesellschaftlichen Veränderungen der Zeit.“[25] Insofern kann man durchaus behaupten, dass die Studenten und Lehrer des Mittelalters ein europäisches, kulturkonstituierendes Element waren: kulturelle Innovatoren und kulturelle Herausforderer.[26]

Die Mobilität der Lehrer bzw. Professoren (magister, doctor, professor) war im frühen Mittelalter jedoch einer Einschränkung unterworfen. In den theologischen Fakultäten gehörten viele der Professoren, die bei den gesellschaftlichen und politischen Eliten des Mittelalters ein beachtliches Ansehen genossen, einem Orden an. Dieses hatte zur Folge, dass sie innerhalb ihres Klosters lehrten, in ihrer Bewegungsfreiheit oft durch die Regeln ihres Generalkapitel eingeschränkt waren und nur teilweise am Leben und den Entscheidungen der Universität teilnehmen konnten. Die jeweils angestrebte Laufbahn erforderte eine mehr oder weniger hohe Mobilität. Zum einen gab es die jungen Universitätsprofessoren, die nur einige Zeit lehrten und beabsichtigten, nachher eine kirchliche oder weltliche Laufbahn

[24] Hampe, T.: Fahrende Leute in der deutschen Vergangenheit, Jena 1924, S. 46.
[25] Faulstich 1996, S. 227.
[26] Vgl. dazu insbesondere Hettlage, R.: Der Fremde: Kulturermittler, Kulturbringer, Herausforderer von Kultur. In: Lipp, W. (Hrsg.): Kulturtypen, Kulturcharaktere. Träger, Mittler und Stifter von Kultur, Berlin 1987, S. 25-44.

außerhalb der Universität einzuschlagen. Bei dieser Laufbahn waren sehr wechselhafte Stationen möglich, wie das beschriebene Beispiel von Gerbert von Aurillac beweist. Daneben gab es aber auch den gerade zum Ende des Mittelalters vorherrschenden Typus des „professionellen“ Universitätslehrers. Meist verbrachten diese Professoren viele Jahre, oft ihr ganzes Leben innerhalb einer Universität.[27] Ausnahmen wie die berühmten Bologneser Juristen Accursius im 13., Giovanni d'Andrae, Baldus oder Bartolus im 14. Jahrhundert, um die sich die Universitäten rissen, mögen für andere Universitätsprofessoren als Vorbilder gedient haben, die Aussicht auf eine bessere Position an einer anderen Universität nie aufzugeben.

Um einer zunehmenden Abwanderung, der kein entsprechender Zustrom gegenüberstand, Einhalt zu gebieten und außerdem mehr Kontrolle über die gesinnungsmäßige Bildung der eigenen Untertanen zu bekommen, wurde der Besuch fremder Universitäten (z.B. war dies der Fall in Neapel, Pavia, Padua, Aix-en-Provence und Kopenhagen) verboten. Daneben spielten auch fiskalische Interessen eine Rolle, so sollte das Geld nicht in der Fremde ausgegeben werden.

Negativ auf die Mobilität wirkte sich das zunehmend schlechte Bild über die Studenten in der Öffentlichkeit aus. Hatten anfangs noch viele Menschen Sympathie und Verständnis für die vagabundierenden Studenten und unterstützten sie, so versagten sie ihnen die Unterstützung immer öfter und die dann mittellosen Studenten blieben immer häufiger an den heimatlichen Hochschulen.

Als Hauptgrund für den Wandel der länderübergreifenden Migration in eine Wanderungsbewegung zu den verschiedenen Hochschulorten innerhalb der Heimat ist aber die zunehmende Verbreitung der Universitäten in Europa (siehe Abbildung 3) anzusehen.

[27] So hat man ausgerechnet, dass von sechzehn Rechtsprofessoren, die in Orléans zwischen 1378 und 1429 tätig waren, dreizehn zwischen 20 und 40 Jahren lehrten. Vgl. dazu Rüegg 1993, S. 146.

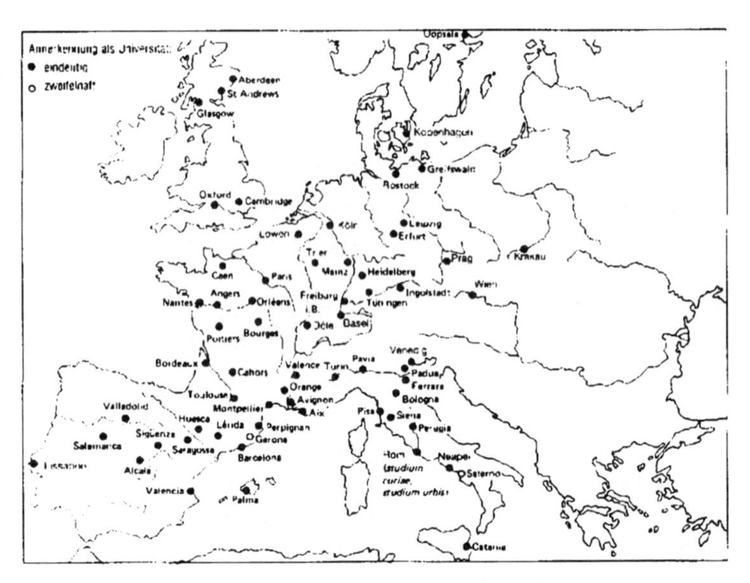


Abbildung 3: Universitäten um 1500[28]

Die Statistik zeigt, dass gegen Ende des Mittelalters mehr als drei Viertel aller Studenten die Universitäten aus ihrer Umgebung besuchten. Beispielhaft herausgenommen seien die französischen Medizinstudenten:

Einen nicht unwesentlichen Beitrag zur Verbreitung der Universitäten und damit zu der verminderten Mobilität der Studenten und Professoren leisteten die Folgen des Großen Schismas im 14. Jahrhundert. Aufgrund der engen Verbundenheit der damaligen Universitäten mit der Kirche ergaben sich aus der Tatsache, dass es ab 1380 zwei Päpste gab, Urban VI. in Rom und Clemens VII. in Avignon, enorme Probleme. Die Spaltung der Kirche übertrug sich auch auf die Hochschullandschaft. Akademiker in Bologna und Prag unterstützten Urban VI. und französische Universitäten Clemens VII. (die Universität Paris war in sich zerstritten). Als Folge erkannte man die jeweiligen akademischen Grade der „andersgesinnten" Wissenschaft-

[28] Rüegg 1993, S. 78.

ler nicht an und unterdrückte teilweise sogar deren freie Meinungsäußerung. Aber gerade die Bemühungen der Päpste, Privilegien nur an ihnen nahestehende Universitäten zu verteilen, trieben viele ost- und mitteleuropäische Städte dazu, eigene Hochschulen zu gründen.[29]

Diejenigen, die trotzdem noch zu den fahrenden Gesellen gehörten, wollten aus ihrer Umgebung ausbrechen und folgten dem internationalen Ruf eines bestimmten Faches, das ihnen die nahen Universitäten nicht bieten konnten.

## IV
## Resümee

Abschließend lässt sich sagen, dass sich die Studenten durch die Erfahrungen, Ideen, Konzeptionen und Perspektivenwechsel während ihrer peregrinatio academica einen enormen Wissensschatz hinsichtlich der Lebensgewohnheiten, Sitten, Gesellschaftsformen, Künsten und kulinarischen Gewohnheiten angeeignet und dieses Wissen dank ihres Wirkens in führenden Stellungen und ihrer Verbindungen zu den Eliten des Landes weit verbreitet haben.

Auch wenn sich nicht zweifelsfrei feststellen lässt, ob die Studenten und Professoren des Mittelalters, die nur einen geringen Anteil an der Gesamtbevölkerung ausmachten, wesentliche Akteure bei der Heranbildung einer kulturellen Wurzel Europas waren, so lässt sich doch mit Sicherheit sagen, dass die Universitäten aufgrund ihrer gemeinsamen entwicklungsgeschichtlichen Ursprünge zu den ältesten europäischen Institutionen gehören.

## Literatur

Bechtum, M. (1941): Beweggründe und Bedeutung des Vagantentums in der lateinischen Kirche des Mittelalters, Jena.

[29] Nardi, P.: Die Hochschulträger. In: Rüegg 1993, S. 83-108.

Budinszky, A. (1876): Die Universität Paris und die Fremden an derselben im Mittelalter. Ein Beitrag zur Geschichte dieser hohen Schule von Alexander Budinszky, Berlin.

de Ridder-Symoens, H. (1993): Mobilität. In: Rüegg 1993, S. 255-275.

de Witt, H./Knight, J. (1995): Historical and Conceptual Perspectives. In: de Witt, H. (Hrsg., 1995): Strategies for Internationalisation of Higher Education, Amsterdam.

Faulstich, W. (1996): Medien und Öffentlichkeiten im Mittelalter 800-1400, Göttingen.

Hampe, T. (1924): Fahrende Leute in der deutschen Vergangenheit, Jena.

Hettlage, R. (1987): Der Fremde: Kulturermittler, Kulturbringer, Herausforderer von Kultur. In: Lipp, W. (Hrsg., 1987): Kulturtypen, Kulturcharaktere. Träger, Mittler und Stifter von Kultur, Berlin, S. 25-44.

Hoyer, S. (1987): Die Universität im Mittelalter und in der Renaissance. In: Beitr. Wissenschaftsgesch.: Wissenschaft in Mittelalter und Renaissance, Berlin, S. 11-24.

Kerner, C. (1998): Lise, Atomphysikerin. Die Lebensgeschichte der Lise Meitner, Weinheim/Basel.

Müller, R. A. (1990): Geschichte der Universität. Von der mittelalterlichen universitas zur deutschen Hochschule, München.

Nardi, P. (1993): Die Hochschulträger. In: Rüegg 1993, S. 83-108.

Rüegg, W. (Hrsg., 1993): Geschichte der Universität in Europa, München.

Schmale-Ott, I. (Hrsg., 1965): Carmen de gestis Frederice I. Imperatoris in Lombardia, MGH Scriptores, Hannover.

Schwinges, R. C. (1993): Die Zulassung zur Universität. Der Student in der Universität. In: Rüegg 1993, S. 161-222.

Seggern, H. v. (1996): Geschichte der Universitäten und Korporationen. In: „HANSEA“ im Coburger Convent zu Bielefeld [online], Bielefeld, 24. Juni 1998, 20.53 Uhr. Verfügbar im World Wide Web unter: http://www.arcom.de/hansea/geschichte.htm.

# Teil 2

# Aperçus zur Planung einer Wallfahrt und zu ihren wirtschaftlichen Aspekten – im Mittelalter und heute

Harald Ebrecht und Kathrin Schwan

Sicher hat die Pilger im Mittelalter die Planung ihrer Wallfahrt ähnlich beschäftigt wie uns bei unserer Unternehmung. Zwar ist die Ausgangslage so verschieden wie die Zielsetzung, doch lohnt ein Vergleich nach einem sachentsprechenden Fragenkatalog, der insbesondere den wirtschaftlichen Aspekt der Wallfahrt in den Mittelpunkt stellt:

1. Aus welchem sozialen bzw. wirtschaftlichen Umfeld startet die Wallfahrt?
2. Was wird die Wallfahrt kosten?
3. Wie werden diese Mittel aufgebracht?
4. Wann und wie kann man über diese Mittel verfügen?

## I
## Aus welchem sozialen bzw. wirtschaftlichen Umfeld startet die Wallfahrt?

Die Teilnehmer unserer Gruppe sind Studenten, d.h., dass wir eine Wallfahrt etwa im Rahmen unseres Curriculums unternehmen können oder möglicherweise auch während des Semesters Zeit für eine Pilgerfahrt haben. Beschränkt werden wir durch unsere finanziellen Mittel oder durch die Prüfungspläne. Steht man dagegen im Arbeitsleben, so hat man einen tariflich festgelegten Anspruch auf Urlaub, derzeit ca. 28 Tage im Jahr, den man dann für eine Wallfahrt verwenden müsste. Auf unserer Fahrt trafen wir z.B. einen Franzosen, der erst kürzlich in Pension gegangen ist und diese Wallfahrt aus seiner Rente und seinem gesparten Vermögen bezahlt. Für ihn birgt ein zeitlich beschränktes Fortgehen kaum ein größeres Veränderungsrisiko als zu Hause zu bleiben, es besteht eine sichere Planungsgrundlage.

Doch auf was kann sich der Pilger im Mittelalter verlassen und wie sieht sein Umfeld aus? Der von uns herausgegriffene Zeitraum ist historisch gesehen im Umbruch begriffen. Wir behandeln im folgenden vorwiegend wirtschaftliche Aspekte, werden also politische und gesellschaftliche Entwicklungen nur streifen.

Die Zeit des 10. und 11. Jahrhunderts ist geprägt durch technische Veränderungen in der Landwirtschaft und einer damit einhergehenden erhöhten Produktivität, die wiederum zu ländlichen Neuordnungen führt. Die Hufe, jene Parzelle Land, von der eine ländliche Familie lebt, wird geteilt und darüber hinaus werden, z.B. durch die Zisterziensermönche, ungenutzte Ländereien urbar gemacht. Durch die Nutzung von Wasserkraft kann nunmehr auch eine bessere Bodenbearbeitung erreicht werden, wozu die gleichzeitig stattfindende Entwicklung einer neuen Werkzeugtechnologie in nicht unwesentlichem Maße beiträgt.

In der Folge dieser Entwicklungen kommt es zu Differenzierungen innerhalb der ländlichen Wirtschaftswelt: es beginnt „sich eine starke soziale Kluft zwischen dem ‚Bearbeiter' und den ‚Handarbeitern', das heißt, jenen Leuten aufzutun [...] die keine Verfügung über Arbeitstiere hatten und deren Gerät die Hacke war".[1] Generell kann das 11/12. Jahrhundert „als eine wirtschaftsgeschichtliche Schwellenzeit"[2] angesehen werden.

Durch den Anstieg des Anteils der Städter an der Gesamtbevölkerung werden agrarische Produkte zu Handelswaren zwischen Land und Stadt, und es kommt zu der Herausbildung von überregionalen Wirtschaftssystemen.

Das darauffolgende 13. Jahrhundert wird in der Literatur als „Blütezeit der Mittelalters"[3] bezeichnet. Geprägt durch die zunehmende

---

[1] vgl. Le Goff, J. (Hrsg.): Das Hochmittelalter, Fischer Weltgeschichte, Frankfurt am Main 1987.
[2] vgl. Jakobs, H.: Kirchenreform und Hochmittelalter 1046-1215, München 1988.
[3] vgl. Le Goff 1987.

Vereinfachung und effektive Ausführung der handwerklichen Arbeiten sowie durch die Ausweitung des Handels mit Gütern jeglicher Art breitet sich ein gewisser wirtschaftlicher Wohlstand aus, der das Durchführen von Pilgerfahrten ohne Zweifel begünstigte.

In diesem Zusammenhang ist zu untersuchen, wie die Bauern, Handwerker und Händler organisiert sind und ob solche Organisationsformen als „soziale Sicherungssysteme" wirken. Besondere Beachtung verdienen in diesem Zusammenhang die Gilden, welche nicht nur in Form von Kaufmannsgilden bestehen. Der Grundgedanke der Gildenbildung ist gekennzeichnet durch „gegenseitige Hilfe bei Verarmung, Brand und Schiffbruch. Es geht also um genossenschaftliche Hilfe in allen Notlagen, um wechselseitigen Schutz und soziale Sicherung in einem umfassenden Sinn."[4] Historisch lassen sich Gilden seit ungefähr dem 8 Jahrhundert belegen. So gibt es z.B. in der Karolingerzeit auf dem Land Formen von Vereinigungen zwischen Laien, Klerikern, Männern und Frauen. Das wichtigste verbindende Element innerhalb dieser Verbünde sind der Eid und das Mahl, wobei der Eid die rechtliche Ordnung der Gilde nach innen konstituiert. Die bekanntesten Formen der Gilden sind die Zünfte und die Kaufmannsgilden.

Die Zünfte regeln das wirtschaftliche Leben der Handwerker im Mittelalter. Sie entstehen vor allem im Zuge der zunehmeden Verstädterung und gewinnen in Städten schnell entsprechendes politisches Gewicht. Es sind Zwangsverbände, die gleichzeitig die Existenz ihrer Mitglieder sichern. So regeln z.B. die Zunftstatuten unter anderem „die Arbeitszeit, den Zugang zum Handwerk, die Zulassung zur Meisterprüfung, das Verhältnis der Meister, Gesellen und Lehrlinge untereinander, die Rechte und Pflichten der einzelnen Zunftangehörigen, schließlich die Sorge für einwandfreie Rohstoffe und für die Qualität der Verarbeitung, die Preisgestaltung und die Regelung des Wettbewerbs."[5] Eine zentrale Rolle in den Zünften kommt den Meistern zu. Sie haben für die genannten Aspekte Haftungsfunktio-

[4] vgl. Bautier R.-H. (Hrsg.): Lexikon des Mittelalters, München/Zürich 1997.
[5] vgl. Borst, A.: Lebensformen im Mittelalter, Berlin 1997.

nen, was die Verfügungsgewalt über entsprechende finanzielle Mittel voraussetzt. Vor diesem Hinter grund ist leicht vorstellbar, dass ein Zunftangehöriger auf Pilgerfahrt gehen kann, da während seiner Abwesenheit seine Familie durch das Solidarsystem oder seinen Betrieb getragen wird. Bei seiner Rückkunft kann er ohne Schwierigkeiten wieder seinen Beruf aufnehmen und in seinen Stand zurückkehren.
Ähnlich gestaltet sich die Situation für Kaufleute. Auch sie sind meist in Gilden organisiert und können zudem, im Gegensatz zu den Handwerkern, oft auf eine Infrastruktur in Form von Gildehäusern in verschiedenen europäischen Handelsstädten zurückgreifen. In diesem Zusammenhang ist auf die Entwicklung des Handelswesens hinzuweisen, wobei zwischen den Nah- und den Fernhändlern zu unterscheiden ist. Während die Nahhändler nur auf den regionalen Märkten arbeiten und den Warenaustausch zwischen den Städten und dem Land regeln, sind die Fernhändler in der gesamten damals bekannten Welt tätig. Die ersten Fernhändler im Mittelalter sind Angehörige des jüdischen Glaubens, die ihre über die Religionszugehörigkeit entstandenen weitverzweigten Kontakte auch für den Handel nutzen. In der Anfangszeit führen die herumreisenden Händler alle anfallenden Aufgaben selber aus. Auf ihren langen Reisen schließen sie sich aus Sicherheitsgründen oft zu Karawanen zusammen.

Im Laufe der Zeit gewinnen dann die Handelsgesellschaften immer mehr an Bedeutung. Die reisenden Kaufleute werden sesshaft und übertragen verschiedene Aufgabenbereiche an Assistenten und Mittelsmänner. Die Gesellschaften übernehmen oft auch Aufgaben des Bankwesens, wie z.B. das Wechselgeschäft oder die Erledigung von Überweisungen, um die sichere Abwicklung des Geldverkehrs über lange Distanzen zu gewährleisten. Im Italien des Mittelalters entwickeln sich neue Gesellschaftsformen, so z.B. die Kommanditgesellschaft, die sich durch eine Risikoteilung zwischen Kapitalgeber und persönlich haftendem Kaufmann auszeichnet.

Die wichtigsten Fernhandelsgüter des Mittelalters sind Luxusgüter wie Seide, Gewürze, Wein und Farbstoffe, was zunächst einen Handelsstrom von Süd nach Nord bedingt. Mit zunehmender wirtschaftlicher Entwicklung ergibt sich jedoch eine Verlagerung zum Handel mit Metallen, Getreide und Fisch, so dass eine Umkehr der Handelsströme von Nord nach Süd stattfindet. Eine Sonderstellung im Warenverkehr nimmt der Handel mit den Gütern des kirchlichen Lebens ein: Weine, Öle und vor allem Weihrauch. Da diese Güter ständig und überall nachgefragt werden, entstehen durch ihren Transport weitverzweigte Handelswege. Die Voraussetzungen, Pilgerfahrten durchzuführen, sind daher insbesondere für Händler überaus vorteilhaft. Sie kennen sich in der Ferne aus, haben gute Verbindungen für Waren und Finanzmittel und können auf ein vergleichsweise verlässliches soziales Sicherungssystem in der Heimat zurückgreifen.

Aufgrund unserer auf der Pilgerfahrt geführten Diskussionen werden wir nachfolgend die Situation der ländlichen Bevölkerung etwas näher betrachten. Verglichen mit den Handwerkern und Händlern verfügt die Landbevölkerung sowohl von den finanziellen Mitteln wie von der sozialen Sicherung her über die schlechtesten Voraussetzungen. Die Bauern leben in Großfamilien und bewirtschaften ihre Hufen sowie z.T. auch Ländereien der Allmende. Geht nun ein Teil der Familie auf Pilgerfahrt, so haben die Zurückbleibenden entsprechend mehr Arbeit zu bewältigen, was oft einen geringeren Ertrag bedeutet. Allerdings können diese Härten durch gegenseitige Hilfe innerhalb der Dorfgemeinschaft zumindest teilweise gemildert werden. Für wohlhabende Bauern besteht die Möglichkeit, einen Steilvertreterpilger zu beauftragen. Dieser wird mit den erforderlichen Mitteln für eine Pilgerfahrt ausgestattet und kann dann den Ablass für seinen Auftraggeber entgegennehmen.

## II
## Was wird die Wallfahrt kosten?

Um diese Frage beantworten zu können, versuchen wir in einem ersten Schritt, möglichst genau das Tagesbudget für Essen, Logis, Ausrüstung, Transport u.ä. zu ermitteln. Die einzelnen Beträge werden in hohem Maße durch das jeweilige Niveau der Lebenshaltung bestimmt, z.B. durch die Wahl der Unterkunft (Hotel oder Refugio). Darüber hinaus beeinflusst das allgemeine Preisniveau des jeweiligen Landes das Tagesbudget. Im Anschluss an die Bestimmung des Tagesbudgets stellen wir in einem zweiten Schritt fest, wie viele Tage wir unterwegs sein werden. Dieser Zeitraum lässt sich anhand der Reiseplanung relativ genau feststellen. Drittens versuchen wir, etwaige Sonderfälle (Notfälle, unvorhersehbare Planungsänderungen) durch den Abschluss von Versicherungen oder durch Vorhaltung eines Sonderbudgets und/oder eines Kreditrahmens bereits in der Planungsphase zu berücksichtigen.

Der Pilger des Früh- und Hochmittelalters befindet sich im Vergleich zu unserer Planungs- und Informationssituation in einer weitaus weniger sicheren und daher schwierigeren Position. Allein die Reisedauer variiert zum damaligen Zeitpunkt stark und zuweilen werden neun Monate für eine Pilgerfahrt nach Santiago de Compostela veranschlagt. Des weiteren sind andere zur Abschätzung des Tagesbudgets notwendige Informationen wie das oben bereits erwähnte Preisniveau oder eventuell zu entrichtende Zölle, Fährtarife und Abgaben nur schwer zu ermitteln.

Die Frage, welche Güter und Leistungen für Pilger im Rahmen der Gastfreundschaft unentgeltlich gewährt werden und wofür man bezahlen muss, kann nicht pauschal beantwortet werden. So werden den Pilgern z.B. zu Beginn des hier betrachteten Zeitraums oftmals Kost und Logis sowie in gewissem Umfang Informationen und Ausrüstung gratis von Privatpersonen und Klöstern zur Verfügung gestellt. Im Laufe der Zeit nimmt jedoch nicht nur die Anzahl der Pilger, sondern auch die der „Schmarotzer“ unter ihnen stark zu und erreicht im 14. Jahrhundert einen vorläufigen Höhepunkt. Damit einher geht eine zunehmende Beanspruchung und teilweise Überbeanspruchung der Gastfreundschaft, die immer öfter zur Verweigerung der Aufnahme von Pilgern führt. In der Folge entsteht ein Hotellerie und Gastronomiewesen, welches Kost und Logis gegen Bezahlung anbietet.

Neben diesen äußeren Gegebenheiten spielt auch die Art des Pilgerns und damit verbunden das jeweilige Niveau der Lebenshaltung eine wichtige Rolle. Ist man beispielsweise zu Pferd unterwegs, so verkürzte sich zwar der Pilgerzeitraum, aber für Nahrung und Unterbringung des Reittiers fallen zusätzliche Kosten an. Alle diese Umstände gilt es daher soweit wie möglich in der „Budgetplanung“ zu berücksichtigen. Zum einen erschweren die vorstehend genannten Unsicherheitsfaktoren bei der Budgetplanung eine adäquate Absicherung des Pilgers. Zum anderen ist das Versicherungswesen zu dieser Zeit erst wenig entwickelt, so dass man selbst bei der Vorwegnahme von evtl. auftretenden Schwierigkeiten diese nur in begrenztem Umfang befriedigend zu lösen imstande gewesen ist.

Vor dem Hintergrund der beschriebenen Planungssituation des Pilgers im Mittelalter und insbesondere unter dem Gesichtspunkt der fehlenden oder nur lückenhaft vorhandenen Informationen, beispielsweise über den Wegverlauf oder politische, gesellschaftliche und soziale Gegebenheiten der zu durchquerenden Gebiete, stellt sich die Frage, ob der Pilger dieser Zeit überhaupt eine Budgetplanung vornimmt, oder ob er nicht etwa den Antritt der Pilgerfahrt anhand seiner momentanen finanziellen Möglichkeiten entscheidet und dann bei Bedarf (z.B. bei Überfällen) nach Lösungen für die aufgetretenen Probleme sucht.

## III
## Wie werden diese Mittel aufgebracht?

Schwieriger als die Abschätzung des Gesamtbudgets gestaltet sich meistens, insbesondere für Studenten, die Bereitstellung desselben. Man kann z.B. bei hinreichender Vorlaufzeit sich bemühen, den benötigten Betrag aus den laufenden Einnahmen anzusparen, ihn teilweise durch gewerbliche Sponsoren oder private Förderer aufzubringen oder auf bereits vorhandenes Geldvermögen zurückgreifen. Darüber hinaus besteht die Möglichkeit, einen Kredit aufzunehmen oder bestehende Kreditrahmen auszuschöpfen. Voraussetzung für diese Vorgehensweisen ist das Vorhandensein eines Bankensystems, das die entsprechenden Dienstleistungen im Aktiv- und Passivbereich anbietet.

Mit Blick auf den Pilger des Mittelalters soll im folgenden auf das tatsächlich benötigte Budget eingegangen werden, welches in dem Maße wachsen muss, in dem Gastfreundschaft und kostenlose Beherbergung sowie darüber hinausgehende Hilfe aus den o.g. Gründen reduziert werden. In dem hier behandelten Zeitraum besteht für einen Großteil der Pilger kaum Gelegenheit zur Vermögensbildung, so dass nur eine Minderheit diese Unternehmung aus eigenen Mitteln finanzieren oder sich durch den Verkauf von beweglichen und unbeweglichen Gütern entsprechende Beträge beschaffen kann.

Obwohl zum damaligen Zeitpunkt das Bankensystem der breiten Bevölkerungsschicht noch nicht zugänglich ist, ist der Privatkredit bereits weit verbreitet.[6] Die Kreditrückzahlung wird durch bewegliche und unbewegliche Pfänder oder durch Bürgschaften sichergestellt. Bei der Pfandsicherung unterscheidet man zwischen der älteren und der jüngeren Satzung[7], wobei letztere eine Änderung zugunsten des Schuldners beinhaltet. Das kanonische Zinsverbot hat nur marginalen Einfluss auf das Kreditwesen.[8]

Die Rückzahlung eines Kredites zur Finanzierung einer Wallfahrt inklusive Kosten wie Zinsen und Provisionszahlungen wird als problematisch beschrieben. Da in den meisten Fällen der Hauptverdiener pilgert, entfallen die Erträge aus seinem Arbeitseinsatz für die Tilgungsraten. Hier stellt sich die Frage, inwiefern u.U. eine Kreditrückzahlung aus den Erträgen der Allmende stattgefunden hat, zumal bei den nach der älteren Satzung vergebenen Pfandkrediten.

Neben der Finanzierung durch Geldverleiher oder Handelshäuser; die v.a. im Hochmittelalter anzutreffen ist, spielen die unterschiedlichen und bereits weiter oben dargestellten Solidarsysteme eine wichtige Rolle in dem hier diskutierten Zusammenhang. Im Gegensatz zur Kreditfinanzierung für die Durchführung der Pilgerfahrt selbst

---

[6] Klein, E.: Von den Anfängen bis zum Ende des alten Reiches, Frankfurt am Main 1806, S 23ff.
[7] Klein 1806, S. 8ff.
[8] Klein 1806, S. 26ff.

gewähren diese Netzwerke sowohl finanzielle wie auch soziale Unterstützung für die zurückbleibenden Familien.

Nicht unüblich ist des weiteren die Finanzierung von Pilgerfahrten durch Testamentsverfügungen: „Im späten Mittelalter setzte man testamentarisch Legate aus, die dazu bestimmt waren, die Entsendung von Pilgern zu bezahlen, deren Verdienste der Seele eines Dahingegangenen nützen sollten.“[9] Laut einer Testamentsverfügung aus der damaligen Zeit kostet es zwei Ochsen oder zwanzig Schafe, einen Stellvertreterpilger nach Santiago de Compostela zu entsenden.[10] Ältere oder Gebrechliche, für die eine solche Unternehmung körperlich zu anstrengend ist oder die den gefährlichen Weg scheuen, lassen ebenfalls Stellvertreter den Pilgerweg für sich gehen.

Verfügt man nicht über die notwendigen Mittel und besteht keine Möglichkeit, diese zu beschaffen, kann man mit Hilfe sogenannter Freibriefe eine Pilgerfahrt beginnen. Ein Freibrief ist ein Empfehlungsschreiben einer einflussreichen weltlichen oder kirchlichen Persönlichkeit, der jene, denen er vorgelegt wird, auffordert, dem Besitzer dieses Schreibens kostenlos Kost und Logis sowie in manchen Fällen darüber hinaus gehende Hilfen zu gewähren und ihm mögliche Zölle oder Abgaben zu erlassen.

Festzuhalten bleibt, dass die Möglichkeiten, zur Finanzierung einer Wallfahrt Einkünfte zu erzielen, eng mit dem gesellschaftlichen Stand und der normalen Arbeitstätigkeit des einzelnen Pilgers verknüpft sind. Arme Bauern oder ungelernte Kräfte können sich während der Pilgerschaft durch Betteln oder durch den Verkauf ihrer Arbeitskraft ihren Unterhalt sichern. Handwerker bieten im Rahmen von Zunftvorschriften und regionalen gesetzlichen Regelungen ihr fachliches Können gegen Entgelt an. Darüber hinaus finanzieren viele Pilger durch die Mitnahme und den Verkauf von Waren ihren Lebensunterhalt, wobei allerdings der Handel nach der Gründung

[9] vgl. Bottineau, Y.: Der Weg der Jakobspilger. Geschichte, Kunst und Kultur der Wallfahrt nach Santiago de Compostela, Bergisch Gladbach 1997.
[10] vgl. Ohler, N.: Reisen im Mittelalter, München 1991.

von Städten für fremde Händler zugunsten der Ansässigen eingeschränkt wird.

## IV
## Wann und wie kann man über diese Mittel verfügen?

Dem heutigen Pilger bieten sich diverse Möglichkeiten, in den Besitz des für die Unternehmung bereitgestellten Betrages zu gelangen und dabei, je nach gewählter Alternative, mögliche Gefahren des ungewollten Vermögensverlustes (Diebstahl, Verlieren oder Verlegen der Geldbörse) zu minimieren. Zum einen kann man den gesamten Betrag in bar mitnehmen und bei Bedarf in die jeweils benötigte Landeswährung tauschen. Zum anderen können Reiseschecks in Inlandswährung verwendet werden und es besteht die Möglichkeit, direkt beim Erwerb der jeweiligen Güter und Dienstleistungen mit der EC- oder Kreditkarte zu bezahlen. Darüber hinaus kann man mit der EC- oder der Kreditkarte an Geldautomaten den benötigten Betrag in der jeweiligen Landeswährung abheben.

Die Voraussetzung für die genannten Handhabungen ist auch hier ein international operierendes und modernes Bankensystem, das manchmal allerdings auch seine Tücken hat. So verweigert uns z.B. in Biarritz der Geldautomat die Auszahlung des angefragten Betrages mit Hinweis auf die angeblich abgelaufene Gültigkeit unserer EC-Karte (gültig bis „00“). offensichtlich hält der Automat die entsprechende Karte für eine „Antiquität“ aus dem Jahre 1900.

## Literatur

Bautier R.-H. (Hrsg., 1997): Lexikon des Mittelalters, München/Zürich.

Borst, A. (1997): Lebensformen im Mittelalter, Berlin.

Bottineau, Y. (1997): Der Weg der Jakobspilger. Geschichte, Kunst und Kultur der Wallfahrt nach Santiago de Compostela, Bergisch Gladbach.

Jakobs, H. (1988): Kirchenreform und Hochmittelalter 1046-1215, München.

Klein, E. (1806): Von den Anfängen bis zum Ende des alten Reiches, Frankfurt am Main.

Le Goff, J. (Hrsg., 1987): Das Hochmittelalter, Fischer Weltgeschichte, Frankfurt am Main.

Ohler, N. (1991): Reisen im Mittelalter, München.

# Gedanken zur Pilgerschaft auf dem Jakobsweg als der Ersten Europäischen Kulturstraße

Verena Brand

## I
## Einleitung

Seit dem Sommersemester 1997 habe ich mich im Rahmen des Studium fundamentale unter der Leitung von Prof. Dr. Josef Maria Häußling mit Europas Kultur beschäftigt. Nach Besuchen europäischer Institutionen in Straßburg, Brüssel und Luxemburg setzten wir uns mit dem Artikel 128 des Vertrages von Maastricht auseinander, der die Förderung zur Entfaltung der Kulturen der Mitgliedstaaten unter Wahrung ihrer nationalen Vielfalt sowie gleichzeitiger Hervorhebung des gemeinsamen Erbes vorsieht, um den europäischen Integrationsprozess; voranzutreiben. Wir kamen zu dem Schluss, dass die gemeinsame kulturelle Grundlage Europas sowohl im Christentum und im Judentum als auch in der Antike zu finden ist. Die lateinische Kirche einte die Vielfalt der germanisch-romanischen Völker im Mittelalter durch die Übernahme der christlichen Religion. Zugleich vermittelte die lateinische Kirche, basierend auf einer literarisch-intellektuellen Kultur, die spätantike christliche Kultur. Im Gegensatz zum Islam oder zu den Hochreligionen gab es im Christentum keine Einheit von Religion, Gesellschaft und Herrschaft. Im Mittelalter ging es vor allem um die Freiheit der Kirche von weltlicher Bevormundung. Die Religion verlangte Bekenntnis aus Gewissensentscheidung. Dies ist eine christliche Wurzel des europäischen Freiheitsverständnisses. Der freiere Umgang zeigte sich in der Entwicklung der Wissenschaft, zunächst der Naturwissenschaft, dann aber auch der Gesellschafts- und Humanwissenschaften (Medizin, Recht, Soziologie). Der Humanismus führte über die lateinischen Grundlagen des Abendlandes zu dessen griechischen Quellen zurück und entwickelte ein Humanitätsverständnis, aus dem der Freiheitsgedanke als zur Menschenwürde gehöriger hervorgeht. Heute definieren sich die europäischen Nationen als freiheitliche Grundordnungen, die die Menschenrechte als Bürgerrechte zur Geltung bringen Daran anknüpfend versuchten wir im Wintersemester 1997/98, eine europäische Identität zu definieren, die auf europäischen, geschichtlichen Gemeinsamkeiten gegründet ist. Wir setzten dabei auf verschiedenen wissenschaftlichen Ebenen an. Wir behandelten die verschiedenen Selbstdefinitionen Europas (mythen-, religions-, wissenschafts-, politik-, wirtschafts-, kultur- bzw. philosophieorientiert), befassten uns mit Europa als geographisch gelebtem und als europäisch wahrgenommenem Raum, Europa als einem Komplex sich folgender, isolierter oder miteinander verschränkter Herrschaftssysteme, -bereiche und -zeitalter und informierten uns über Europas Kunst, „seine" Form des Wirtschaftens und des Handeltreibens, „seinen" Religionen angesichts der sonstigen Weltreligionen bzw. Verhaltensphilosophien und „seinem" Denken. Insbesondere dem vorletzt genannten Punkt ging ich als überzeugte Christin nach, als ich vor meinem endgültigen Entschluss, mich auf eine wissenschaftliche Pilgerfahrt nach Santiago de Compostela einzulassen, das Buch von Anselm Grün „Auf dem Wege" las. Es zeigte mir eine für mich leicht zu akzeptierende innere Haltung dem Wandern, im speziellen dem Pilgern, und der Wallfahrt gegenüber. Außerdem zeigte es mir viel von dem gemeinsamen kulturellen Erbe Europas. Ich las dieses Buch mit Begeisterung, weil es existentielle Fragen meines Lebens berührte und für mich der Weg eine Metapher für mein Leben, aber auch für die Bewegung in der europäischen Gemeinschaft darstellt. Es ist im Wesentlichen ein Auf-dem-Wege-Sein – trotz Um- und Irrwegen und Durststrecken – hoffentlich ein Miteinander und ein Aufeinanderzugehen. Wenn ich mich auf dem Wege mit jedem Schritt verändere, verwandle, spüre ich Fortschritt. „Wandern" und „wandeln" haben ihren Ursprung in dem Wort „wenden". Es geht dabei um eine innere „Wende", wobei das äußere Wandern dafür notwendig ist. Beim Wandern wird die Gemeinschaft durch die körperliche Anstrengung neu erfahrbar. Gemeinsames Gehen verbindet. Es schafft Solidarität, ist ein Zeichen des Mitseins mit dem anderen. Bin ich auf dem Wege, bin ich offen für den anderen. Ich werde einig mit ihm. Jesus sagt: „ Wer dich zu einer einzigen Meile nötigt, mit dem gehe zwei." (Mt 5,41). Indem man freiwillig

(Mt 5,41). Indem man freiwillig mitgeht, kann man den anderen gewinnen und schafft so Gemeinschaft.

So formte mich das Wandern als Mensch mit Leib und Seele, mit allen Sinnen, denn ich wurde als ganzer Mensch miteinbezogen und erfuhr mich auf dem Weg, lebendig, als noch einer Wandlung fähig. Die Pilgerfahrt bildete einen gewissen Abschluss und Höhepunkt der Studium fundamentale Veranstaltungen, da der Raum Europa erlebbar wurde, wissenschaftlich, da wir uns analytisch mit den oben genannten Themengebieten auseinander setzten und sie kontrovers diskutierten.

So habe ich auf dem Wege der wissenschaftlichen Pilgerschaft die Möglichkeit bekommen, eine Wandlung meines europäischen Bewusstseins zu erfahren.

## II
## Wandlung auf dem Wege

Zur Wandlung und zum Wandern benötige ich Wegweiser und die Solidarität von Weggefährten[1], gerade in der sich bildenden Europäischen Union. Ich habe mich auf den Jakobusweg begeben, um mir eine Haltung gegenüber Europa anzueignen, wie es im Interesse des Europarates ist, der 1987 das Projekt „Wege der Jakobus-Pilger als europäische Kulturstraße" ins Leben gerufen hat, um die Entwicklung eines europäischen Bewusstseins zu fördern. Im Projektbeschluss heißt es: „Möge der Glaube, der die Pilger im Laufe der Geschichte bewegte und der sie im gleichen Sinn zusammenführte – über all der Verschiedenheit und nationalen Interessen – auch in dieser Zeit antreiben [...], weiter diese Caminos zurückzulegen, um so eine Gesellschaft zu bauen, die gegründet ist auf Toleranz, Ehrfurcht vor dem Mitmenschen, auf Freiheit und Gemeinschaftsbewußtsein" (23.Okt.1987).[2]

---

[1] Heidegger 1983, S. 5-7.
[2] Müller 1996, S. 140.

Johann Wolfgang von Goethe behauptete mit Recht: „Europa ist auf der Pilgerschaft geboren, und das Christentum ist seine Muttersprache."[3] Der 1990 verstorbene Pfarrer vom El Cebrera, Elfas Valina Sampedro, drückte dies bildhaft aus: „Der Jakobusweg mit allen seinen Nebenwegen bildete durch ganz Europa eine gigantische Wirbelsäule, in der sich ganz Europa vereinte und belebte" – und dies ab dem 9. Jahrhundert bis in die Zeit der Französischen Revolution.

Wir sind acht Tage auf dem „Camino de Santiago" unterwegs gewesen, dem Weg, der durch bzw. über das Land nach Santiago führt. Die Bezeichnung „Camino" für den Jakobusweg ist erstmals in einem Dokument von 1047 zu finden und hat sich gegenüber älteren Bezeichnungen aus dem alten römischen Wegsystem durchgesetzt. 60 Jahre später wurde die europäische Dimension des Pilgerweges deutlich. Unzählige Pilger aus ganz Europa wurden zum Wurzelgrund für die Rolle des Jakobusweges in der europäischen Geschichte. Die Pilgerschaft nach Compostela trug wesentlich zum Wachsen eines gemeinsamen europäischen Bewusstseins bei. Vier Einflussbereiche sind dabei erkennbar:

- Religiös-christliche Grundüberzeugungen und Wallfahrtspraktiken,
- Künstlerisch-kulturelle Vielfalt und Stilverbindungen,
- Politisch-wirtschaftliche Interessen, wachsende Verbindungen und Werke zum Schutz der Pilger,
- Zwischenmenschlich-soziale Erfahrungen des Aufeinander-Angewiesen-Seins und der gegenseitigen Hilfe auf dem Weg.[4]

Vor diesem Hintergrund setzte ich mich intensiver mit den spirituellen Grundüberzeugungen des Christentums auseinander. Dazu will ich für mich wichtige Gedanken des Buches von Anselm Grün „Auf dem Wege" wiedergeben, dessen Auffassung zur Pilgerschaft mich auf der ganzen Reise begleitet hat. In seinem Buch klärt Anselm

[3] Ebenda.
[4] Müller 1996, S. 139.

Grün, in welchem Zusammenhang Glauben und Gehen stehen. Was heißt Glauben?

Für Abraham hieß es, Ausziehen aus Vertrautem in das Land der Verheißung. Für uns Christen bedeutet es, in allen Situationen unseres Lebens Gott zu vertrauen. Darüber kann man nachdenken, indem man Texte aus der Bibel liest und so den Glauben mehr und mehr versteht. Man kann einfach auf die Stille hören und schweigend meditieren oder man hört auf den Leib, geht ganz bewusst und übt sich in das rechte Atmen, in die rechte Gebärde ein.

Das Wesen des Glaubens, der in der Bibel mit Begriffen wie ausziehen, pilgern, unterwegs sein auf Gott hin beschrieben wird, wird erfahrbar, wenn wir uns auf den Weg machen. Das christliche Leitmotiv des Lebens als Weg bedeutet die Bewegung auf das Ziel, das Reich Gottes hin, wobei das Gehen als Meditation (Betrachtung oder innerliches Gebet) mit oder ohne Wegwort gesehen wird.[5] Unter Meditation verstehe ich das Bemühen um inneres Schweigen und das Sich-Lösen von der eigenen egoistischen Welt. Wird ein Wort gewählt, so frage ich mich, in welcher Beziehung dieses zum täglichen Leben mit all den dazugehörenden Schwierigkeiten, Belastungen, Enttäuschungen steht. Damit verbinden sich Selbstprüfung, Anerkennung der eigenen Grenzen und Möglichkeiten, Vorsatz zur Geduld, Selbstbeherrschung, Vertrauen und vor allem inneres Offenstehen für den Herrn. So kann uns Christus auf dem Wege im Bruder, in der Schöpfung, in den Sakramenten begegnen.

Diese neue Dimension des Gehens konnte mir neue Erkenntnisse, Einsichten vermitteln. Gerade durch den Rahmen unserer wissenschaftlichen Pilgerfahrt mit Referaten morgens, mittags bei der Pause und/oder abends war diese Möglichkeit gegeben. Wir wurden regelrecht dazu aufgefordert, uns während des Wanderns über den Inhalt der Referate auszutauschen und konnten diese mit unseren eigenen Gedanken verknüpfen, zusätzlich zu den sich oft direkt anschließenden Diskussionen nach den Referaten. Diese wurden so zur Erfah-

[5] Schütz 1988, S. 850.

rung, ich wurde bewandert. Das Wandern verhinderte das Auseinanderfallen von Geist und Leib.[6] Dies entspricht meines Erachtens einer Meditationsmethode zur Erschließung des Sinns der Wegworte und des Gehens, der ruminatio. Durch Wiederholung des Schriftwortes während aller Tätigkeiten ließen die Mönche das Wort immer mehr in sich hineinfallen und konnten sich dadurch verwandeln. Insbesondere im Gehen konnten sie die Wirkung des Gebets an sich selbst erfahren. Gehe ich z.B. mit dem Wort: „Du schaffst meinen Schritten weiten Raum, meine Knöchel wanken nicht“, so wird das Gehen anders, es wird leichter, ich bekomme eine Ahnung von Erlösung und Befreiung. Indem ich anders gehe, werde ich freier, ich bekomme mehr Vertrauen. „Das Wort macht unser Gehen recht und richtet uns selbst zurecht“[7], Leib und Seele kommen in die rechte Verfassung. Wir gehen mit dem Wort, in der Hoffnung, dass das Wort im Gehen in uns eingeht und wir in das Wort hineingehen, in den Geist und in die Erfahrung des Wortes. In vielen Religionen gibt es deshalb Prozessionen, um dem inneren Geschehen einen äußeren Rahmen zu geben und Nachfolge als ein wirkliches Folgen sichtbar zu machen.[8]

Auf unserer Pilgerreise befand ich mich auf dem Weg zur Bildung eines europäischen Bewusstseins, so hörte ich z.B. Referate zur Geschichte Europas, mit denen ich mich dann auf den Weg machte. Die Dimension Europa kann ich aber nur verstehen, wenn ich die Wurzeln unserer Kultur, die im christlichen Glauben liegen, näher durchleuchtet habe, da der Glaube bis zum Ende des Mittelalters Grundlage der Gesellschaft war.

Als überzeugte Christin entsprach für mich das Nachdenken im Gehen, das Aktion und Kontemplation, Wissen und Erfahrung verband, einer Theologie des Weges[9], die besonders deutlich im Hebräerbrief und im Johannesevangelium wird, in dem Jesus Christus in den Ab-

[6] Grün 1995, S .7-11.
[7] Grün 1995, S. 43.
[8] Grün 1995, S. 42-44.
[9] Grün 1995, S. 11.

schiedsreden nach der Fußwaschung sagt: „Ich bin der Weg und die Wahrheit und das Leben; keiner kommt zum Vater außer durch mich." (Joh 14,3-6). Für mich waren die Kernaussagen dieser biblischen Texte in Anselm Grüns Buch zum erstenmal verständlich dargestellt. Insofern sie für mein Pilgerverständnis wichtig waren, möchte ich kurz darauf eingehen:

„Jesus ist die Wahrheit und das Leben, insofern er beim Vater ist. Er wurde unser Weg, insofern er Fleisch angenommen hat [...] Der Weg ist nicht ablösbar von Christus, er nimmt uns selbst mit auf den Weg, [...] weil er die Wahrheit ist und er lässt uns jetzt schon teilhaben an seinem Leben, das durch die Auferstehung ewig und unvergänglich geworden ist. Der Weg ist nicht ein System von Geboten, [...] sondern eine Person"[10], die uns einen neuen Weg eröffnet, den wir selbst nie gefunden hätten. Wir können ihn selbst nur gehen, wenn wir mit Christus bleiben und Christus in uns, wobei Christus uns auf seine Anwesenheit im anderen Menschen verweist. Für Christen ist der Ritus die Teilhabe an Tod und Auferstehung Jesu. Im Gehen werden der Gehende und der Weg eins.[11]

Im Hebräerbrief ist das Grundthema das wandernde Gottesvolk. Christen öffnen sich für das Wort, es gibt ihnen die Gewissheit der Sabbatruhe. „Das Ziel ihrer Glaubenswanderung ist die Ruhe bei Gott."[12] Aurelius Augustinus drückt dies in treffender Weise aus: „Das unruhige Herz ist die Wurzel aller Pilgerschaft. Im Menschen ist eine Sehnsucht, die ihn heraustreibt aus dem Einerlei des Alltags und aus der Enge seiner gewohnten Umgebung. Immer lockt ihn das andere, das Fremde. Doch alles Neue, das er unterwegs sieht und erlebt, kann ihn niemals ganz erfüllen. Seine Sehnsucht ist größer. Im Grunde seines Herzens sucht er ruhelos den ganz Anderen, und alle Wege, zu denen der Mensch aufbricht, zeigen ihm an, dass sein ganzes Leben ein Weg ist, ein Pilgerweg zu Gott." Auf unserer Pilgerfahrt habe ich die religiöse Dimension beim Wandern miteinbe-

[10] Grün 1995, S. 57.
[11] Grün 1995, 5. 58-60.
[12] Grün 1995, S. 60-61.

zogen, so wurde sie eine Weise leibhafter Meditation meiner christlichen Existenz und stellte eine Einübung meines Glaubens dar.

In der Heiligen Schrift geben Redewendungen mit „gehen“ und „wandern“ Haltungen an, in denen wir wandeln sollten, z.B. im Gesetz des Herrn, auf den Wegen des Herrn, im Licht wandeln, in Demut vor unserem Gott, in der Neuheit des Lebens, in der Liebe, im Glauben, im Geist, in der Wahrheit. Gehen, wandeln steht hier für das Leben schlechthin und ist nicht durch das Wort leben zu ersetzen. Erst das Wort und das Bild entwerfen die Wirklichkeit.[13]

Das Wort Weg hat in den meisten Sprachen viele Bedeutungen. Es ist die Strecke; die Maßnahme, das Verfahren, die Art und Weise, wie man etwas tut und wie man lebt. Der Weg ist das Mittel, die Methode (methodos kommt von hodos: Weg, griech.), um etwas zu erreichen oder etwas auszuführen. Übertragen kann es die Lebensführung, den Lebenswandel, das Verhalten bedeuten. „Die Psalmen sprechen von den Wegen Gottes, von den Wegen, die Gott mit seinem Heilshandeln geht und die für die Menschen oft unverständlich bleiben“ (Ps 67,3; 25,10; 95,7-11)[14]. Die Bergpredigt spricht vom schmalen Weg zum Leben, der schmalen Türe zum Himmelsreich. Trotz der Abstraktion liegt diesen Bildern die Wegerfahrung der Wegkreuzung zugrunde, an der ich den richtigen Weg wählen muss, der uns dem Ziel, dem Reich Gottes näher bringt. Das kann ich nur, wenn ich darauf vertraue: Ist Gott mit mir, so droht mir kein Unheil, er überwindet Trennung und Isolierung und führt mich hinaus in die Freiheit, auch wenn ich nicht weiß, wohin mein Weg geht und er über das Kreuz führt, d.h. nicht meinen Vorstellungen entspricht.

Im Mittelalter begaben sich Gläubige auf eine Wallfahrt als zeitlich begrenzte Pilgerschaft, um das Wagnis des Glaubens und der Glaubensentscheidung einzugehen. Diese Pilger waren neun Monate unterwegs, vier Monate hin und zurück, einen Monat blieben sie am Ziel. Die neun Monate waren ein Symbol für die angestrebte „psy-

[13] Grün 1995, S. 37.
[14] Grün 1995, S. 54-55.

chische Neugeburt", der geforderten Wiedergeburt, um in das Reich Gottes zu gelangen. Jesus antwortete Nikodemus auf seine Fragen: „Wundere dich nicht, dass ich dir sagte: Ihr müsst von neuem geboren werden. Der Wind weht, wo er will: Du hörst sein Brausen, weißt aber nicht, woher er kommt und wohin er geht. So ist es mit jedem, der aus dem Geist geboren ist." (Joh 3,7-8).[15] Die Pilger betrachteten ihren Weg als Reinigungsweg, auf dem Neues in ihnen wachsen konnte, wie bei einer Schwangerschaft ein Kind heranreift. Der Weg selbst war heilig. Nach diesem Weg kamen sie als Verwandelte, Neugeborene daheim an.

## III
## Pilgern im Sinne der „peregrinatio"

Mir gefiel der in einem Referat genannte Gedanke, dass sich die Studenten im Mittelalter insbesondere während ihres Studiums der Artes liberales auf der „peregrinatio academica", auf der Pilgerschaft zur Erlangung ihres ersten akademischen Grades, in verschiedenen Ländern Europas aufhielten.

Anselm Grün geht in seinem Buch „Auf dem Wege" intensiv auf den Begriff der „peregrinatio" ein, der sich im benediktinischen Mönchtum im Mittelalter entwickelt hat. Das lateinische Verb peregrinare bedeutet sowohl pilgern, wandern als auch in der Fremde sein. Es ist nahe verwandt mit dem kirchenlateinischen Wort pelegrinus, das Pilger bedeutet.[16] Peregrinatio wird als Auszug, als Unterwegssein, als Leben in der Fremde, als Gehen auf ein Ziel hin gedeutet.

Da jede Wallfahrt eine zeitlich begrenzte Pilgerschaft ist, und wir den Anspruch einer wissenschaftlichen Pilgerfahrt hatten, werde ich auf den Begriff peregrinatio mit Anselm Grün näher eingehen: „Peregrinatio kommt von ager, was soviel wie Reise oder Aufenthalt auf dem Land, dem Acker in der Fremde bedeutet in Abwesenheit von Heim, Haus und Vaterland." Das Synonym von peregrinatio im

[15] vgl. Die Bibel 1980.
[16] vgl. Bibliographisches Institut 1963.

Griechischen ist xeniteia. Xenos ist der Fremde, Ausländer, der Andersartige, Nicht-Durchschaubare, der befremdend, beängstigend, unheimlich wirkt. So wird er leicht zum Feind. Der Fremde war früher vogelfrei und rechtlos und somit im Elend. Darum gab es in allen antiken Religionen ein Gebot, den Fremden als den rechtlosen Armen aufzunehmen, ihm Gastfreundschaft zu gewähren. Der Fremde stand unter dem Schutz der Götter. Auch im Christentum spielt Gastfreundschaft eine große Rolle. Im Fremden begegnet man Christus selbst und nimmt ihn in sein Haus auf.

*1. Peregrinatio als Auszug in das Land der Tugend.* Wandermönche ließen sich auf das Wandern ein, um zu ihrer Selbstverwirklichung zu kommen. Es geht um eine innere Wende, die sich äußerlich und innerlich Schritt für Schritt im Weitergehen vollzieht. Ortsungebunden oder auch an seinem festen Platz geht man mit dem Herzen auf Gott zu. Darin sehe ich den Auszug aus mir selbst, dem Egoismus des eigenen Ichs. Ich nehme mein Kreuz auf mich und ziehe in das Land der Tugend, das in mir ist.

Mich interessierte, was dies bedeutet. Deshalb klärte ich in einem ersten Schritt die Begrifflichkeiten: Tugenden sind „nicht isolierte Einzelhandlungen, sondern übergreifende Grundhaltungen, bezeichnend für die sittliche Praxis. Die Tugenden geben nicht unmittelbar Antwort auf die Frage, was das sittlich Gute sei, sondern wie sittliches Handeln gelingen und erfülltes Leben glücken könne. Sie erzeugen eine Tauglichkeit des Willens, das erkannte Gute zu tun. Sie machen den Handelnden gut und erfüllen so das ursprüngliche Anliegen der sittlichen Wahrheit. An ihrer Wurzel stehen Grundeinstellungen des Lebens.“[17] Die vier Kardinaltugenden sind Klugheit, Tapferkeit, Gerechtigkeit und Mäßigung. Die drei theologischen Tugenden sind Glaube, Hoffnung und Liebe. „Klugheit als intellektuelle Tugend eröffnet das Schema der vier Kardinaltugenden. Sie kennzeichnet die Fähigkeit der sittlichen Urteilskraft, das hier und jetzt Rechte, Mögliche und der Freiheit Zuträgliche heraus zufinden.“[18]

[17] Schütz 1988, S. 1315.
[18] Schütz 1988, S. 719.

„Die Tugend der Tapferkeit [...] galt ursprünglich als die Tugend des Wehrstandes. Sie bezeichnet Unerschrockenheit im Bestehen von Gefahren. Sie [...] verlangt Opferbereitschaft, Durchsetzungskraft sowie Willen zur Selbstbehauptung. Als geistige Haltung schenkt sie Mut zu aktivem Verhalten, das geeignet ist, Angst, Furcht und Kleinmütigkeit zu überwinden.“[19]

„Gerechtigkeit [...] umgreift den festen und dauernden Willen, einem jedem das Seine zu geben und Recht zu verschaffen. Sie setzt also den Nächsten als ebenbürtigen und freien Rechtspartner voraus, näherhin als Träger subjektiver Rechte, die um der Personenwürde willen geachtet und geschützt werden müssen.“[20]

„Durch die Tugend des Maßes – sie beschließt das Schema der Kardinaltugenden – gewinnt der Mensch Herrschaft über seine leiblichen und seelischen Antriebskräfte. Gefordert ist die Zucht des ganzen Menschen. Sie beginnt mit der inneren Welt der Gedanken, Wünsche und Erwartungen, um von hier auf die entschlossene Gestaltung der äußeren Lebenswelt sowie der Bedingungen, denen menschliches Handeln unterliegt, überzuspringen [...] Den maßvollen Christen zeichnen Nüchternheit, Wachsamkeit und besonnener Ernst aus.“[21] Es geht um die schöpferische Bündelung der vorhandenen seelischen Kräfte, die zur Beherrschung und Auflösung von Konflikten, zum Erreichen von Idealen und Lebenszielen benötigt werden. Dazu gehört auch die Fähigkeit, sich selbst Grenzen zu setzen und mit Grenzen zu leben, Konsumverzicht und hegender Umgang mit der uns anvertrauten Natur.

Über Glaube im biblischen Zeugnis habe ich bereits versucht, eine Antwort zu geben. Für Abraham „ist das Wort Gottes die sicherste und stärkste aller Wirklichkeiten. Prototypisch steht er für alle Menschen, die ihre Existenz in der Realität Gottes gegründet sein lassen wollen. Im Hebräischen wird der Glaube mit den Worten beschrie-

[19] Schütz 1988, S. 1251.
[20] Schütz 1988, S. 501.
[21] Schütz 1988, S. 843.

ben, die einerseits in die Richtung von Sicherheit, Festigkeit und Gewißheit verweisen, andererseits die Dimension des Vertrauens in den Blick rücken."[22]

„Hoffnung ist im deutschen Sprachgebrauch grundlegend Zukunftsvertrauen. Doch darüber hinaus geht es zugleich um eine verlangende Erwartung, die sowohl als Sehnsucht nach dem Künftigen wie als geduldiges Ausharren zum Ausdruck kommt."[23]

Liebe im biblischen Zeugnis ist Herausbildung eines dankbaren Gedächtnisses aufgrund des geschenkhaften Charakters der Schöpfer- und der heilenden, verzeihenden, befreienden Erlöserliebe Gottes gegenüber dem Menschen im Lauf seiner Geschichte.[24]

All dies Erläuterungen zeigen, dass die innere Haltung zählt, die Freiheit, in die der Auszug und das Unterwegssein führen. Mit diesen Grundeinstellungen kann ich meinem Mitmenschen nicht nur in Europa sicher mit Toleranz und Ehrfurcht gegenübertreten sowie Gemeinschaftsbewusstsein und Freiheit fördern.

*2. Peregrinatio als Gehen auf ein Ziel hin.* Das Ziel des Pilgers ist es, zum Hause des Herrn zu gehen und so das Heil der Seele zu finden. Wandere ich unter diesem Aspekt auf Gott zu, so wird es relativ, was ich hier auf Erden tue. Im Gehen erschließt sich der Sinn und das Ziel meines Lebens. Das Wort „Sinn" bedeutet ursprünglich gehen, reisen, eine Fährte suchen, eine Richtung nehmen. Gehen heißt also, auf etwas sinnen, nach dem Sinn fragen, nach dem Ziel suchen. „Alles Ausruhen ist nur Symbol für das ewige Ausruhen"[25], denn im Herzen sitzt die „Sehnsucht nach einer letzten Geborgenheit."[26]

[22] Schütz 1988, S. 523.
[23] Schütz 1988, S. 631.
[24] Schütz 1988, S. 791-794.
[25] Grün 1995, S. 30.
[26] Grün 1995, S. 31.

Die Wallfahrt ist ein Symbol dafür, dass man auf Erden unterwegs ist. Der Wallfahrtsort ist ein Symbol für das himmlische Jerusalem, für das endgültige Ankommen bei Gott. Die Erfahrung des Ankommens, Angekommenseins hält die Sehnsucht nach der wahren Heimat wach und schickt uns immer wieder auf den Weg. Das wird wohl der Grund für die besondere Faszination der Wallfahrt nach Santiago de Compostela sein. Man trifft dort Menschen, die früher oder später losgegangen sind mit ähnlichen oder anderen Anliegen. Je nach Sprache kann man sie verstehen, man fühlt sich in der Gemeinschaft aller Christen aufgehoben, die in konkreten Begegnungen sichtbar wird.

Unser Ziel war es, mit einem neuen Bewusstsein Europa sehen zu lernen. Ich für meinen Teil bin mir sicher, dass ich mit den neuen Erkenntnissen und Einsichten anderen Europäern mit Respekt begegnen werde, aber auch selbstbewusster auf meine eigene Geschichte zurückblicke.

## IV
## Schluss

Die Gedanken, die ich entwickelte, gaben mir Halt. Sie beeinflussten die innere Haltung, mit der ich mich auf den Weg gemacht habe, maßgeblich. Gerade inmitten der Anstrengungen konnte ich existentielle Erfahrungen machen, vergleichbar mit dem Propheten Elias. Mit der Hilfe der Wandergefährten gelang es mir, trotz häufiger Fußschmerzen jeden Tag wieder zu laufen und eine Wegstrecke von 230 km in acht Tagen zurückzulegen. So bekam ich eine Möglichkeit zur Wandlung auf dem Wege, denn die Gespräche unterwegs handelten oft von meinem eigenen Leben daheim und waren so auch eine Einübung in den Alltag, der sich durch die Erfahrung der Wanderung jedoch verändert hat. Vieles konnte ich loslassen und neu sehen lernen.

Ich bin wohl auch unterwegs durch die Gespräche und das Innehalten während der Wanderung gereift und durfte Pfingsten – Inbegriff des Neubeginns durch das Kommen des Heiligen Geistes, durch den das

Wirken Gottes an uns sichtbar wird – in Santiago verwandelt ankommen.

## Literatur

Angenendt, A. (1972): Monachi Peregrini. Studien zu Pirmin und den monastischen Vorstellungen des frühen Mittelalters. München.

Die Bibel (1980): Altes und Neues Testament. Einheitsubersetzung, Freiburg.

Bibliographisches Institut (Hrsg., 1963): Duden. Das Herkunftswörterbuch. Mannheim/Wien/Zürich.

Heidegger, M. (1983): Der Feldweg, Frankfurt.

Grün, A. (1995): Auf dem Wege. Zu einer Theologie des Wanderns, Münsterschwarzach.

Müller, P. (1996): Wer aufbricht, kommt auch heim. Vom Unterwegssein auf dem Jakobsweg, Eschbach.

Neumann, E. (1953): Kulturentwicklung und Religion, Zürich.

Schütz, C. (1988): Praktisches Lexikon der Spiritualität, Freiburg im Breisgau.

# Wissenschaft am Wegesrand

Sven Schröder

Körperliche Anstrengung und geistige Aktivität – wie lässt sich das zeitgleich vereinbaren? Dies war eine der Fragen an mich selbst, als ich die Wissenschaftswallfahrt nach Santiago antrat. Natürlich wollte ich interessante Menschen kennen lernen, und dazu gab es bei den Tagesmärschen in strahlendem Sonnenschein und strömendem Regen reichlich Gelegenheit. „Religiöse" Aspekte spielten für mich von Beginn an keine besondere Rolle. Viel neugieriger war ich auf das Experiment, ob so etwas wie wissenschaftliches Arbeiten in Wanderschuhen möglich sei, noch dazu in einer völlig heterogenen Gruppe.

Dass die den Studenten eigene Art des Arbeitens nicht an Hörsäle und Seminarräume gebunden ist, war für mich eine der wichtigsten Erfahrungen und widerlegt entgegengesetzte Thesen eines Professors, der dem Projekt mehr als kritisch gegenüber stand und es schlicht als „Urlaub im Semester" wertete. Auch das Aufeinandertreffen von Studenten verschiedener Fächer war für mich eine faszinierende Erfahrung. Sich aus eingefahrenen Bahnen zu lösen und längst beantwortet geglaubte Fragen vor völlig neuen Hintergründen zu diskutieren, gehörte für mich zu den positivsten Aspekten der Wissenschaftswallfahrt. Aber auch: das verzweifelte Ringen um Konsens in Details, das immer wieder deutlich werden ließ, dass es Grenzen des interdisziplinären Projekts gleichwohl immer noch gibt.

Die religiöse Komponente, die zu entdecken ich mich trotz allem bemüht habe, konnte ich nicht als entscheidend für mich anerkennen. Die Erfahrung einer „Heiligen Messe" in der Kathedrale von Santiago de Compostela, die eher einem bunten Jahrmarkt denn stiller Andacht glich, hat meine Vorbehalte gegenüber institutionalisierten Glaubensformen und der „Amtskirche" eher noch bestärkt.

Insgesamt bin ich sehr froh, die Erfahrung auf dem Weg nach Santiago de Compostela gemacht zu haben und Land und Leute im nordwestlichen Teil Spaniens besser kennen gelernt zu haben. Und, vielleicht noch viel wichtiger, auch mein Begriff von Wissenschaft hat sich deutlich gewandelt. Dass es ein Denken in Zusammenhängen jenseits der Grenzen des eigenen Interessengebiets geben muss, scheint mir heute wichtiger denn je.

# Das Raumbild ändert sich

Kai J. Pika

Ein Wissenschaftspilger Europas zu sein und auf der ersten europäischen Kulturstraße, dem Camino de Santiago de Compostela, zu wandern, war für mich eine einzigartige Erfahrung. Zehn Tage durchquerten wir die beeindruckende Landschaft Nordspaniens, um frei nach dem Motto „Der Weg ist das Ziel“ Wurzeln der europäischen Kultur aufzuspüren.

Wir haben versucht, zumindest einige der Erfahrungen des mittelalterlichen Pilgers nach zu erleben und in einen aktuellen Kontext zu stellen. Dass der Raum und die erforderliche Zeit für das Zurücklegen der Wegstrecke seit dem Beginn der Jakobuswallfahrt im 9. Jahrhundert identisch geblieben sind, erzeugt eine unmittelbare Nähe zur Vergangenheit. Millionen von Pilgern beschritten vor uns diesen Weg und hinterließen Symbolordnungen, die uns auf der Suche nach den Wurzeln eines eigenständigen europäischen Selbstverständnisses wissenschaftlicher Auseinandersetzung einluden.

In diesem Erfahrungsbericht beschränke ich mich auf die Schilderung einer Erfahrung hinsichtlich des Raumes, in dem ich „bewandert“ worden bin. Es handelt sich dabei um den geographischen Aspekt, der erst durch das unmittelbare Erleben nachvollziehbar wurde.

Die intensive Auseinandersetzung mit der Denk- und Lebensweise mittelalterlicher Pilger in der Absicht, einen Einblick in damaliges Wahrnehmen und Denken zu erhalten, hat mir in eindrucksvoller Weise blinde Flecken aufgezeigt und mich an grundsätzliche Probleme wissenschaftlicher Methoden herangeführt. So habe ich insbesondere in bezug auf mein Referat „Die geographischen Kenntnisse der Wallfahrer“ einen gänzlich neuen Blick dafür bekommen, inwiefern unbewusste Annahmen meine Herangehensweise an das Thema beeinflussten. Nicht nur das Erleben von körperlich anstrengender Pilgerschaft, sondern auch die Lektüre und Diskussionen über mittelalterliches Denken waren hierfür sehr aufschlussreich. Die Untersuchung der Lebensbedingungen im Mittelalter, sofern diese überhaupt rekonstruierbar sind, lässt „Raum" ambivalent erscheinen: Das geozentrische Weltbild ist nicht eindeutig sinngerichtet und alle Dinge, die zum Leben auf Erden benötigt werden, besitzen ein Doppelgesicht; so liefert der Wald beispielsweise ebenso Brennholz, wie er den Wanderer in die Irre führt. Der Wert der Erde wird nicht durch ihre Nutzung bestimmt, sondern anhand der Menschen, die durch die Erde Nutzen und Schaden erfahren. Wenn die Natur einen Sinn besitzt, dann liegt dieser in der Bereitstellung von Lebensmitteln. Das heutige ästhetische Genießen von Landschaft war im Mittelalter unbekannt oder nur als antike Rhetorik oder biblische Paradieslyrik zu verstehen. Damals lebende Menschen suchten in der unbelebten Natur in erster Linie Gottes Schöpfungswerk, welches ihnen Untertan sein sollte; darüber hinaus suchten sie sich selber in der Natur und zwar nicht als Individuen, sondern als Gemeinschaft, die der unheimlichen Umwelt Heimat abtrotzte.

Vor diesem Hintergrund ist es umso verständlicher, dass ein gänzlich anderes Raumbild herrschte: Man reiste ungern, nicht zuletzt wegen der schlechten Wege und der finsteren Wälder. Durch die in der Natur allgegenwärtigen Gefahren wurde jeder Ortswechsel fast zu einer Weltreise. Die konkrete, kilometergenaue Kenntnis der Entfernung war folglich belanglos und das Fehlen heute üblicher Wanderkarten leuchtet somit ein, erscheint sogar selbstverständlich. Die eigene Pilgerschaft lässt die Bedeutung der zahlreichen Wegmarkierungen in Form der sandgelben Jakobsmuschel vor diesem Hintergrund nachvollziehen. Reichten diese Hinweise nicht aus, zeigte eine hilfs- und auskunftsbereite Landbevölkerung gerne den rechten Weg, so, wie es wohl auch schon im Mittelalter gewesen sein wird.

Die Bedeutung des Ortswechsels ist im Laufe der Geschichte durch den technischen Fortschritt und die Durchdringung der Natur durch den Menschen stark beeinflusst worden. Für mich ist die Reiselust ein wesentliches Motiv für einen Ortswechsel; ein Grund, der den meisten frühmittelalterlichen Pilgern unverständlich vorgekommen wäre. Reisen ist in meinen Augen nicht nur eine sinnvolle und intensive Form der Zeitnutzung, sondern es beinhaltet auch regen Austausch. Auf der Reise führt Geselligkeit zum Beispiel die verschiedensten Lebens- kreise zusammen. Den Gedanken des Austausches halte ich für wesentlich für die Auszeichnung des „Camino“ als europäische Kulturstraße. Dieser Weg bietet exemplarisch die Möglichkeit zur Erfahrung einer über den gemeinsamen Markt hinausgehenden kulturellen Verbundenheit und lädt zur weitergehenden Suche ein.

Abschließend möchte ich einen Gedanken von Herrn Prof. Häußling aufgreifen, den ich am ersten Tag der Wissenschaftspilgerschaft notiert habe: „Jeder ist Träger von Kultur unterschiedlicher Prägung. Diese genauer zu durchschauen, um Einflüsse zu kennen, verhindert eventuelle Manipulation. Dies soll auch Ziel sein: Durch die Beschäftigung mit Kultur frei zu werden!“

# Erfahrungsbericht

Harald Ebrecht und Kathrin Schwan

Im Vorfeld unserer Pilgerfahrt hatten wir die unterschiedlichsten Vorstellungen bezüglich dessen, was uns erwarten würde. Wie würden wir die europäische Kultur während des Pilgerns auf dem Camino de Santiago, der 1987 zur erste Kulturstraße Europas erklärt wurde, erfahren? Würden wir auf dem Weg eine europäische Kultur oder nur verschiedene regionale und nationale Kulturen des europäischen Kontinents kennen lernen?

Wie würden wir die Strapazen des Pilgerns zu Fuß ertragen und wie würde sich die körperliche Anstrengung auf die geistige Auseinandersetzung mit den wissenschaftlichen Aspekten der Pilgerfahrt auswirken?

Als wir uns schließlich auf dem Camino befanden, wurden wir geradezu überhäuft von den vielfältigsten Eindrücken und Erfahrungen. Die Landschaft bot ein ständig wechselndes Bild, beginnend mit der Hochregion der ersten Tage, welche geprägt war von relativ trockenem und warmem Wetter, gefolgt von der Farbenpracht des Frühsommers in den niedrigeren Regionen bis hin zu den grünen Hügeln vor Santiago. Zur Genüge konnten wir auch feststellen, dass in Galizien lang anhaltende Regenfälle keine Seltenheit sind. Ebenso wie die Landschaft veränderten sich Ortschaften und die Menschen, mit denen wir uns aufgrund unserer mangelnden Spanischkenntnisse leider nur wenig unterhalten konnten, deren freundliches und offenes Entgegenkommen uns jedoch die Verständigung erleichterte. Durch die langsame Fortbewegung zu Fuß konnten wir auch kleinere Veränderungen unserer Umgebung wahrnehmen und uns mit diesen auseinandersetzen.

Wir sind jeden Tag zwischen sechs und neun Stunden zu Fuß gepilgert, und trotz guten Schuhwerks und semiprofessioneller Prävention gegen Blasen und Druckstellen litten wir bald an eben diesen Wehwehchen, hinzu kamen Muskelkater und, besonders gegen Ende der Etappen, Erschöpfung. Wir hatten die körperliche Anstrengung vorher unterschätzt, und die wissenschaftliche Erörterung der morgens vorgestellten Thesen wurde spätestens gegen Ende der Etappen etwas mühsam. Durch das Wandern konnte man jedoch die Situation der Pilger im Mittelalter viel besser nachvollziehen, und so ergaben sich ganz andere Diskussionsgrundlagen für die wissenschaftliche Erörterung der Thesen.

Für uns war das Referat über die Kulturstraßen Europas besonders aufschlussreich, da es unsere Fragen bezüglich der europäischen Kultur aufnahm. Während des Aufenthaltes in St. Pée haben wir uns gefragt, wieso wir uns, obwohl wir nicht Spanisch sprachen, nicht wirklich fremd fühlten. Lag dies eventuell an einer ähnlichen Architektur oder Ortschaftsstruktur? Oder liegt dies doch in einer gemeinsamen europäischen Kultur begründet, die wir trotz erheblicher regionaler Verschiedenheiten zumindest ansatzweise in Bauwerken, sicherlich aber in der Gemeinsamkeit des christlichen Glaubens entdeckt zu haben glauben. Angesichts der Unterschiede, die auf Landesebene noch größer werden, wurde uns deutlich, wie schwierig die Gestaltung einer europäischen Politik vor dem Hintergrund der vielen differierenden Interessen sein muss.

Leider hatten wir nur vereinzelt die Gelegenheit, uns mit anderen Pilgern auszutauschen. Die wenigen Unterhaltungen mit englischen und französischen Pilgern haben wir jedoch als sehr interessant, angenehm und aufschlussreich nicht nur in bezug auf die Pilgerfahrt empfunden.

Schlussendlich bleibt zu erwähnen, dass uns auch die kulinarischen Genüsse der durchwanderten Regionen nicht verborgen geblieben sind. Manch mühsame und verregnete Etappe wurde angesichts der Vorfreude auf eine gute Tortilla und den vino tinto erheblich erleichtert.

# Auf den Spuren der Santiago-Pilger

Janina Otto

Auch wenn ich bedauerlicherweise nur einen Ausschnitt der Wallfahrtstour mitbegleiten konnte, so war diese Zeit für mich doch extrem bereichernd.

Gerade durch die Herkunft der Teilnehmer aus den verschiedenen Bereichen, wie z.B. der Medizin, der Wirtschaft oder der Musiktherapie, flossen unterschiedliche Betrachtungsweisen und Schwerpunkte in die Diskussionen mit ein. Der Mix zwischen Professor, Student und Berufstätigem diente dem Austausch von wissenschaftlichen und praxisbezogenen Erfahrungen. Das tagtägliche Wandern führte zu einem Zusammenhalt der Gruppe, wie ich ihn in der Art und Weise vorher nicht erwartet hätte. Wie die ursprünglichen Pilger im Mittelalter stand man füreinander ein und war um das Wohlergehen der anderen besorgt. Beim Zusammentreffen mit anderen Pilgern, welches jedoch durch das Wandern in Gruppen erschwert wurde, konnte man sich austauschen und die Motivation anderer, den Spuren des heiligen Jakobus zu folgen, kennen lernen.

Die morgendliche Ausgabe von Thesen und die abendliche Diskussion wurden in ihrer Effektivität durch die Anstrengungen des Wanderns ein wenig abgemildert. Trotzdem überraschten mich die bei den Gesprächen gefundenen Ergebnisse und die diskutierten Gedanken und Betrachtungsweisen äußerst positiv. Der Grund dafür war nicht zuletzt die gute Vorbereitung der Referate.

Ich hätte mir eine intensivere Beschäftigung mit am Wegesrand liegenden Kulturgütern (Kirchen, Hospitälern, der Besichtigung von Altstädten) gewünscht, wofür letztendlich keine Zeit blieb. Auch die meist als Menü angebotenen Mahlzeiten hinterließen bei mir nicht den Eindruck, die galizische Küche kennen gelernt zu haben. Für mich gehört auch dieser Aspekt zum Kennenlernen einer Kultur dazu.

Alles in allem war die Wallfahrtstour jedoch ein eindrucksvolles und horizont-erweiterndes Erlebnis und ich hoffe, dass es möglich sein wird, diese Idee für die folgenden Jahrgänge zu institutionalisieren, um auch ihnen diese Erfahrungswerte zu ermöglichen.

# Erfahrungsbericht?

Barbara Kruse

Die gleißende Sonne. Berge, die sich wie Finger ins Tal graben. In der Ferne Schneefelder. All diese bunten Sträucher, Ginster – so gelb! Daneben violetter Lavendel. Dieser Duft. Und im nächsten Dorf gibt es bestimmt wieder eine saubere, nette, liebevoll hergerichtete, kleine Pilgerbar.

Noch eine ganze Weile bis zum nächsten bewohnten Dorf. Spanische Pilger auf dem Weg: „Agua. Agua." Als ich ihnen meine Trinkflasche reichen will, schütteln sie den Kopf und zeigen auf einen Brunnen in der Nähe: Dort gibt es Trinkwasser.

Das Zurückkommen ist die Kunst. Nicht das Verweilen in schönen Erinnerungen, die Flucht aus dem Alltag.

Ich wollte Europa erleben. Dieses abstrakte Gebilde. Erste Europäische Kulturstraße. Gemeinsame Geschichte. 1000 Jahre Pilgern nach Santiago. Viele Wege. Kastilien. Galicia. Verlassene Kuhdörfer. Kirchen. Wetter. Natur.

Begegnet sind mir Menschen. Weggefährten – für kurze Zeit. Freunde? Gespräche mit Fremden, echten Pilgern. Unangenehmes Gefühl. Verhör. Viele Erklärungsversuche. Misstrauen. Und immer wieder „Was macht Ihr da eigentlich?" Das fragte ich mich auch. Wandern mit Superluxusbus. Diskutieren? Spekulieren. Reden. Über Europa. Über das Mittelalter. Über Menschen. Pilger. „In der Fremde unterwegs sein". Das waren wir „Wissenschaftspilger" auch, obwohl doch der Bus Geborgenheit bot. Zufluchtstätte in einer sich pünktlich um 23 Uhr verschließenden Welt.

Griffige und sehr abstrakte Themen. Diskussionskultur ... Zuhören. Sich einlassen auf den anderen. Herausforderung. Experiment am lebenden Objekt. Was haben Pilger damals erlebt? Bestimmt keine Compeed-Blasenpflaster, die es einem trotz Blasen erlauben, weiterzulaufen. Warme Duschen. Jeden Abend Menü im Restaurant. Kreditkarte. Handy.

Trotzdem fiel es schwer. Weiterlaufen! Oder doch Superluxusbus? ... Suchen. Kein Ziel. Dieses enttäuschende Gefühl in der Messe in der Kathedrale in Santiago. Falsch platziert. Zuschauer in einem großen mittelalterlichen Theater. Gleichzeitig spiele ich mit. Pilger in der Pfingstmesse. Touristengruppen rennen herum. Echte Pilger strömen herein – mit dem alles bedeutenden Gepäck. Flucht. Kein Ankommen. Santiago – Witten.

# Im Diskurs wird man schneller

Christoph Niehus

Es als nichts besonderes zu kennzeichnen, einen Regenschirm als Sonnenschirm zu verwenden, wird wahrscheinlich ohne Mühe auf die Zustimmung des Lesers treffen. Denn wer sich nicht angemessener für einen langen Fußmarsch auf der iberischen Halbinsel von León Richtung Santiago de Compostela auszurüsten vermag, der benutzt eben einen solchen Schutz, wird der Leser spontan denken. Auf irgendeine Weise muss sich der Wanderer ja schließlich die oftmals schon heiß brennende Sonne der Monate Mai und Juni des spanischen Nordens vom Leib halten, vom Regen ganz zu schweigen. – Natürlich, darf ich nachtragen. Genau deshalb war es so!

Als etwas tatsächlich besonderes sind für mich hingegen die Gespräche zu bezeichnen, die regelmäßig in der Umgebung des Schirms vonstatten gingen. Und dies auch, wenn er mal nicht aufgespannt zu werden brauchte oder schlimmstenfalls als Regenschirm zu dienen hatte.

Beinahe ständig war der Pilger mit seinem Parapluie durch die mal üppige, mal karge Landschaft Nordspaniens unterwegs. Sah man ihn aus der Ferne, so konnte man im wesentlichen nicht viel mehr erkennen als den großzügig ausgeformten dunkelroten Schirm und sich daran anschließende, dünne Beine einer hohen und hageren Gestalt, die sich tapsig ihren Weg durch die mal flache, mal hügelige Landschaft Nordspaniens bahnte. Im Rhythmus des eigentümlichen Gangs wippte die gesamte Erscheinung gleichmäßig auf und ab. Ein amüsierendes Bild war das! Sein Anblick ermunterte sogar zum Schmunzeln und Weiterlaufen, wenn nach vielen Stunden der Wanderung und dreißig bewältigten Kilometern Wegstrecke festzustellen war, dass es wohl doch noch weitere zehn Kilometer bis zum Ziel der Etappe sein würden. Das soll schon was heißen, denn sofern die

Steigung nicht zu groß war und es nicht regnete, bedeuteten das weitere zweieinhalb Stunden per pedes. Vielleicht auch weniger, denn wie wir feststellen sollten, wird man im Diskurs schneller.

Nachdem jeden Morgen die Thesen zum Tagesthema von den jeweiligen Referenten zum Frühstück gereicht wurden, hatten wir während der Wanderung schier endlos viel Zeit, um über eine Lehrmeinung und die Fragestellung, aus der sie hervorgegangen war, zu diskutieren. Dass eine Gruppe von ca. dreißig Pilgern bei einem derart langen Tagesmarsch sehr leicht räumlich getrennt wird und nicht den gesamten Tag über zusammen bleibt, ist dabei nur natürlich. Persönliche Präferenzen sind dafür ebenso die Ursache wie verschiedene Tagesformen, Motivationen, Gehweisen, Beinlängen und daraus resultierende Geschwindigkeiten. Nach einigen Tagen der Wanderung zeigte sich ebenfalls der Abnutzungsgrad der Füße als grundlegender Einflussfaktor. Am jeweiligen Tagesziel angekommen zeugte davon eine Gesellschaft erschöpfter, aber überwiegend zufriedener Pilger, die sich hingabevoll um ihre Füße kümmerte.

Die freie Form unseres pilgernden Seminarzusammenhangs an frischer Luft und jenseits von konkreten Abläufen, allseits bekannten Verhaltensregeln, Rieten und Pausenzeiten war auch für uns Witten/Herdecker eine zusätzliche Steigerung von Ungezwungenheit und bedeutete, schöpferischem Potential auf gänzlich ungewohnte Weise die Chance zu geben.

In dieser großartigen Atmosphäre wurde der rote Schirm nicht nur für mich zu einem äußerst beliebten Treffpunkt. Wenngleich der Gedankenaustausch in seiner Nähe oftmals mit dem begann, was hier ohne Zögern als Intellektualisierung von Banalität bezeichnet werden soll, habe ich diesen Vorgang nicht kritisch erfahren, denn er hat sich als Wegbereiter für gute Dialoge erwiesen. Die Ausgelassenheit bei Plaudereien wurden nämlich dann urplötzlich ‚ernsthafter', wenn die Gesprächspartner sich an einer Fragestellung aufhalten wollten, die ihnen gemeinsam wichtig erschien. Dann fühlten die Beteiligten sich über weite thematische und gleichfalls räumliche Strecken besonders verbunden. Der lebhafte Austausch von Argumenten kam dann nicht nur durch die Diskussion zum Ausdruck, sondern zeigte sich auch körperlich. Im Diskurs wurde man schneller und auch die Zeit, das Jetzt, schritt scheinbar schneller fort.

Hier von uneingeschränkter Akzeptanz zu reden, die wir bei Einheimischen und anderen Pilgern während unserer Reise genießen konnten, wäre unzutreffend. Beide, nämlich die Landbevölkerung und solche Pilger, die ihr gesamtes Hab und Gut am Körper trugen, zählten uns nicht der ernstzunehmenden Pilgerschaft zugehörig. Unser weniges Gepäck war es, das uns entlarvt hatte! Um es offen und gleichsam flüsternd zu gestehen: Wir wurden von einem „Superluxusbus" begleitet, der unsere Sachen vorausfuhr, so dass wir sie selbst nicht zu tragen hatten. Eine Wanderung ohne viel Gepäck am Körper vorzunehmen ist ohnehin viel angenehmer. In diesem Punkt wird mir der Leser sicher zustimmen. Leider haben uns die wiederholt spöttischen und spitzen Kommentare der anderen manchmal dazu bewegt, eine erst wenige Minuten zuvor begonnene Pause vorzeitig zu beenden. – Mitunter wird man auch schneller, um den Diskurs zu vermeiden.

Konnte trotz des anhaltenden Tadels und ebenfalls ungeachtet der kleinen handlichen Telefone, die hier und da ihre digitalen Rufmelodien durch die Landschaft gellten, bei mir eine Idee dafür entstehen, wie sich der mittelalterliche Pilegrino gefühlt und was ihn angetrieben haben könnte, sein Testament zu machen, seine Familie zu verlassen, zur Finanzierung des Vorhabens mitunter sogar die Nutzungsrechte an seinem Hof dem Kreditgeber zu übereignen und in eine oft mehr als neunmonatige, strapaziöse und gelegentlich lebensgefährliche Zukunft aufzubrechen, sich also auf den Weg nach Santiago de Compostela zu machen? – Ja, durchaus, aber dennoch: Spiritualität im geistlichen Sinne geht mir leider völlig ab.

Die Distanz von dreißig Kilometern zwischen meiner Behausung und der Universität Witten/Herdecke überwand ich während meines Studiums regelmäßig mit verschiedenen motorisierten Verkehrsmitteln. Schließlich trifft die Lebensmitte meines aktiven Daseins die Schwelle zum 21. Jahrhundert und ich bin völlig selbstverständlich in eine Welt weitreichender Technisierung

in eine Welt weitreichender Technisierung hineingeboren worden. Diese Strecke täglich zu Fuß oder mit dem Pferd zurückzulegen, wäre selbst für den mittelalterlichen Menschen und auch für seine Mähre weitestgehend unzumutbar gewesen. Während er vergleichbare Arrangements in ähnlichen geographischen Entfernungen also kaum hätte eingehen können, sind wir durch die Technologie in die Lage versetzt, solche Vereinbarungen zu treffen. Technisch motiviert verfügen wir über eine Vielzahl von Alternativen und sind in der Regel offenbar deshalb – wie sich zeigte – reichlich untrainiert und physisch kaum belastbar. Während unserer Pilgerschaft haben wir schlicht auf Alternativen verzichtet. Wir haben freiwillig unsere Möglichkeiten reduziert, durch einen Wechsel der Perspektive neue Möglichkeitsräume aufgespannt, so Freiräume geschaffen, um diese dazu zu verwenden, unseren Horizont durch Irritation zu erweitern.

Niemals zuvor in meinem Leben hatte ich derart weite Strecken zu Fuß zurückgelegt. Beim kontrollierten Fallen durch verschiedene Landstriche ertappte ich mich dabei, der Illusion zu erliegen, dass die Ursprünglichkeit der Landschaft damals sich von der heutigen bestimmt nicht sehr deutlich unterschieden haben würde. Und dies, obwohl uns die Historiker von umfangreichen Rodungen berichten, die man durchführte, um das Holz für den Schiffbau zu verwenden. Was für ein behagliches Gefühl das war, von einer Mischung aus körperlicher Anstrengung und Regen durchnässt einen schroffen und steinigen Weg zu erwandern, der bereits seit Hunderten von Jahren von Millionen Menschen benutzt wird! – Wenn auch aus verschiedenen Motiven. Ich danke meinen Pilgerschwestern und -brüdern für die Bildungsveranstaltung in der nordspanischen Wildnis und für die bereichernden Diskurse im Schatten des Schirms. Jetzt bin also auch ich immerhin 300 km dieses Weges gelaufen, obwohl dem Leser nicht entgangen sein wird, dass ich die Unternehmung nicht besonders gravitätisch beschritten habe. Nun kann ich jedem, der sie sehen und nicht sehen will, meine Fotos zeigen.

# Ein Weg ins Freie?

Regina Jaekel

Bei der zweiten Diskussionsrunde zum Thema „Der Weg ist das Ziel“ befragt, schloss ich mich zögernd der Ansicht einer Mitpilgerin an, dass man diese These vielleicht erst in der Retrospektive beantworten könne. Die Ankunft in Santiago de Compostela und die Teilnahme an der Pfingstmesse in der Kathedrale bestätigten diese Vermutung. Ein Gefühl des „Angekommen-Seins“ stellte sich nicht ein, eher ein „Schade, dass wir schon da sind“. Nach der letzten, stillen Wegstrecke durch eine schöne Landschaft war unvermittelt alles in einem als leicht unangenehm empfundenen Übermaß vorhanden: zu viele Menschen, zu laut, zu groß, zu viel der „Inszenierung“ in der Messe. Als an all dieses an sich gewöhnter Mensch war man aber schon binnen weniger Stunden wieder völlig eingetaucht in das Stadtleben, und das Sich-Erinnern wie „Wo warst Du gestern um diese Zeit?“ versetzte mich wegen der Diskrepanz der Situationen schon selbst leicht ins Erstaunen „War das wirklich erst gestern?“ Europäische Kulturstraße? Erlebt habe ich eher einen Weg in Spanien, der, eben weil in vertrauter Weise europäisch, als solcher bewusst kaum wahrgenommen wurde. Vielleicht hätte sich ein spezielles europäisches Kulturbewusstsein bei Gesprächen mit anderen Pilgern entwickelt, aber abgesehen von einem kurzen Zusammentreffen mit einer niederländischen Pilgerin ergaben sich dazu kaum Gelegenheiten, und diese allein wandernde Pilgerin zog dem „Plappern“ unserer Gruppe sehr schnell die Stille vor. Zu Küchengesprächen in den „Refugios“ kam es auch nicht, weil 30 Personen einfach jeden Hospiz-Küchenraum gesprengt hätten. Abweichungen vom offiziellen Weg, zu vereinzelten Kirchen oder anderen architektonischen Hinterlassenschaften, hätten die europäische Dimension spürbarer werden lassen können. In kleinen Gruppen mit mehr Zeit könnte ich mir diese Variante gut vorstellen. Möglicherweise war dieser Aspekt für den Pilger im Mittelalter besser erfahrbar, weil er – im Gegensatz zu uns – Europa nicht ständig bereiste und ihm das „Europäische“ nicht sozusagen schon zur zweiten Nationalität/Identität geworden war, sondern er es als Andersartiges und Nicht-Alltägliches bewusster wahrnahm. Zumindest mir prägte sich besonders das ein, was sich vom Alltag unterschied: die kräftigen Farben der Landschaft, die wunderschönen und überall wachsenden Rosen, die geschwungenen Hügelketten und die beruhigende Weite des Blicks. Aber auch die oft halb verfallenen Gehöfte und die Armut in den Dörfern, die in krassem Gegensatz zur Schönheit der Natur stand. Und beim Anblick der langsam, auch im Regen dort arbeitenden Frauen und Männer der für mich leicht bedrückende Gedanke: Für sie ist der gestrige Tag wie der heutige und der morgige wird ebenso sein – und so (ver)geht das ganze Leben, strukturiert nur durch die kirchlichen und familiären Feste und die Jahreszeiten bzw. die durch sie anfallenden landwirtschaftlichen Arbeiten. Dann der zweite Gedanke: bedeutet ein solches Leben zwangsläufig Stillstand oder kann man nicht auch darin Erfüllung finden? Nicht zuletzt eine positive soziale Erfahrung: die mögliche Harmonie in einer bunt zusammengewürfelten Gruppe aus Individualisten. Einer der Gründe für das gelungene Gruppenleben waren aber sicherlich die Pausen vom Leben im Pulk: die täglichen, stundenlangen Wanderungen mit nur wenigen Mitläufern, die neben Gesprächen auch Zeit boten für Schweigen, Naturbetrachtungen, Nachdenken, Abschweifen. Die gemeinsamen, fröhlichen Abendmahlzeiten als schöne Ergänzung und Belohnung für die strapazierten Körperteile. Für das Pilgern ohne Wissenschaft – das „richtige?“ – erschien mir die Zeit zu kurz. Im Moment der Ankunft in Santiago stellte sich eine Vorstellung von dem ein, was mehrwöchiges Pilgern sein könnte. Und irgendwann, viel später das Auftauchen der Frage: Sollte das das „richtige“ Leben gewesen sein?

# Souvenirs du Camino Frances

Gerard Desbazeille

Partis d'Hospital de Orbigo, une trentaine de kilomètres à l'ouest de León, la première étape nous mène à Rabanal del Camino. Longue étape de 37 km sous le soleil, marquée seulement par un court arrêt à Astorga.

Mes compagnons de route sont sympathiques et la différence d'âge ne se sent pas, tout au moins pour moi car pour eux c'est peut-être différent. J'ai en effet plus du double de leur âge. Mais ils ont la gentillesse de ne pas me le faire remarquer. Par contre, je suis impressionné par la taille et la carrure athlétique de ces étudiants allemands, garçons et filles. Ils marchent d'un pas alerte, ce qui n'est pas pour me déplaire. Le seul problème est celui de la communication; je ne parle pas un mot d'allemand et nous devons nous exprimer en anglais, ce qui est bien triste pour des Européens du continent. Heureusement, plusieurs jeunes filles connaissent bien le français pour avoir fait des séjours à Paris ou ailleurs. Finalement, je me retrouve le plus souvent avec la gent féminine où je me fais des petites copines pleines de fantaisie et bonnes marcheuses.

Arrivée au village d'El Ganso, à 8 km de notre étape. Mon ami Sep, qui ne peut pas marcher car il se remet péniblement d'une opération délicate à la jambe, nous rejoint en autocar avec les bagages. Professeur à l'Université de Witten, c'est le chef d'expédition. Il me demande d'aller à Rabanal à bicyclette pour retenir 25 places au gite de pèlerins (refugio) Gaucelmo, tenu par la Confraternity of Saint James de Londres. Je ne suis pas un spécialiste du Tour de France et ces 16 km de côtes et descentes, avec une affreuse bicyclette allemande, lourde et peu pratique (changement de vitesse inexistant), ont raison de mes dernière forces. Je repars pour Rabanal, mais cette fois avec Sep, en autocar.

La deuxième étape est moins longue – tout de même 26 km – et nous conduit à Molinaseca en passant par le point culminant du Camino Francis, près du pic de Cerezales à 1510 m d'altitude et par la Cruz de Ferro, maigre silhouette juchée sur un haut tas de pierraille apportée par les pèlerins. On se rappellera du déjeuner pris sous la tonnelle d'une baraque crasseuse, habitée par des clochards au grand coeur, hirsutes et sentant le vin. Puis, plongée vers la vallée du Bierzo. Nous sommes encore en León, mais déjà aux confins de la Galice. La troisième étape nous conduit à Villafranca del Bierzo, après beaucoup d'arrêts sous les cerisiers chargés de fruits délicieux.

La quatrième étape constitue l'étape de vérité. Le temps a changé. Partis d'Ambasmestas, nous suivons une vallée encaissée déjà galicienne. Après Las Herrerias, la pente s'envole de nouveau. La marche est pénible sous un déluge de pluie froide et c'est avec soulagement que nous atteignons le village d'O Cebreiro, qui marque le passage à 1300 m d'altitude entre les deux Provinces de León et de Lugo. Notre autocar est le bienvenu pour nous descendre au refuge d Triacastela.

Peu de souvenirs de l'Triacastela-Portomarin et de suivante qui nous conduit à Palas de Rey. Pour moi, c'est la Bretagne profonde en nettement plus pauvre mais avec le même crachin. La gadoue dans les chemins défoncés au milieu des vaches noires et blanches et de leurs inséparables bouses odorantes.

Le ciel se dégage et la septième étape, qui avec l'aide de l'autocar nous fait réaliser près de 50 km, se déroule sous de meilleurs auspices. Je retiendrai surtout la première partie entre Palas de Rey et Melide. Les vaches sont devenues partie intégrante de notre subconscient et les jolis greniers à grain sur pilotis, appelés horreos, ne nous font même plus tourner la tête. Nous nous impregnons de la Galice et commençons aimer ses larges ondulations verdoyantes et arborées. Après une halte d'une longueur inexpliquée à Arzúa, la journée se termine au refuge d'Arca sur la commune d'O Pino.

Nous voulons être l'heure pour l'office de Pentecôte à la cathédrale de Saint Jacques de Compostelle et ne pas manquer les effluves d'encens qui vous enveloppent à chaque balancement de l'encensoir géant, pendu à la voûte 25m de sol. Un étudiant russe m'accompagne dans cette huitième étape. Sa marche souple et rapide et notre conversation réduite nous fait accomplir ces 21 km en guère plus de 3 heures malgré un temps exécrable.

C'est seulement en découvrant les merveilles de Compostelle et les richesses de sa cathédrale que je me mets à réfléchir au but de ce voyage: pèlerinage pour les uns, voyage d'étude pour d'autres ou encore simple randonnée à l'autre bout de l'Europe. Voilà que la beauté architecturale de cette ville et le dépaysement temporel que nous procurent ses rues anciennes, me font communier avec la foule innombrable des pèlerins qui, au cours des siècle passes, nous ont précédés pour tenter de découvrir une part, si petite soit-elle, du Dieu des chrétiens.

Maintenant, mes souvenirs me font mal. Que n'ai-je fait davantage confiance à Santiago. C'est décidé je reprendrai le Camino en mai prochain, mais cette fois, en partant de mon Pays Basque.

# Erfahrungsbericht

Irmengard Kreß

Zehn Jahre konnte ich arbeitender Weise in Spanien leben, fünf davon in Galizien, in Vigo. Mit großer Neugier nutzte ich die Freizeiten, um die engere und weitere Umgebung zu erkunden. Die langen Strände, menschenleer, mit angenehmem hellen Sand lockten immer weiter hinaus. Muscheln zu suchen war eine beliebte Beschäftigung, auch die Santiagomuschel. Und dann der erste Besuch in Santiago, kein Pilgern, nur Neugierde. Die schmalen Gassen, in denen Studenten unterwegs waren, die einfachen Kneipen mit ihren langen, schmalen Tischen, an die man sich einfach dazu setzte – und man kam ins Gespräch. Und dann die große Plaza, eingerahmt von der Kathedrale, der Fachada des Alradeiro, und dem Bischofssitz, dem ehemaligen Lehrerseminar, dem Rathaus und dem Hostal de los Reyes.

Zur Kathedrale geht es die große Treppe hinauf durch den Eingang El Obradeiro und gleich dahinter El Pórtico de la Gloria. So vieles gibt es zu sehen und wahrzunehmen, z.B. die Fachada de las Platerias und auch die Puerta Santa a la Guintana, die nur im Heiligen Jahr geöffnet wird. Im Inneren überrascht das hohe Mittelschiff mit 9 Säulen und das Querschiff, das sich zu beiden Seiten genauso weit erstreckt. In der Krypta hinter dem Hauptaltar sind die Gebeine des Heiligen Jacobus in einem Sarkophag aufbewahrt. Mich hat dies alles sehr beeindruckt und immer wieder angelockt, an Feiertagen mit viel Trubel, an gewöhnlichen mit weniger. Doch Leben gab es immer in der und um die Kathedrale.

Als ich im Frühjahr dieses Jahres von der Wissenschaftswallfahrt hörte, erwachte in mir großes Interesse, mich der Gruppe anzuschließen und mitzupilgern, was mir ermöglicht wurde. So wartete ich zusammen mit meinem Bruder an einer Tankstelle bei Wuppertal auf den Bus, der uns während der nächsten zehn Tage führte und beherbergte.

In León lockte die Kathedrale nicht nur durch das durch den wechselnden Sonnenstand stets wechselnde Farbenspiel, das dank unzähliger bunter Glasfenster den Raum erfüllt, sondern auch durch den Pantheon de los Reyes mit seinen Fresken aus dem zwölften Jahrhundert und die Südfront der gotischen Kathedrale. Dann wurde es ernst mit dem Pilgern. Östlich von Astorga verließen wir das rollende Zuhause und auf Schusters Rappen ging es in die Berge. Stetig steigend führte der Weg durch ein verfallenes Dorf zur Passhöhe Foncebadon mit 1500 m. Unterwegs quakten Frösche in einem Tümpel. Es dauerte ein Weilchen, bis man die Froschaugen, die aus dem Wasser schauten, erkannte. Ihr Quaken hörte man eine Zeit lang noch als Nachruf. Oben auf dem Pass steht ein hohes Pilgerkreuz auf einem Steinhaufen. Pilger brachten die Steine von unterwegs mit und häuften sie auf. Schönes Wetter hatten wir an diesem Tag.

Die nächste Passhöhe war zum Puerto de Pedrafita de Cebreiro an der Grenze nach Galicien. Der Himmel war grau, der Nieselregen ließ bemooste Steine rutschig und das Gras nass werden. Der aufsteigende Nebel – oder waren es Wolken? – nahm jeden Blick. Beim Erreichen der Straße oben auf dem Berg war in einer Plastikflasche, die an einen Stock gebunden war, die Nachricht mit dem Namen der Bar als Treffpunkt.

Samos ist schön, Sarria auch, und auf Portomarin war ich neugierig. Den Ort hatte ich noch gesehen, als er unten am Flussufer des Minho sich befand. Jeden Stein der romanischen Kirche hatte man damals mit einer Zahl versehen, um sie umsiedeln zu können. Jetzt steht die Kirche oben am Berg und drum herum das Dort neu gebaut. Im Tal führt über den Stausee eine große Brücke.

Achtzehn Kilometer vor Santiago war das letzte Nachtquartier in einer Jugendherberge. Stockdunkel war es noch, als sich eine kleine Gruppe auf den Weg machte, um früh in Santiago anzukommen.

Duft nach frischem Brot ließ uns unterwegs eine Backstube entdecken und Brötchen genießen.

Gestärkt, stolz und begeistert haben wir Santiago erreicht.

# Neben – Pfaden Besinnung

Ingo Cremer

*Nach Westen.* Wie vor uns schon viele andere[1] folgen wir der sinkenden Sonne an die Grenzen der mittelalterlichen Welt im Westen. Wir reisen am Anfang bequem luftgefedert, schweben sozusagen unseren Zwischenetappen entgegen. Institutionelle Rahmenbedingungen bestimmen Paris als erste Wechselstation: Wir wechseln nicht die Schuhe, aber unser Fahrer hat die maximale Lenkzeit erreicht und kehrt als erster mit dem Zug zum geographischen Ausgangspunkt zurück.
Auf etwas südlicherem Kurs geht es weiter nach Biarritz. Wofür Pilger früher Wochen brauchten, erledigen wir in ein paar Stunden. Dennoch sind wir alle ziemlich müde und freuen uns auf die der Regeneration dienende Ruhe. Am nächsten Morgen geht es erfrischt weiter. Dazu tragen auch der Anblick und Geruch des Meeres sowie ein kurzes Waten im erfrischenden Nass bei. Bald darauf bieten sich ergreifende Anblicke von schroffen Bergen, von Schattenspielen der Kuppen an den Hängen. Allmählich bewegen unsere Gespräche neben unseren eigenen Eindrücken auch Fragen nach den Erfahrungen der damaligen Menschen: Wie hat ein Mensch vor Jahrhunderten das Durchschreiten der Landschaft erlebt, wenn wir im medialen Zeitalter immer noch ergriffen sind von der Erhabenheit der Berge? Weiter geht es nach León.

*Auf dem Hinweg.* Wir rasten für zwei Nächte, genießen den angenehmen Luxus um uns, entdecken die Stadt, treffen die letzten kleinen Vorbereitungen und fiebern allesamt dem großen Ereignis entgegen: der ersten Etappe zu Fuß. Lang wird sie sein, soviel ist gewiss. Gehen wir alle zusammen? Teilen wir uns in kleinere Gruppen

[1] Vergleiche dazu Yves Bottineau: Der Weg der Jakobspilger (Bergisch-Gladbach 1997), insbesondere S. 69ff. Für einen anderen Kulturkreis beispielsweise René Grousset: Die Reise nach Westen (München 1994).

auf? Was passiert, wenn jemand nicht mehr weiter kann? Am entscheidenden Tag ist eine gewisse Aufregung spürbar, aber in bester Wittener Manier organisieren sich alle und alles selbst.
Wir starten nach einer kleinen Kirchenbesichtigung unter fachkundiger Leitung. Starten und beginnen gleichermaßen. Wer zu einem langen Fußmarsch mit dem Ziel, als erster anzukommen, aufbricht, wird durch gedehnte Bänder und gestresste Füße etwas später zum Antritt einer besinnlichen Reise aufgefordert. Einige beginnen gleich mit dieser Reise und unterliegen im weiteren Verlauf meist nicht der Notwendigkeit, aus körperlichen Gründen pausieren zu müssen.
Einer morgendlichen Eingebung folgend, beginne ich[2], für einen Tag zu schweigen. Schweigen, um besser hören zu können.[3] Nach kurzen Abstimmungsprozessen wird dieses Vorgehen von den übrigen Pilgern akzeptiert. Schwierig gestaltet sich der Einkauf von Verpflegung, aber aufgrund international gültiger Konventionen über die Abwicklung solcher ökonomischer Transaktionen gelang er dann doch.
Das Durchschreiten der Landschaft wurde durch das Schweigen intensiver. Es stellte sich eine vertiefte Wahrnehmung von Tönen und Geräuschen der Umgebung ein. Mit dieser Einstellung auf die akustische Außenwelt ging gleichermaßen ein vertieftes inneres Hören einher. Mit ruhigem Schritt, entspanntem Atem und im eigenen Rhythmus wurde das Sich-Bewegen zu einem Inter-Sein.[4]
Nach kurzer Zeit trat der besondere Effekt des richtigen Zeit-Maßes ein: man hat auf einmal unendlich viel Zeit. Nicht, dass einem langweilig ist, vielmehr wird jeder Moment besonders bewusst erlebt und geht langsamer vorüber als im normalen Alltag. Eine Erfahrung, die mich mehrmals während der Reise bewegte: Wenn die Menschen früher vermutlich um einiges bewusster ihre Zeit verbrachten, weil sie mehr ihren eigenen Rhythmen gemäß lebten, haben sie subjektiv

---

[2] Zum Therna ‚Ich, Ich und Sinnesbewusstsein' siehe: Gewagte Denkwege (Hrsg.: Hayward, Jeremy und Varela, Francesco, München 1996), S. 148ff.

[3] Im Sinne eines „Hören als Reisen" wie von Joachim-Ernst Berendt beschrieben in: Das Dritte Ohr (Hamburg 1997). Den Hinweis darauf verdanke ich B.C.M.

[4] Inter-Sein in etwa zu verstehen als mit allem anderen gemeinsam sein. Dazu die Erläuterungen von Claude Whitmyer in: Arbeit als Weg (Frankfurt 1996), insbesondere S. 22ff.

mehr Zeit erlebt oder ‚gehabt' als wir es im medialen Zeitalter haben. Dieses unterschiedliche Zeiterleben drückt sich auch in folgender kleiner Episode aus.

*Schneller im und zum Diskurs.* Irgendwann waren wir bei einem längeren Anstieg in eine lebhafte Diskussion vertieft. Im Gesprächs-Verlauf merkten wir, dass wir uns schneller bewegten. Als wir uns dann gegenseitig daraufhin befragten, konnten wir feststellen, dass wir eine ähnliche Wahrnehmung hatten. Daraufhin beobachteten wir in anderen Gesprächen, wie sich unsere Laufgeschwindigkeit veränderte. Bei den jüngeren Teilnehmern war die Tendenz zur Beschleunigung bei intensiven Gesprächen weitverbreitet. Anders verhielt es sich bei den Pilgern im fortgeschrittenen Alter: sie verlangsamten ihre Schritte, blieben bei spannenden Themen gelegentlich sogar stehen, um besser reflektieren zu können.
Diese unterschiedlichen Zeitvorstellungen mussten zusammengeführt werden. Teilweise forderte die Gruppe als Ganzes mehr Tempo, denn manchen wurden die Stunden des Wartens auf die ‚langsameren' Pilger zu lang. Daher wurde im Bedarfsfall zum technisch beschleunigten Reisen motiviert, damit mehr gemeinsame Zeit für Diskussionen und Reflexionen gefunden werden konnte. So fanden wir einen gemeinsamen Rhythmus, mit dem Zeiten für gemeinsame Diskussionen gefunden werden konnten.
Die jüngste Teilnehmerin allerdings lebte einen gänzlich eigenen Rhythmus. Sie wollte gefüttert werden, wenn sie Lust dazu hatte. Sie deutete lautstark an, wenn sie eine Pause haben wollte und das Tagesziel zum Greifen nah lag. Sie machte immer wieder deutlich, dass sie ihr eigenes Maß hat, mit dem sie ihre Tage erlebt. Es war eine Wonne, dieses kleine Wesen mit sanftem Schritt zu tragen und ihr dabei eine Melodie vorzusummen. Hin und wieder kamen wir an einfach paradiesischen Fleckchen vorbei. Wenn denn auch Sophia mit wachem Blick die Welt zu erkunden und dabei ganz zufrieden schien, dann waren das auch für die Menschen in ihrer Umgebung glückliche Momente.

*Am Ziel und am Wendepunkt.* Nach einigen Tagen des Wanderns rückte Santiago näher. Obwohl im Vorfeld kaum einer davon gesprochen hatte, wurde dieser Ort im Laufe der Zeit immer mehr zu etwas besonderem. Wir kamen zu viert in der Nähe von Santiago an, waren bestens gestimmt und feierten die Ankunft. Santiago hatte ‚im Laufe' der Zeit einen eigenen Zauber gewonnen. In welcher Landschaft würde die Stadt gelegen sein? Wie die Kathedrale und die anderen Gebäude ausschauen?
Die Annäherung an die Stadt verlief auf den letzten Kilometern entlang einer Autobahn und eines Flughafens. Dadurch wurde der Abstieg den Hügel hinunter nach Santiago wieder besonders reizvoll, weil das unmittelbar davor liegende Stück mit Abstand der hässlichste Teil des Weges war. Erstaunt war ich, als mich angesichts der Kathedrale Gefühle des Glücks überkamen. War es das Ankommen? Der zurückliegende mühevolle Weg? Ging von diesem Ort eine besondere Kraft aus? Angesichts des Rummels im Gebäude verflog diese besondere Stimmung sehr schnell. Es bedurfte schon eines betonharten Nervenkostüms, um bei den umherziehenden Menschenmassen, dem Klicken der Fotoapparate und dem Klingeln von Telefonen noch innere Einkehr halten zu können.
Wegen der zahlreichen Besucher über die Pfingsttage zogen wir per Bus weiter bis ans Meer und blieben dort ebenfalls zwei Nächte. Wir pendelten mit dem Bus nach Santiago, um die Kathedrale und die Stadt zu besuchen. Mit diesen Busfahrten begann wieder die Zeit der Beschleunigung und irgendwann verdichtete sich mit den wenigen Begegnungen von zurückpilgernden Menschen die Gewissheit, das gerade bei einer Pilgerreise die *Rück*-Reise wesentlich ist.

*Vom Rück-Reisen und Rückwärts-Reisen.* Die Form der Rückreise ist wichtig, weil ein Um-Wenden und zum Ausgangspunkt zurückkehren eben kein einfaches Vertauschen von Ausgangspunkt und Ziel ist. Die meisten Pilger werden, wie wir auch, eine beschleunigte Form des Reisens wählen. Nach der Ankunft in Santiago besteigt man Bus, Bahn oder Flugzeug und fährt nach Hause zurück. Legte man diesen Weg nun ebenfalls zu Fuß zurück, so läge in der Begegnung mit Orten und Gedanken der Vergangenheit die Möglichkeit, die eigene Entwicklung während des Hinwegs besonders intensiv zu

reflektieren. Den Veränderungen, die in und mit einem während der Reise geschahen, begegnet man sozusagen wieder und kann gerade dabei die inneren Veränderungen an denselben ihrerseits auch veränderten Orten nachvollziehen. Zu Fuß wird dieses Umkehren aus den oben geschilderten Gründen des maßvollen Reisens intensiver erlebt als mit irgendwelchen Transportmitteln. Die wenigen rückwärts[5] reisenden Pilger erschienen mir noch freundlicher und innerlich aufgeräumter zu sein als die vielen, auch sehr freundlichen Begegnungen mit den Pilgern auf dem Hinweg. Kurz: Zurück-Reisen kann mindestens in zweierlei Art erfolgen: einem Rück-Reisen, als Bewältigung der Strecke zwischen Ziel und Ausgangsort, und einem Rückwärts-Reisen, das den zurückgelegten Weg als neuen altbekannten Weg vorsieht.
Es war gut und wichtig, dass wir als Gruppe gemeinsam eine längere Reflektionspause bei Herrn Häußling in Frankreich verbrachten und einige der Stationen der Hinreise wieder berührten. Ich glaube, dass wir uns gerade durch diese Art des reisenden Seminars der Kultur Europas gleichermaßen in ihrer Entstehung und gegenwärtigen Verfasstheit angenähert haben.

*Zum weiteren Reisen.* Die oben geschilderten Erfahrungen regten Fragen zur weiteren Reise-Kultur an. Die sehr positiven Erlebnisse des langsamen Reisens zu Fuß unter Einschluss des Rückwärts-Reisens führen zu der Überlegung, wie ein zeitgemäßes Hin und Zurück darstellbar wäre. Angeregt durch ein Standardwerk zur Erkundung der Insel Wangerooge[6] kam die Idee eines Weges in Form einer Acht, in dessen Schnittpunkt das eigentliche Ziel läge.

---

[5] ‚Rück-wärts' leitet sich etymologisch von ‚zurück' ab. Dieses leitet sich wiederum von dem mittelhochdeutschen ‚ze rucke' mit der Bedeutung ‚nach dem Rücken, im Rücken', aber auch ‚hinten, hinter, wieder her' (Etymologischer Duden, Mannheim 1963, S. 577) ab. Es bedarf nach der Hin-Wendung zu einem Ziel einem Um-Wenden zu einem anderen Ziel. Ist letzteres der Ausgangspunkt, so kann von einem Rück- oder Wieder-Hin-Wenden gesprochen werden. In diesem ‚Wieder-Hin'-Reisen liegt demnach mehr als nur ein umgekehrtes Reisen.

[6] Isolde Wrazidlo: Unterwegs auf Wangerooge. Ein naturkundlicher und kulturhistorischer Inselrundgang, Göttingen 1997. Für eine Sensibilisierung mit den Problemen des Rück-Reisens an ebensolche Orte unter besonderer Berücksichtigung erweiterter Hörerfahrungen verbleibe ich respektvollst B.C.M.

Beim Beschreiten dieses Weges käme man zweimal an einen Wendepunkt und erlebte das Hin-Wenden zum Ziel im weiteren Verlauf als ein Rückwärts-Wenden. Der Vorteil dabei wäre, dass man das augenscheinlich unzeitgemäße Zurück-Gehen im gewissen Sinne durchschreitet, obwohl man auf unbekannten neuen Wegen vorwärts schreitet. Wer gefallen an dieser Erfahrung findet, mag den Weg ein zweites Mal beschreiten oder in umgekehrter Richtung gehen. In beiden Fällen findet wiederum die Begegnung mit dem zurückliegenden Weg statt. Die dabei möglichen Erfahrungen erscheinen in den Zeiten einer zunehmenden Beschleunigung unserer Lebenswelt wertvoll und notwendig.
Dass wir eine Ahnung von den unterschiedlichen Vorstellungen und Möglichkeiten von Kultur erlebten, lag nicht zuletzt an den verschiedenen Teilnehmern mit ihrer jeweils eigenen Kultur. Besonderen Anteil hatte daran immer wieder ein Mensch, der umständehalber nur selten zu Fuß pilgern konnte. Sein Humor und sein Mut, eine solch ungewöhnliche Reise überhaupt anzugehen, hat uns immer wieder tief beeindruckt. Der Satz „Nur Mut!“ regt zum weiteren Reisen an. Reisen, die über Orte und historische Zeiten hinausweisen. Reisen, die an jedem Ort und zu jeder Zeit beginnen können. Diese Reise begann für die eine mit Musik, für den anderen an einem Bachübergang. Die Reise geht weiter, auch ohne Reise.

# Pilgerfahrt nach St. Jacques de Compostelle

Magdalena Evezard, geb. Häußling

Die Idee meines Vaters, eine wissenschaftliche Pilgerfahrt zu machen, kam mir sehr komisch vor, da ich eine Pilgerfahrt als eine Reise ansehe, bei der ich für eine gewisse Zeit versuche, mein Alltagsleben hinter mir zu lassen und mich auf den Weg mache, alles wieder klar zu stellen, was mir in meinem Leben nicht gefiel. Das Ziel ist dann, voller Hoffnung und Freude im Herzen einen neuen Anfang zu machen.

Ich dachte mir also bei der Hinfahrt, dass ich meine eigene, kleine Pilgerfahrt auf meine Art machen werde. Meine kleine Sophia, die erst 2 1/2 Monate alt ist, nahm ich natürlich mit. Man sagte mir, dass ein Schlafsack nötig sei, Pullover und Strümpfe, da es in Spanien sehr kalt sein kann. Es war schon ein bisschen gewagt, mit so einem kleinen Baby nach Spanien zu fahren.

Dort angekommen war dann alles viel sanfter. Wir schliefen immer in einem Hotelzimmer und hatten abends immer ein gutes Essen mit Wein. Mein erster Abend war in Portomarin. Wir trafen die Gruppe beim Essen. Die Atmosphäre war nicht gerade entspannt, und ich fühlte schon, dass es Spannungen gab. Am nächsten Tag lief meine Schwester schon morgens los, während meine Mutter, Sophia und ich mit meinem Vater noch im Ort blieben. Wir wollten dann am Nachmittag laufen. Es regnete und bei dem Wetter mit einem Baby im Känguruh zu laufen, erschien mir selbst eine außergewöhnliche Idee zu sein, aber alle nahmen diese Idee als normal an, was mir half, einfach loszulaufen.

Ich war noch ganz unsicher, ob es die richtige Entscheidung war, diese Pilgerfahrt mitzumachen. Das Ziel schien mir noch unklar zu sein, für mich, wo ich doch sonst richtige Pilgerfahrten mitgemacht habe, wo das Ziel war, durch das Beten, Laufen und Singen seine Zeit ganz Gott zu widmen. Auf dem Weg trafen wir englische Pilger, und sie schenkten mir eine Jakobusmuschel für „the Lady with the Baby“. Ich war so glücklich darüber. Es war ein kleines Zeichen für unsere kleine Pilgerfahrt auf dem Weg nach Santiago de Compostela. Dann erinnere ich mich an unseren ersten Halt in einer Herberge. Sophia hatte Hunger und es regnete immer noch. In diesem Ort trafen wir, meine Mutter, Sophia und ich, auf vier weitere Teilnehmer unserer Gruppe.

Ich kannte noch niemanden. Es wurde ganz lustig, da wir versuchten, ein Feuer zu machen, dabei Wein tranken und Apfelsinen aßen. Wir sind dann weitergelaufen. Sophia war ganz brav, den ganzen Weg entlang. Auch die Ankunft in Santiago de Compostela war schön.

Meine Mutter Sophia und ich kamen im Auto an, am Pfingstsonntagmorgen zur Messe in der Kathedrale. Die Pilgerfahrt mit Sophia zu machen, war für mich eine Freude. Sie ist ein kleiner Sonnenschein und für mich ein wunderschönes Geschenk Gottes. Sie war überall dabei.

In all den intellektuellen Diskussionen hat sie vielleicht ein bisschen dazugetan, dem Leben näher zu stehen, ganz so wie Herr Pechstein immer betont hat, wie wichtig es sei, dass sie dabei war. Die Erfahrung, die wir beide, Sophia und ich, in der Gruppe gemacht haben, war so einfach und nett. Ich war ganz traurig, als alle auf einmal nicht mehr da waren. Ingo hat mir geholfen, Sophia zu tragen, sonst hätte ich nie einen ganzen Tag mitlaufen können. Mir ist auch während dieser Tage vieles klar geworden in bezug auf mein Leben. Auch dafür danke ich, dass ich dabei sein konnte.

Es war etwas Einzigartiges an dieser Pilgerfahrt. Es handelte sich um eine wissenschaftliche Pilgerfahrt, bei der an jedem Abend bestimmte Themen diskutiert wurden. Ich habe nicht daran teilgenommen, daher kann ich nicht beurteilen, wie diese Diskussionsrunden waren. Die Idee meines Vaters, auf diese Weise mit Studenten solch ein

Abenteuer zu unternehmen, ist wirklich originell; dabei unser Haus im Baskenland mit einzubeziehen auch.

Wir waren nur am Ende mit dabei und sind in zwei Tagen vierzig Kilometer gelaufen. Es ist schon etwas anderes, mit einem Baby zu laufen, weil man nicht so schnell sein kann und die Verantwortung für dieses kleine Wesen übernimmt. Sophia war aber so lieb und problemlos. Es hat mir wirklich Freude gemacht, dass sie dabei war. Sie hat dem ganzen etwas Leichtes und Heiteres gegeben, und ich glaube, dass sich auch andere in der Gruppe mit ihr angefreundet haben.

Nun wieder in Paris zurück, erscheint mir die Reise schon unwirklich. Aber die Erinnerung an viele Einzelheiten sind mir geblieben. Man lernt sich dabei kennen. Es waren alle so verschiedenartig in der Gruppe – jeder eine Welt für sich. Dabei haben sich alle im Großen und Ganzen gut miteinander verstanden. Für mich war es ein wunderschönes Abenteuer voll neuer Eindrücke und Bekanntschaften.

# Die Pilgerfahrt – Gedanken und Eindrücke

Gabriele Ortlinghaus

Diese Wallfahrt ist entstanden aus den Gedanken an das zusammenwachsende Europa – wir kommen einander immer näher. Aber schon in den Zeiten der großen Wallfahrten begegneten sich die Menschen Europas – kamen einander näher. Wir waren eine Gruppe, die sich zum Teil nur flüchtig kannte, zum Teil gar nicht. Das gemeinsame Interesse an dem Wie und Warum der Wallfahrten brachte uns auf diesen Weg. Während dieser Tage führten wir viele gute Gespräche. Einige Gedanken möchte ich hier wiedergeben.

Immer wieder stellte sich heraus, dass es heute schwer fällt, sich vorzustellen, dass die Menschen damals, meist freiwillig, all diese Strapazen einer Pilgerreise auf sich nahmen. Sie waren noch ganz tief im christlichen Glauben verwurzelt, lebten in ihm und richteten ihr ganzes Leben danach aus. Damals fühlte der Mensch noch die Weisheit und Ordnung der Natur und empfand sich selbst als ein Teil davon. Das gab ihm Geborgenheit, Hoffnung, Vertrauen und Trost. Die Kirche als Institution allerdings hatte sich zu dieser Zeit schon sehr von der christlichen Lehre weg hin zu eigennützigen, allzu menschlichen Zielen bewegt (Inquisition, Kreuzzüge, Hexenverbrennung). Auch die Menschheit entwickelte sich, und so sind wir heute mündigen Jugendlichen gleich, die nicht mehr, wie zu vor, alles, was die Eltern – hier die christliche Lehre – sagt, als selbstverständlich und wahr hinnehmen. Wir wollen prüfen, beweisen, hinterfragen und selber finden. Dabei sind wir allerdings so weit gekommen, dass wir das Geistige, also Gott, ganz abgeschafft haben. Wir denken, wir können alles selbst, wir brauchen keine Hilfe mehr. Dieses Heraustreten aus der göttlichen Ordnung und Weisheit bringt aber auch den Verlust des Verwurzeltseins, eine innere Heimatlosigkeit, mit sich. Die unendlichen Ängste, Depressionen und Aggressionen unserer Zeit sind ein Zeichen hierfür. Es gibt aber kein Zurück, nur ein Vorwärts. Jeder muss sich neue Werte, Ziele und Wege suchen, um wieder zu innerer Einheit, Frieden und Geborgenheit zu finden. Nicht Gott hat uns verlassen, sondern wir haben ihn verlassen.

Solche Gesprächsinhalte begleiteten uns oft auf unseren Wanderungen, die uns bergauf und bergab durch überwältigend schöne Landschaften führten, begleitet von Sonne, Wind und Regen. Wir durchwanderten herrliche Städte mit wundervollen Kirchen, fast verlassene Dörfer, einsame Hofschaften, liefen über verzauberte Pfade, einsame Stege, sich hinziehende Landstraßen. Auch die Begegnung mit den Menschen dieser Region war eine schöne Erfahrung. Dieses alles und noch viele andere Eindrücke werden mich immer begleiten. Viele fröhliche Stunden, Rast am Wege, Gesang, geborgte Jacken, brennende Sohlen, allerlei Empfehlungen gegen Blasen und wehe Knie, die gemeinsamen Schlafsäle, die Mahlzeiten, ob in Garagen, kleinen typischen Restaurants, beim Picknick oder beim am Wege angebotenen Schmalzgebackenen, gegenseitige Hilfe immer und überall, das spontane Orgelspiel in einer kleinen, bereits für eine Hochzeit geschmückten Kirche, dem der Pastor; nach anfänglichem Erstaunen, entzückt lauschte, die im großen Kreis stattfindenden Diskussionen und Vorträge, mal im kalten Saal, mal im Freien, mal im gepflegten Konferenzraum, die Nachtwanderung des letzen Tages, die ofenwarmen Croissants aus der Großbäckerei am Wege beim Einzug in Santiago, das glückliche Gefühl, vor der erhabenen Kathedrale zu stehen, einzutreten, am Ziel zu sein.

All dies sind Ergebnisse, die aus Einzelnen eine so schöne Gruppe entstehen ließen. Freundschaften entstanden, gegenseitige Achtung und Anerkennung erwuchsen. Erlebnisse und Eindrücke, die sicherlich auch die Pilger vergangener Zeiten als beglückende Beigabe mit nach Hause nahmen – also hier wie dort ein Schritt zum Bewusstsein für Europa.

# Zu Fuß nach Santiago de Compostela

Barbara Kaminski

Auffällig häufig ist der Heilige Jakobus in den Kirchen als der Maurentöter dargestellt. Dies zeigt das Ausmaß der Furcht vor den Mauren in der Bevölkerung und welchen Schutz man dem Heiligen Jakobus zu verdanken glaubte. Auf das heutige Glaubensverständnis wirken diese einen Gewalt anwendenden Heiligen darstellenden Kunstwerke eher befremdend. In „Die Santiago-Wallfahrt und Theologie. Implikationen eines europäischen Phänomens"[1] habe ich ausgeführt, dass die spirituelle Bedeutung des Pilgerns darin liegt, auf dem Weg offen zu werden für die Erfahrung des Göttlichen in uns und in dieser Welt, und dass diese innere Erfahrung durch äußere Um stände begünstigt wird, durch Orte von zauberhafter Schönheit, durch die Natur und die Stille der Einsamkeit. Dem steht der großzügige Ausbau der Straßen nach Santiago entgegen. Einerseits ist dieser Ausbau teilweise vom Fußweg aus einsehbar, andererseits dringt der Verkehrslärm bis zum Fußweg herüber. Außerdem wird das Naturerlebnis durch Wege beeinträchtigt, die entweder neben der Straße verlaufen oder die asphaltiert oder mit – in der Umgebung nicht vorkommendem – hellen oder dunklen Gestein geschottert sind. Oft gewinnt man auch den Eindruck, als würde der Ausbau des Pilgerwegs für die Fußgänger oder der Wegeausbau in der näheren Umgebung ohne Rücksicht auf die Belange des Naturschutzes erfolgen.

Besonders schützenswert erscheinen die Dörfer, deren Bausubstanz aus Natursteinen besteht, und die teilweise schon verlassen oder verfallen sind. Der Verwendung von entfremdenden Materialen, insbesondere Beton oder Kunststoff zur Ausbesserung oder Erweiterung der Bausubstanz ist entgegenzuwirken.

[1] siehe S. 45ff.

Das Unterwegssein bei einer Pilgerreise soll helfen, den richtigen Lebensweg zu finden, indem man von den Dingen dieser Welt unabhängiger wird und so besser die notwendigen inneren Wandlungen vollziehen kann. Tatsächlich stellte sich beim Wandern von Ort zu Ort durch ständig wechselnde Landschaften, von denen man sich trotz ihrer Schönheit immer wieder trennen musste, ein Gefühl der inneren Freiheit ein, ein Einüben des Loslassens von Dingen dieser Welt und der Bereitschaft, sich auf Neues einzulassen, Neues zu wagen.

Gott lässt sich nicht festlegen. Diese Auffassung von Theologen hat sich auf dem Weg zu Fuß nach Santiago bestätigt. Die spirituelle Erfahrung der Nähe Gottes stellt sich nicht deshalb mit der Ankunft in Santiago ein, weil wir das erwarten. Die spirituelle Erfahrung der Nähe Gottes kann sich auch unterwegs ereignen, z.B. in völlig unerwarteter Weise, wenn der Blick auf eine Kirche oder ein Wegkreuz fällt.

# Anhang

# Europas Kultur

## Ein interdisziplinärer und international vergleichender Lehr- und Forschungsbereich im Studium fundamentale an der Universität Witten/Herdecke

Innovatives Denken, Kreativität oder "Querdenken" sind von der Wirtschaft geforderte Fähigkeiten für gestaltungsfähige Führungskräfte der Zukunft. Diese Gestaltung lernt man nicht nur im Hörsaal, sondern man muss engagierten Studierenden Raum zur Erfahrung der eigenen Gestaltungsmöglichkeiten bieten. Das Lehr- und Forschungsprojekt „Europas Kultur“ im Studium fundamentale der Universität Witten/Herdecke (heute ein gemeinnütziger Verein) hat sich dieser Aufgabe verschrieben.

Der Artikel 128 des Vertrags von Maastricht, heute der Artikel 151 des Vertrags von Amsterdam, fordert uns dazu auf, unsere Sensibilität für die Kultur Europas zu entwickeln und diese Kultur mitzugestalten. Kultur ist unser Lebensraum. Diesen europäischen Lebensraum in seinen ganz unterschiedlichen Facetten kennenzulernen, einen Dialog über alle Grenzen hinweg zu führen und Ursprünge europäischen Denkens zu „erwandern“, sind die Herausforderungen an unsere Studierenden.

An der Fakultät für das Studium fundamentale der Universität Witten/Herdecke finden daher bereits seit vielen Jahren Veranstaltungen zum Thema „Europas Kultur“ statt, die die Sensibilisierung für die Kultur Europas nach den genannten Paragraphen erforschen und voran treiben. Die Beschäftigung mit dem Rechtsraum Europas, der europäischen Staatskultur, der Genese der Städte und der Umweltentwicklung in Europa und der europäischen Philosophie-, Religions- und Wissenschaftsgeschichte beantworten insgesamt die Herausforderungen der Artikel 128 des Maastrichter Vertrages und 151 des Vertrages von Amsterdam.

*Die Wissenschaftswallfahrten der Wissenschaftspilger Europas.* Um Europas Kultur in „wissenschaftlicher Erwanderung“ vor Ort erlebbar zu machen und ein Gespür dafür zu entfalten, wie sich eine Idee für ein gemeinsames Europa entwickeln konnte, sind seit Mai 1998 Studierende und Gäste der Universität Witten/Herdecke auf dem Weg, sich auf Grundlage der vorhergehenden Seminare an der Fakultät für das Studium fundamentale ein Verständnis von der Kultur Europas zu erarbeiten.

Im Mai 1998 gingen die „Wissenschaftspilger Europas“ den Jakobsweg nach Santiago de Compostela nach, der seit dem frühen Mittelalter eine der bedeutenden Pilgerstraßen war und 1987 vom Europarat zur „Ersten Europäischen Kulturstraße“ erklärt wurde. Diese erste Wissenschaftswallfahrt setzte sich mit dem Begriff der europäischen Identität auseinander.

Anschließend an die Lehr- und Forschungsveranstaltung „Die Genese von Europas Kultur im Dialog muslimischer Araber mit Christen und Juden in Spanien“ führte die zweite Wissenschaftswallfahrt im September und Oktober 1999 nach Nordafrika und den Arabern bzw. Berbern folgend nach Spanien. Die Studierenden und Gäste der Universität vollzogen dort vor Ort die arabische Landnahme mit der damit zusammenhängenden Kultivierung Andalusiens im Rahmen einer europäischen Kultur- und Wissenschaftsgeschichte bzw. eines nachhaltigen Wissenstransfers nach.

Das Thema der dritten Wissenschaftswallfahrt im Herbst 2000 drehte sich ausgehend von Antoine Watteaus Kultbild „Embarquement pour Cythère“ um europarelevante Visionen und die „Utopien Europas“. Welche Bedeutung diese Visionen von einer besseren Welt für den Lebensraum europäischer Völker, Nationen, Staaten sowie die in enger Wechselbeziehung mit ihnen stehenden und oft kulturell eigenständigen Regionen hatten und bis heute haben, stand hier im Mittelpunkt. Die dritte Wissenschaftspilgerfahrt führte auf dem Peloponnes sowie mit der Einschiffung auf die Insel Kythera (L´embarquement pour Cythère) zur Erfahrung der exemplarischen

Kulturtradition dieser von Vergil in seiner 10. Ekloge als „Arkadien“ idealisierten Landschaft Europas.

Im Herbst 2001 brach abermals eine Gruppe Studierender und Gäste der Universität Witten/Herdecke diesmal unter der Fragestellung „Kleinasien: Ursprung oder Synthese europäischer Kulturräume?“ zur nunmehr vierten Wissenschaftswallfahrt auf. Nach dem Beginn auf der Insel Kos, dem frühen Zentrum abendländischer Medizin, führte sie der Weg dann von Ephesus über Milet in Richtung Konstantinopel/Istanbul.

Während der fünften Wissenschaftspilgerfahrt im September und Oktober 2002 wurde im Iran unter dem Titel „Alexander der Große und Europa“ die für Europa folgenreiche Verschmelzung der griechischen mit der persischen Kultur an historischen Städten nachvollzogen.

Die sechste Wissenschaftswallfahrt führte die Wissenschaftspilger Europas im Jahr 2003 nach Süditalien bzw. Sizilien in das Gebiet des alten „Magna Graecia“, um die Wirkung der westgriechischen Kolonien auf die Kulturgeschichte Europas zu untersuchen.

Im Herbst 2004 fand die siebte Wissenschaftswallfahrt zum Thema „Burgund und Europa“ statt. Die Wissenschaftspilger Europas setzten sich unter anderem mit den Äbten Clunys und Citaux´s und den Herzögen Burgunds auseinander – der „geistlichen Macht und dem weltlichen Glanz“ Burgunds.

Die dann achte Wissenschaftswallfahrt wird die Wissenschaftspilger Europas unter dem Titel „Syrien – Ein Land erzählt seine Geschichte“ zwischen Dura Europos, Palmyra, Ugarit und Damaskus im Herbst 2005 erneut in ein Land des Nahen Ostens führen und sich mit den Ursprüngen und Einflüssen dieser Region (z.B. in der Entwicklung der Schrift) auf die Kultur Europas auseinandersetzen.

Die Erfahrungen der Wissenschaftspilger auf dem forschenden Weg zur Wahrheit sind dabei vielfältig: Betrachtungsweisen neuer Lebensräume aus unterschiedlichen Perspektiven (geschichtlich, sozial, politisch, wirtschaftlich u.a.m.); Gestaltungsmöglichkeiten für jede Art wirtschaftlicher Aktivität; gelebte Offenheit, die jeder Verengung auf ein Teilziel entgegenwirkt; Grenzerfahrungen beim Wandern zwischen physischer Belastung und geistiger Beanspruchung durch die begleitende Diskussion. Diese Erfahrungen sind stets mit persönlichen Erlebnissen verbunden. Sie führen jenseits des Hörsaals zu ungewöhnlichen Einsichten.

„Europas Kultur“ ermöglicht diese Form des neuen Denkens und der Grenzüberschreitung, an der sich globales Wirtschaften orientiert und dem sich unser wissenschaftsorientiertes Forschen verschrieben hat.

Die Forschungsergebnisse des Projektes „Europas Kultur“ werden jeweils nach Abschluss der Wissenschaftswallfahrten in der Publikationsreihe „Wissenschaftspilger Europas“ veröffentlicht.

Bisher sind erschienen:
Band 1: „Auf dem Weg nach Santiago de Compostela“
Band 2: „Al-Andalus. Die Genese von Europas Kultur im Dialog muslimischer Araber mit Christen und Juden in Spanien“
Band 3: „Utopien Europas. L´embarquement pour Cythère“

*Möglichkeiten der Unterstützung der Wissenschaftswallfahrten sind neben einer aktiven Teilnahme die Mitgliedschaft im Verein Europas Kultur e.V. (Ansprechpartner: Prof. Dr. Josef M. Häußling) oder die Förderung der Projekte durch Spenden bzw. die Übernahme von Lehr- und Forschungspatenschaften: Europas Kultur e.V., Deutsche Bank Wuppertal, Kontonr. 0131318, BLZ 330 700 24.*

# Die Autoren

**Sven Bajorat** (geb. 1973), Studium der Wirtschaftswissenschaften an den Universitäten Witten/Herdecke, University of California Santa Barbara, TOHWA University Fukuoka (Japan). 2001-2003 Unternehmensberater bei Accenture Deutschland. Seit 2003 interner Unternehmensberater bei dem Medizintechnikunternehmen Dräger Medical.

**Verena Brand** (geb. 1968) ist Biologielaborantin und hat Biochemie an der Universität Witten/Herdecke studiert.

**Ingo Cremer** studierte Wirtschaftswissenschaften an der Universität Witten/Herdecke. Seine Interessenschwerpunkte liegen in den Bereichen Organisation und Geschichte sowie Evolution der Kulturen. Er arbeitet als Berater und Trainer im Bereich ‚Nachhaltige Entwicklung'.

**Gerard Desbazeille** ist Ingenieur und lebt in Lyon.

**Harald Ebrecht** (geb. 1974) studierte in den Jahren 1996 bis 2001 Wirtschaftswissenschaften an der Universität Witten/Herdecke mit den Schwerpunkten Corporate Finance und Corporate Strategy. Er lebt und arbeitet derzeit in München.

**Magdalena Evezard, geb. Häußling** (geb. 1968), vier Kinder, lebt in Lyon. Absolventin der Grande Ecole d'Art Plastique – Ecole Boulle –, Paris. Arbeitsschwerpunkt: Sculptures de Bois (figuratives), Ausstellungen in Paris.

**Josef Maria Häußling** (geb. 1923), Studium der Rechtswissenschaft, Philosophie, Psychologie und Kunstgeschichte an den Universitäten Tübingen, Würzburg, Paris und Lausanne. 1952 Promotion an der Universität Mainz. 1973 Professor für Rechtswissenschaften an der Bergischen Universität Gesamthochschule Wuppertal. Ab 1978 Professeur associé an der Université Paris Sorbonne, Fakultäten für Recht, Ökonomie und Sozialwissenschaft. 1983-1987 Rektor der Bergischen Universität Gesamthochschule Wuppertal. Ab 1986 Generalsekretär der Université d'Europe Paris. 1987 Berichterstatter beim Europarat zu gegenwärtigen Tendenzen der Jugendkriminalität in Europa. 1989-1994 wissenschaftlicher Geschäftsführer im Präsidium der Privaten Universität Witten/Herdecke, Ehrenvorsitzender des Senats und ab 1989 Lehre im „Studium Fundamentale" der Universität Witten/Herdecke.

**Sven Fund, geb. Schröder,** hat am Institut für Politikwissenschaft der Westfälischen Wilhelms-Universität Münster zur Mittelmeerpolitik der Europäischen Union und der Lateinamerikapolitik der USA im Vergleich promoviert. Zuvor studierte er in Münster, an der Freien Universität Berlin und der Washington University in St. Louis Politikwissenschaft, Geschichte und Publizistik. Nach ersten beruflichen Stationen in der Zentralen Unternehmensentwicklung der Bertelsmann AG, Gütersloh, und bei Club Bertelsmann, Rheda-Wiedenbrück ist er heute als Geschäftsführer beim Birkhäuser Verlag in Basel tätig.

**Regina Jaekel** studierte Romanistik, Anglistik und Betriebswirtschaftslehre an den Universitäten Gießen und Toulon. Nach mehrjähriger Berufstätigkeit nahm sie 1991 ein zweijähriges Aufbaustudium am Frankreich-Zentrum der Universität Freiburg auf, in dessen Rahmen sie ein sechsmonatiges Praktikum beim DAAD in Paris absolvierte. Von April 1996 bis September 1999 war sie als Dekanatsassistentin in der Fakultät für das Studium fundamentale an der Privaten Universität Witten/Herdecke tätig.

**Barbara Kaminski** (geb. 1954), Studium der Rechtswissenschaft, Ministerialrätin im Ministerium für Umwelt und Forsten des Landes Rheinland-Pfalz. Forschungsarbeit zur philosophischen Anthropologie, insbesondere Martin Heidegger und O.F. Bellnow, und Promotion zum Dr. phil.

**Julia Kiene** (geb. 1975), 1995 bis 1997 Studium der Biologie an der Universität Göttingen, währenddessen 1996 halbjähriger Studienaufenthalt an der University of California at Berkely, USA, Aufbaustudiengang Biochemie im Wintersemester 1997/1998 an der Universität Witten/Herdecke, dort seit Frühjahr 1998 Studium der Zahnmedizin. Staatsexamen Zahnmedizin im Dezember 2002. Danach Aufenthalt an der Te Marae Ora Klinik, Cook Inseln. Ab Sommer 2003 Wissenschaftliche Mitarbeiterin der Abteilung für Konservierende Zahnheilkunde der UWH. Seit Frühjahr 2005 Wissenschaftliche Mitarbeiterin der Abteilung für Zahnärztliche Chirurgie der Universität Mainz.

**Irmengard Kreß** war nach pädagogischer Ausbildung in Heimen, Horten und Schulen tätig, davon die letzten 15 Jahre in deutschen Schulen in Spanien und Chile (Vigo, San Sebastian, Osorno).

**Barbara Kruse** (geb. 1973), Diplom-Ökonomin, studierte nach einer Ausbildung zur Mathematisch-technischen Assistentin von 1996 bis 2001 Wirtschaftswissenschaften an der Universität Witten/Herdecke. Nach Abschluss des Studiums war sie zuerst in einem Start-up-Unternehmen in Bochum und Neuss tätig. Seit 2003 arbeitet sie an einem Dissertationsprojekt im Bereich Strategie in Verbindung mit einer parallelen Berufstätigkeit in Essen.

**Andrea Luig** (geb. 1972) absolvierte zunächst bis 1996 ein Lehramtsstudium an der Universität Münster mit den Fächern Musik und Französisch. Danach studierte sie ab 1997 an der Universität Witten/Herdecke im Diplom-Aufbaustudiengang Musiktherapie.

**Christoph H. Niehus** studierte nach seiner Ausbildung zum Konditor Ökonomie an der wirtschaftswissenschaftlichen Fakultät der Universität Witten/Herdecke mit den Schwerpunkten Institutionenökonomik, Theorie der Firma und relationales Vertragsrecht. Sein Interesse an der ökonomischen Analyse des Rechts führte ihn 1996 als Visiting Scholar an die juristische Fakultät der Universität Yale und im Rahmen seiner Dissertation im Jahre 2001 am Institut für Recht und Ökonomik als Research Assistant an die juristische Fakultät der

University of California, Berkeley. Seit 1998 ist er als Berater tätig und betreut Projekte mit den Schwerpunkten Unternehmenskooperationen und Personalmanagement. Er ist gleichzeitig akkreditierter Mediator für Wirtschaftskonflikte bei der Handelskammer Hamburg und der Hanseatischen Rechtsanwaltskammer sowie Director of Studies (Studienleiter) für den postgraduierten Studiengang Master of Business Administration (MBA) des Instituts für Ökonomie und Management an der FOM University of Applied Sciences (niehus@globelive.de).

**Nick Niermann** (geb. 1973), Schulausbildung in Deutschland und USA; Bankkaufmann und Diplom-Ökonom der Universität Witten/Herdecke mit den Schwerpunkten Controlling, Bilanzanalyse und Kapitalmarkttheorie; bis 2001 selbständiger Unternehmensberater, anschließend Tätigkeit als Controller in mehreren internationalen Großunternehmen, zuletzt als Bereichscontroller für Produktion, Qualität und Finanzen in der Pharmaindustrie; außerdem seit 2001 ehrenamtlicher Finanzvorstand der Stiftung Studienfonds der Universität Witten/Herdecke, hierin sowie darüber hinaus tätig als Vermögensverwalter mit Schwerpunkt Unternehmensbeteiligungen.

**Christian Nolte** (geb. 1974), nach Abitur und Ausbildung im Rheinland studierte er Ökonomie an der Universität Witten/Herdecke sowie in Siena und Seattle. Heute arbeitet er bei einem weltweit tätigen Familienunternehmen. Sein privates Interesse gilt seit 25 Jahren dem Hockey, außerdem der zeitgenössischen Kunst und Architektur sowie seiner Wahlheimat Köln.

**Gabriele Ortlinghaus** ist Geschäftsführerin einer Hotelgesellschaft. An der Universität Witten/Herdecke besucht sie als Gasthörerin Vorlesungen an der Fakultät für das Studium fundamentale.

**Janina Otto** verbrachte nach dem Abitur ein Jahr in Amerika und Spanien, um Sprache und Kultur kennen zu lernen. Nach ihrer Ausbildung zur Groß- und Außenhandelskauffrau im Textilbereich studierte sie Wirtschaftswissenschaft an der Universität Witten/Herdecke. Ihre Interessenbereiche umfassen Kunst, Kultur, Literatur und Trendforschung.

**Kai J. Pika** (geb. 1972), Studium der Wirtschaftswissenschaft an der Universität Witten/Herdecke mit Auslandsaufenthalten in Frankreich und Indien. Seit 2001 beruflich tätig beim Finanzdienstleister AXA, derzeit als Projektleiter in der Konzernzentrale in Paris. Wissenschaftspilger Europas seit 1998, auf dem Weg nach Santiago de Compostela, den Spuren Alexander des Grossen im Iran 2002 und unterwegs in Magna Graecia im Jahr 2003.

**Kirstin Ratajczak** (geb. 1975), Dipl. oec., Bankkauffrau, Studium der Wirtschaftswissenschaft an der Universität Witten/Herdecke. Seit 2003 Doktorandin bei Prof. Dr. Franz Liebl, Lehrstuhl für Strategisches Marketing der Universität Witten/Herdecke.

**Olaf G. Rughase** (geb. 1968), Bankkaufmann, Studium der Betriebswirtschaftslehre an der Hochschule für Wirtschaft und Politik, Hamburg (Dipl.-Betriebswirt); anschließend Studium der Wirtschaftswissenschaften in Witten/Herdecke (Dipl.oec.), Fullerton (USA) und Boulder (USA). Er arbeitete in Deutschland und USA im Bereich Finanzdienstleistungen und Investitionsgüterindustrie und ist seit 1998 als Unternehmensentwickler im Bereich strategischer Veränderungsprozesse in Unternehmen tätig. Im Jahre 2003 promovierte er zum Dr. rer. pol. an der Universität Witten/Herdecke. Weitere Interessenschwerpunkte sind europäische Geschichte und Kognitionsforschung.

**Ulrike Sander** hat Geschichte, Soziologie und VWL in Hamburg und Frankfurt am Main studiert. Sie promovierte mit einer Dissertation über Fremd- und Zwangsarbeiter bei der Firma Fried. Krupp.

**Kathrin Schwan** studierte von 1996 bis 2001 Wirtschaftswissenschaft an der Universität Witten/Herdecke. Nach Abschluss des Studiums arbeitete sie bis Februar 2005 als Beraterin bei Accenture im Bereich Strategy&Business Architecture. Seit Februar 2005 verantwortet sie den Bereich Business Operations im Bereich Suche bei Yahoo! Deutschland.

**Andrei V. Serikov** (geb. 1973) in Scharkowschtschina in Weißrussland. 1991-1994: Studium der deutschen und englischen Sprache an der Minsker Staatlichen Linguistischen Universität; Gründung und Leitung des deutsch-russischen studentischen Theaters in Minsk; Verantwortlicher für internationale Beziehungen des Jugendpalastes der Republik Belarus; 1994-1996: Verwaltungspraktikum bei den Bodelschwinghschen Anstalten in Freistatt/Niedersachsen im Rahmen des Stipendiums „Handwerker am Europäischen Haus e.V.", Studium der Neueren Deutschen Philologie und Linguistik an der Heinrich-Heine-Universität zu Düsseldorf; 1997-2003: Studium der Wirtschaftswissenschaften an der Privaten Universität Witten/Herdecke im Rahmen eines Stipendiums der Hans-Böckler-Stiftung; seit 2003 externer Doktorand im Bereich Wirtschafswissenschaften mit den Schwerpunkten Evolutionsökonomik, Wissenswandel, Wissenstransfer und Implementierung von Managementmethoden.

# Die Teilnehmer
der I. Wissenschaftswallfahrt

Sven Bajorat
Verena Brand
Ingo Cremer
Gerard Desbazeille
Klaus Dorschu-von der Gathen
Harald Ebrecht
Hubertus Erfurt
Prof. Dr. phil. Josef M. Häußling und Hortense Häußling
Magdalena Evezard, geb. Häußling und Sophia Evezard
Seraphine Häußling
Regina Jaekel
Julia Kiene
Irmengard Kreß
Barbara Kruse
Andrea Luig
Dr. Christoph Niehus
Nick Niermann
Christian Nolte
Gabriele Ortlinghaus
Janina Otto
Prof. Dr. med. Johannes Pechstein
Kai J. Pika
Dr. Barbara Kaminski
Kirstin Ratajczak
Jörg Rocholl
Dr. Olaf Rughase
Ulrike Sander
Dr. Sven Fund, geb. Schröder
Kathrin Schwan
Andrei Serikov

## Wissenschaftspilger Europas

hrsg. von Prof. Dr. Josef M. Häußling (Universität Witten/Herdecke)

Josef M. Häußling (Hg.)
**Al-Andalus**
Die Genese von Europas Kultur im Dialog von muslimischen Arabern mit Christen und Juden in Spanien
Von Nordafrika kommend vollzogen die Wissenschaftspilger Europas 1999 die erobernde und gestaltende muslimisch-arabische Landnahme auf der iberischen Halbinsel zwischen dem 8. und dem 15. Jahrhundert nach. Sie fragten nach dem Zustandekommen dieses einmaligen Raumes gelebter Toleranz in der europäischen Kultur – ein Raum intensiven kulturellen Austausches und Dialoges zwischen Muslimen, Juden und Christen, der Europas Kultur- und Wissenschaftsgeschichte bis heute prägt und der 1198 sein jähes Ende mit der Verbannung und dem Tode des Averroes findet.
Bd. 2, 2005, 264 S., 19,90 €, br.,
ISBN 3-8258-8450-3

Josef M. Häußling; Christian Brei (Hg.)
**Utopien Europas**
L'embarquement pour Cythère
Studierende und Gäste der Universität Witten/Herdecke haben im Herbst 2000 in „Arkadien", der von Vergil in seiner 10. Ekloge idealisierten Kulturregion auf der griechischen Peloponnes, die Bedeutung der „Utopien Europas" für die europäische Kulturentwicklung erforscht. Als Teil des Forschungsprojektes „Europas Kultur" suchten die Wissenschaftspilger unter dem Leitbild des „Embarquement pour Cythère" von Antoine Watteau nach der wirklichkeitsprägenden Kraft der Utopien und Visionen von einer besseren Welt für den Lebensraum Europa.
Bd. 3, 2004, 256 S., 19,90 €, br.,
ISBN 3-8258-7968-2

## Wissenschaftliche Paperbacks

Theologie

Michael J. Rainer (Red.)
**"Dominus Iesus" – Anstößige Wahrheit oder anstößige Kirche?**
Dokumente, Hintergründe, Standpunkte und Folgerungen
Die römische Erklärung "Dominus Iesus" berührt den Nerv der aktuellen Diskussion über den Stellenwert der Religionen in der heutigen Gesellschaft. Angesichts der Pluralität der Bekenntnisse soll der Anspruch der Wahrheit festgehalten werden.
Bd. 9, 2. Aufl. 2001, 350 S., 20,90 €, br.,
ISBN 3-8258-5203-2

Rainer Bendel (Hg.)
**Die katholische Schuld?**
Katholizismus im Dritten Reich zwischen Arrangement und Widerstand
Die Frage nach der „Katholischen Schuld" ist spätestens seit Hochhuths „Stellvertreter" ein öffentliches Thema. Nun wird es von Goldhagen neu aufgeworfen, aufgeworfen als moralische Frage – ohne fundierte Antwort. Wer sich über den Zusammenhang von Katholizismus und Nationalsozialismus fundiert informieren will, wird zu diesem Band greifen müssen: mit Beiträgen u. a. von Gerhard Besier, E. W. Böckenförde, Heinz Hürten, Joachim Köhler, Johann Baptist Metz, Rudolf Morsey, Ludwig Volk, Ottmar Fuchs und Stephan Leimgruber.
Bd. 14, 2., durchges. Aufl. 2004, 400 S., 19,90 €, br., ISBN 3-8258-6334-4

## Theologie: Forschung und Wissenschaft

Ulrich Lüke
**Mensch – Natur – Gott**
Naturwissenschaftliche Beiträge und theologische Erträge
Bd. 1, 2002, 184 S., 17,90 €, br.,
ISBN 3-8258-6006-x

LIT Verlag Münster – Berlin – Hamburg – London – Wien
Grevener Str./Fresnostr. 2 48159 Münster
Tel.: 0251 – 62 032 22 – Fax: 0251 – 23 19 72
e-Mail: vertrieb@lit-verlag.de – http://www.lit-verlag.de

Wolfgang W. Müller
**Gnade in Welt**
Eine symboltheologische Sakramentenskizze
Bd. 2, 2002, 160 S., 17,90 €, br.,
ISBN 3-8258-6218-6

Gabriel Alexiev
**Definition des Christentums**
Ansätze für eine neue Synthese zwischen Naturwissenschaft und systematischer Theologie
Bd. 3, 2002, 112 S., 17,90 €, br.,
ISBN 3-8258-5896-0

Günther Schulz; Gisela-A. Schröder; Timm C. Richter
**Bolschewistische Herrschaft und Orthodoxe Kirche in Rußland**
Das Landeskonzil 1917/1918. Quellen und Analysen
Bd. 4, 2005, 816 S., 79,90 €, gb.,
ISBN 3-8258-6286-0

Klaus Nürnberger
**Theology of the Biblical Witness**
An evolutionary approach
Bd. 5, 2003, 456 S., 34,90 €, br.,
ISBN 3-8258-7352-8

Herbert Ulonska; Michael J. Rainer (Hg.)
**Sexualisierte Gewalt im Schutz von Kirchenmauern**
Anstöße zur differenzierten (Selbst-)Wahrnehmung. Mit Beiträgen von Ursula Enders, Hubertus Lutterbach, Wunibald Müller, Michael J. Rainer, Werner Tzscheetzsch, Herbert Ulonska und Myriam Wijlens
Bd. 6, 2003, 192 S., 17,90 €, br.,
ISBN 3-8258-6353-0

Wilhelm H. Neuser
**Die Entstehung und theologische Formung der Leuenberger Konkordie 1971 bis 1973**
Bd. 7, 2003, 136 S., 19,90 €, br.,
ISBN 3-8258-7233-5

Michael Welker; Friedrich Schweitzer (Eds./Hg.)
**Reconsidering the Boundaries Between Theological Disciplines. Zur Neubestimmung der Grenzen zwischen den theologischen Disziplinen**
Bd. 8, 2005, 232 S., 19,90 €, br.,
ISBN 3-8258-7471-0

Paul Weß
**Glaube zwischen Relativismus und Absolutheitsanspruch**
Beiträge zur Traditionskritik im Christentum. Mit einer Antwort von Hans-Joachim Schulz
Bd. 9, 2004, 224 S., 19,90 €, br.,
ISBN 3-8258-8026-5

Heinrich Greeven; Eberhard Güting (Hg.)
**Textkritik des Markusevangeliums**
Bd. 11, 2005, 784 S., 99,90 €, gb.,
ISBN 3-8258-6878-8

Christoph Barnbrock; Werner Klän (Hg.)
**Gottes Wort in der Zeit: verstehen – verkündigen – verbreiten**
Festschrift für Volker Stolle
Bd. 12, 2005, 616 S., 39,90 €, gb.,
ISBN 3-8258-7132-0

Ilona Nord, Fritz-Rüdiger Volz (Hg.)
**An den Rändern**
Theologische Lernprozesse mit Yorick Spiegel. Festschrift zum 70. Geburtstag
Bd. 13, 2005, 528 S., 29,90 €, br.,
ISBN 3-8258-8319-1

Gerhard Gäde (Hg.)
**Hören – Glauben – Denken**
Festschrift für Peter Knauer S. J. zur Vollendung seines 70. Lebensjahres
Bd. 14, 2005, 424 S., 34,90 €, br.,
ISBN 3-8258-7142-8

Tilman Beyrich (Hg.)
**Unerwartete Theologie**
Festschrift für Bernd Hildebrandt
Bd. 17, 2005, 296 S., 24,90 €, br.,
ISBN 3-8258-8811-8

## Religion – Geschichte – Gesellschaft

Fundamentaltheologische Studien
hrsg. von
Johann Baptist Metz (Münster / Wien),
Johann Reikerstorfer (Wien)
und Jürgen Werbick (Münster)

Angela Büchel Sladkovic
**Warten auf Gott – Simone Weil zwischen Rationalismus, Politik und Mystik**
Bd. 15, 2004, 352 S., 24,90 €, br.,
ISBN 3-8258-6912-1

Barbara Nichtweiß (Hg.)
**Vom Ende der Zeit**
Geschichtstheologie und Eschatologie bei Erik Peterson. Symposium Mainz 2000. Mit Beiträgen von Klaus Berger, Ferdinand Hahn, Karl Lehmann, Eduard Lohse, Hans Maier, Christoph Markschies u. a.
Bd. 16, 2001, 344 S., 25,90 €, gb.,
ISBN 3-8258-4926-0

Maureen Junker-Kenny; Peter Kenny (eds.)
**Memory, Narrativity, Self and the Challenge to Think God**
The Reception within Theology of the Recent Work of Paul Ricœur
Bd. 17, 2004, 232 S., 20,90 €, br.,
ISBN 3-8258-4930-9

Benjamin Taubald
**Anamnetische Vernunft**
Untersuchungen zu einem Begriff der neuen Politischen Theologie
"Ein wichtiger Beitrag zur Theoriegestalt der neuen Politischen Theologie und zur Erläuterung ihrer Basiskategorie, der *memoria passionis*, im philosophisch-theologischen Grundlagendiskurs." *Johann Baptist Metz*
Bd. 18, 2001, 208 S., 20,90 €, br.,
ISBN 3-8258-5151-6

Detlef Schneider-Stengel
**Christentum und Postmoderne**
Zu einer Neubewertung von Theologie und Metaphysik
Christliche Theologie und philosophische Ansätze der Postmoderne stehen, so scheint es, in einem schwierigen, wenn nicht konträren Verhältnis zueinander. Wenn man aber genauer hinsieht, dann haben beide mehr gemeinsam, als sie selbst voneinander glauben. Denn die Postmoderne, so die These von Leslie Fiedler, ist genuin religiös. Die vorliegende Arbeit hat sich zum Ziel gesetzt, mit Hilfe der Religionsphilosophie anhand moderner Mythos- und Metapherntheorien einen Dialog zu initiieren, der für beide Seiten sehr fruchtbar wäre. Die aufgezeigten und entwickelten Dialogmodelle könnten dann als hermeneutische Gesprächshilfen dienen.
Bd. 19, 2002, 328 S., 25,90 €, br.,
ISBN 3-8258-5011-0

Jürgen Werbick
**Gebetsglaube und Gotteszweifel**
Ist der Zweifel nur ein Glaubensdefizit, so daß der Glaube ihn eigentlich überwinden müßte? Die Studien dieses Bandes versuchen, zu einer anderen Bestimmung des Verhältnisses von Glauben und Zweifeln zu kommen. Ihre gemeinsame Intention ist die Entfaltung einer Gebetstheologie, die sich von den Grundvollzügen und Aporien des Betens zu denken geben läßt. Zentrale Themen dieser Theologie des Betens sind u. a.: Gewißheit und Zweifel, Gebet als Gottsuche, die Krise des Bittgebets und der Glaube an den allmächtigen Gott, die Bitte um Erlösung, Doxologie und Trinitätslehre, Dogma – Symbol – Gebet.
Bd. 20, erweiterte 2. Aufl. 2005, 296 S., 20,90 €, gb., ISBN 3-8258-5379-9

LIT Verlag Münster – Berlin – Hamburg – London – Wien
Grevener Str./Fresnostr. 2 48159 Münster
Tel.: 0251 – 62 032 22 – Fax: 0251 – 23 19 72
e-Mail: vertrieb@lit-verlag.de – http://www.lit-verlag.de

Paulus Budi Kleden

**Christologie in Fragmenten**

Die Rede von Jesus Christus im Spannungsfeld von Hoffnungs- und Leidensgeschichte bei Johann Baptist Metz

Wer den Namen Johann Baptist Metz hört, dem fällt wohl zuerst die Theodizeefrage ein, da es dieses Thema ist, um welches das Schaffen von Metz unermüdlich kreist. Indem Metz aber auf der geschichtlichen Unbeantwortbarkeit der Theodizeefrage beharrt, setzt er sich dem Vorwurf auf, die Heilsbedeutung des Christusereignisses nicht hinreichend zu berücksichtigen. Indem aber nach den impliziten Voraussetzungen dieser Theologie gefragt wird, zeigen sich die darin enthaltenen christologischen Gehalte auf, die das zunächst augenscheinliche christologische Defizit zumindest teilweise auszugleichen imstande sind.

Bd. 21, 2001, 448 S., 40,90 €, br.,
ISBN 3-8258-5198-2

Bernhard Nitsche

**Göttliche Universalität in konkreter Geschichte**

Eine transzendental-geschichtlichen Vergewisserung der Christologie in Auseinandersetzung mit Richard Schaeffler und Karl Rahner

Die Kritik am christlichen Absolutheitsanspruch und am idealistischen Geschichtsdenken ist Anlaß, nach einer philosophisch vergewisserten Methode zu fragen, welche die Einmaligkeit menschlicher Freiheitsgeschichte und das bleibende Verwiesensein der freien Menschen aufeinander sowie die Ansprechbarkeit für Gott und seine mögliche Offenbarung in der Geschichte angemessen reflektieren kann. Richard Schaeffler und Karl Rahner stehen von religionsphilosophischer bzw. theologischer Seite für ein Freiheitsdenken, welches den geschichtlichen Charakter der transzendentalen Bedingungen des menschlichen Weltverhaltens hervorhebt. In kritischer Auseinandersetzung mit ihren Optionen kann plausibilisiert werden, daß die singuläre Geschichte des konkreten Menschen Jesus für alle Menschen Bedeutung gewinnen kann, ohne die Situation des Leidens und der Ungerechtigkeit auszublenden, die bleibende Berufung Israels zu enteignen oder die Marginalisierung von Frauen im Christentum zu überspielen. Inhaltlich wird die geschichtsbewußte und das Leiden und Unabgegoltene der Menschen erinnernde Gestalt transzendentalen Denkens in einer futurisch-eschatologischen Konzeption des (er-)wartenden Christus zentriert, welche als positionell christliche Wahrheitsantizipation des Ganzen der Wirklichkeit in den Dialog der jeweils perspektivischen Weltanschauungen und Religionen eingebracht wird.

Bd. 22, 2001, 562 S., 40,90 €, gb.,
ISBN 3-8258-5136-2

K. Hannah Holtschneider

**German Protestants Remember the Holocaust**

Theology and the Construction of Collective Memory

Drawing on the methodology of collective memory this dissertation analyses representations of the Holocaust and Jews in three German Protestant theological texts (Rheinischer Synodalbeschluss 1980, F.-W. Marquardt's Von Elend und Heimsuchung der Theologie and B. Jüngst's Auf der Seite des Todes das Leben). The analysis of these texts is informed by the development of narratives of collective memory of the Holocaust in German society in the 1980s and 1990s (the miniseries Holocaust and Heimat, the Bitburg Controversy, the Historikerstreit and the Goldhagen Controversy) and by the study of generational transmission of Holocaust memory in the third generation of non-Jewish Germans. In particular, the paradigms generated by Christian reflection on the Holocaust and Jews and their consequences for current Christian-Jewish relations in Germany are addressed. The theological narrative of this study becomes increasingly complex through the inclusion of social and generational issues of Holocaust remembrance in Germany.

Bd. 24, 2001, 232 S., 25,90 €, br.,
ISBN 3-8258-5539-2

LIT Verlag Münster – Berlin – Hamburg – London – Wien
Grevener Str./Fresnostr. 2 48159 Münster
Tel.: 0251 – 62 032 22 – Fax: 0251 – 23 19 72
e-Mail: vertrieb@lit-verlag.de – http://www.lit-verlag.de

Ulrich Willers (Hg.)
**Theodizee im Zeichen des Dionysos**
Nietzsches Fragen jenseits von Moral und Religion
Ist Nietzsche der Anfang vom Ende des Christentums? Seine Invektiven haben eine argumentative Kraft und Suggestivität, der man sich, wenn man einmal sich auf sie eingelassen hat, fast nur durch Flucht entziehen kann. Jedenfalls ist das die Haltung vieler Christen. Bemerkenswert ist dabei: Nietzsche gewinnt nicht nur dann an Gewicht, wenn man sich seinen Anfragen stellt, sondern auf eigentümliche Weise auch dann, wenn man ihm ausweicht. Im vorliegenden Band, der kompetente und renommierte philosophische und theologische Nietzsche-Kenner zu einem vielstimmigen Gespräch über Moral, Religion und Christentum versammelt (u. a. Ch. Türcke, J. Simon, J. Salaquarda, J. Figl, W. Stegmaier) geht es um eine kritische und kontroverse Konfrontation mit Nietzsches aus dionysischen Antrieben gespeister Analyse der platonisch-moralischen und christlichen Weltdeutung.
Bd. 25, 2003, 248 S., 20,90 €, br.,
ISBN 3-8258-5561-9

Ansgar Koschel (Hg.)
**Katholische Kirche und Judentum im 20. Jahrhundert**
Mit Beiträgen von Herbert Bettelheim, Ernst-Ludwig Ehrlich, Gabriel Padon, Gerhard Riegner, Herbert Smolinsky und Erich Zenger
Das Verhältnis zwischen Kirche und Judentum ist belastet von Anfang an. Im 20. Jahrhundert jedoch führten Einstellungen und Verhaltensweisen von Kirchen und Christen zu einem Tiefpunkt. Christlicherseits ist er nur durch Umkehr, jüdischerseits durch die Annahme aufrichtiger Umkehr heute lebender Christen zu überwinden. Gleichgültigkeit und Schweigen sind Kennzeichen des Verhältnisses von Kirche und Christen zu den Juden, namentlich angsichts der geplanten wie ins Werk gesetzten Vernichtung durch das nationalsozialistische Regime in Deutschland. Nach der Schoa werden zunächst nur vereinzelt Handlungen sichtbar und Stimmen vernehmbar, die in den Juden Geschwister des Glaubens erkennen.
Bd. 26, 2002, 176 S., 17,90 €, br.,
ISBN 3-8258-5507-4

Lydia Bendel-Maidl
**Tradition und Innovation**
Zur Dialektik von historischer und systematischer Perspektive in der Theologie. Am Beispiel von Transformationen in der Rezeption des Thomas von Aquin im 20. Jahrhundert
Fragen wir in der Gegenwart, wie eine zeitsensible Theologie aussehen könnte, so ist eine wichtige Spur die selbstkritische Vergewisserung des Weges katholischer Theologie im 20. Jahrhundert. Zentrales Feld der Transformationen, dem sich die vorliegende Studie widmet, war die lehramtlich vorgeschriebene Rezeption der Philosophie und Theologie des Thomas von Aquin. Als kardinale Aufgabe im Horizont der Moderne stellte sich die Wahrnehmung der eigenen geschichtlichen Relativität. Sie wurde eingelöst, plakativ formuliert, im Umbruch von einer neuscholastischen Theologie mit einer gegenweltlichen Mentalität zu einer Theologie der „Zeichen der Zeit", die in dialogischer Zeitgenossenschaft steht. Die Reflexionen zum Verhältnis von Historiographie und Systematik in der Theologie sind ein Beitrag zur virulenten Frage nach der Einheit der theologischen Disziplinen.
Bd. 27, 2004, 608 S., 45,90 €, br.,
ISBN 3-8258-5589-9

Christian Heller
**John Hicks Projekt einer religiösen Interpretation der Religionen**
Darstellung und Analyse – Diskussion – Rezeption
Die "Theologie der Religionen" hat sich in den letzten Jahren zu einem theologischen Brennpunkt entwickelt, der weit über die Fachwelt hinaus auf großes Interesse stößt. Im Mittelpunkt der Diskussion steht die Position des englischen Religionsphilosophen und -theologen John Hick, die im vorliegenden Buch von seinen epistemologischen Ansät-

zen bis zu seiner pluralistischen Theologie der Religionen nachgezeichnet und analysiert wird. Die Entwicklung, die sich in Hicks Denken aufzeigen lässt, kann als ein Prozess der fortwährenden Anwendung grundlegender theologischer Optionen auf neu ins Bewusstsein getretene Erfahrungen und Erkenntnisse verstanden werden. Seine pluralistische Religionstheologie sieht sich schwerer Kritik ausgesetzt. Neben einer ausführlichen Analyse der vorgebrachten kritischen Einwände beschäftigt sich die Arbeit mit zwei neueren Ansätzen von Jacques Dupuis und Roger Haight, die Hicks Anliegen – die Anerkennung der Werthaftigkeit von Pluralität auch im religiösen Bereich – im Rahmen einer christlichen Theologie gerecht werden wollen.

Bd. 28, 2001, 528 S., 40,90 €, br.,
ISBN 3-8258-5528-7

Peter Zeillinger
**Nachträgliches Denken**
Skizze eines philosophisch-theologischen Aufbruchs im Ausgang von Jacques Derrida. Mit einer genealogischen Bibliographie der Werke von Jacques Derrida
Dieses Buch versucht das Denken des franz. Philosophen Jacques Derrida (*1930) für die Theologie nicht nur wahr-, sondern auch ernst zu nehmen. In Reaktion auf eine global gewordene „Grundlagenkrise" (von J. B. Metz theologisch als „Gotteskrise" diagnostiziert) wird die spezifische Wahrnehmung des Verlusts unhinterfragbarer Gewissheiten im Werk selbst nachgezeichnet. Derridas konsequent „performatives Schreiben" lässt die Dekonstruktion dabei, entgegen weit verbreiteter Meinung, als einen praxisfundierenden, das Wagnis konkreten Engagements kriteriologisch eröffnenden Diskurs erkennen, der sogar die notwendige Möglichkeit von Theologie philosophisch artikuliert. Prägende „Begriffe" wie *différance*, Spur und Schrift, das *donc*, die Erfahrung des Unmöglichen, sowie das notwendige Sprechen im Modus des *Vielleicht*, werden in einer genealogisch-chronologischen Lektüre aus den Texten Derridas selbst herausgearbeitet.

Bd. 29, 2002, 296 S., 35,90 €, gb.,
ISBN 3-8258-6144-9

Kurt Appel
**Entsprechung im Wider-Spruch**
Eine Auseinandersetzung mit der politischen Theologie des jungen Hegel
Ziel der vorliegenden Arbeit ist es, die Offenbarung Gottes in der Weltwirklichkeit und deren Brüchen herauszuarbeiten. Ausgangspunkt sind dabei die Jugendschriften Hegels, deren gesellschafts- und erkenntniskritisches Potential freigelegt und für das Offenbarungsthema fruchtbar gemacht werden soll. Dabei wird ein „positives" Herrschaftsdenken kritisiert, welches der Anerkennung der Anderen in einer freien Gesellschaft, an deren Gestaltung das Subjekt nicht nur formal partizipiert, entgegensteht.

Bd. 31, 2003, 208 S., 29,90 €, br.,
ISBN 3-8258-6605-x

Bertil Langenohl;
Christian Große-Rüschkamp (Hg.)
**Wozu Theologie?**
Anstiftungen aus der praktischen Fundamentaltheologie von Tiemo Rainer Peters. Mit Beiträgen von U. Engel, J. Manemann, J. B. Metz, O. H. Pesch, H. Steinkamp u. a.
Theologie hat mindestens zwei Subjekte: Gott und ein Ich, das „Gott sagt". Was meine ich aber, wenn ich Gott sage? Warum rede ich überhaupt von Gott? Wozu Theologie? Diese Frage kommt so einfach daher. Sie ist aber die schwerste, eine „kinderschwere Frage" (J.B. Metz), weil sie das Ganze der eigenen Glaubensexistenz und des eigenen Denkens betrifft und weil sie dort, wo es um das Ganze geht, zur Klarheit zwingt. Zu Ehren des 2004 emeritierten Münsteraner Fundamentaltheologen Tiemo Rainer Peters (OP) stellen sich einige seiner Lehrer, Kollegen, Freunde, Schülerinnen und Schüler in teils sehr persönlichen Beiträgen dieser Frage.

Bd. 32, 2005, 328 S., 24,90 €, br.,
ISBN 3-8258-8119-9

Nicoletta Capozza
**Im Namen der Treue zur Erde**
Versuch eines Vergleichs zwischen Bonhoeffers und Nietzsches Denken
Am Leitfaden der „Treue zur Erde“ werden die Arbeiten Bonhoeffers und Nietzsches einer eingehenden Interpretation unterzogen. Dabei zeigt sich, dass Bonhoeffer in intensiver Rezeption von Nietzsches Denken dessen Appell „Bleibt der Erde treu!“ aufgenommen hat. Allerdings vermag er durch seine der Alterität verpflichtete Christologie und die aus ihr entspringenden ethischen Kategorien, die Geschichtlichkeit und Transzendenz verbinden, der nihilistischen Paradoxie des Philosophen zu entrinnen.
Bd. 33, 2003, 336 S., 29,90 €, br.,
ISBN 3-8258-6667-x

Peter Hardt
**Genealogie der Gnade**
Eine theologische Untersuchung zur Methode Michel Foucaults
20 Jahre nach dem Tod Karl Rahners ist dessen Theologie bleibend aktuell. Die Methode der *Genealogie* des Philosophen Michel Foucault eröffnet eine neuartige Perspektive auf Rahners Gnadenlehre, die ihre befreiende Rolle in den Machtprozessen und Diskursen des katholischen Milieus beleuchtet. Diese „Genealogie der Gnade“ ist das Ergebnis einer kritischen Diskussion der Methode Foucaults, die der Verfasser mit Hilfe des Denkens von Michel de Certeau SJ führt. Sie ist die Grundlage für eine anregende Skizze, wie die Gnadenlehre Rahners durch eine „Theologie des Begehrens“ zu ergänzen sei.
Bd. 34, 2005, 408 S., 34,90 €, br.,
ISBN 3-8258-8484-8

Ernst-Wolfgang Böckenförde
**Kirche und christlicher Glaube in den Herausforderungen der Zeit**
Beiträge zur politisch-theologischen Verfassungsgeschichte 1957 – 2002
Bd. 36, 2004, 456 S., 39,90 €, gb.,
ISBN 3-8258-7554-7

Jürgen Werbick
**Von Gott sprechen an der Grenze zum Verstummen**
Schweigen oder Sprechen? Als Glaubender wie als Theologe hat man nicht die Freiheit, das Eine zu tun und das Andere zu lassen. Einerseits: „Wovon man nicht sprechen kann, darüber muss man schweigen“ (Wittgenstein). Aber andererseits: Das Zeugnis darf nicht verschweigen, wovon es hervorgerufen ist: Erfahrungen mit dem Elend der Menschen, die Herausforderung, Gottes Ruf ins Leben zu folgen. Dieses Buch will Rechenschaft geben über die Bedeutung der Grundworte, die die Theologie dabei in den Mund nehmen muss: Wahrheit, der Eine, Leben, Menschwerdung, Erlösung, Geist, Geschenk, Handeln Gottes, Ewiges Leben.
Bd. 40, 2004, 368 S., 29,90 €, gb.,
ISBN 3-8258-7946-1

Martin Rohner
**Glück und Erlösung**
Konstellationen einer modernen Selbstverständigung
Die Philosophie hat die Frage nach dem Glück wiederentdeckt. Doch eine Herausforderung hat sie dabei vernachlässigt: „Es schwingt in der Vorstellung des Glücks unveräußerlich die der Erlösung mit“ (W. Benjamin). Ist die Sehnsucht nach Erlösung für ein gutes Leben in der (Nach-)Moderne noch (philosophisch) relevant? Der Verfasser skizziert abgewogen die ethischen, kulturtheoretischen und religionsphilosophischen Facetten einer komplexen Problemlage. Dabei nimmt er neben philosophischen Positionen – vor allem Charles Taylors Theorie der Moderne – auch theologische Perspektiven auf. Damit zeigt das Buch exemplarisch, wie sich Philosophie unter Bedingungen moderner Selbstverständigung auf den spannungsreichen Dialog mit der Theologie einlassen kann.
Bd. 41, 2004, 288 S., 24,90 €, br.,
ISBN 3-8258-7991-7

LIT Verlag Münster – Berlin – Hamburg – London – Wien
Grevener Str./Fresnostr. 2 48159 Münster
Tel.: 0251 – 62 032 22 – Fax: 0251 – 23 19 72
e-Mail: vertrieb@lit-verlag.de – http://www.lit-verlag.de